第四版

圖解
民事訴訟法
國家考試的第一本書

法學博士
錢世傑 ── 著

打好法律體系概念基石的圖解書

筆者投入法律圖解書已多年，深知許多法律初學者最難克服詰屈聱牙的法律條文，往往得耗費一番心力，才能抓住條文的大概觀念。一旦面臨複合型考題，常常因爲基礎概念建立不夠深刻，容易迷失在錯綜複雜的法條中，只能看著試題一籌莫展。

筆者「國家考試的第一本書」圖解法律系列並不深究學說上的理論，僅針對國家考試的重點出題方向，進行深入淺出的解說，期許幫助讀者完全理解並能達到快速解題的目標。

從最基本的判決、法令、訴狀範本，進入民事訴訟基本概念、偵查、審判、起訴、上訴與抗告、再審與非常上訴、執行程序、告訴與告發、自訴，以及刑事附帶民事訴訟等內容，讓讀者能跳脫傳統讀書方法，在簡明易懂的圖表內容中，享受圖像式閱讀的樂趣。相信在此基礎下，必能幫助讀者以最短的閱讀時間，得到最有效的學習成果。

從實例中瞭解民事訴訟法

民法與民事訴訟法，兩者一爲實體法，一爲程序法。換個概念舉例，唱歌比賽中以歌聲的好壞決定優勝劣敗，這就如同民法決定當事人間的實體法律關係；而民事訴訟法就好比競賽中的規則、評判準則。

民法與一般人的生活息息相關，內容如買賣、動產移轉、結婚等觀念，是我們生活中隨處可見。然而，民事訴訟法就不一樣，往往要實際跑過一次流程，才能大概瞭解這些規定的目的。

由於民事訴訟法主要探討民事訴訟程序上的問題，相對而言內容較為繁雜，如果單純閱讀文字，容易讓人頭昏眼花。因此，本書以實務經驗為基礎，將各種程序概念，利用實際案例、圖、表等方式呈現，期許能讓讀者橫向全盤知悉、縱向深入瞭解訴訟的程序與架構。

本書各章節後附有考題練習和解析，幫助讀者在讀完每一章節後能檢視自己的理解程度，加深記憶、強化概念之奠定，並可從中瞭解考題趨勢，掌握民事訴訟法的重點知識；此外，亦有各種書狀的模擬撰寫，轉化艱澀難懂的條文為具體實例說明，亦藉由生活實例強化讀者對民事訴訟法之程序的印象，不用死背硬記條文，讓法律概念更清晰明確。

筆者希望透過不同層次、角度的觀察，以更平易近人、化繁為簡的方式，幫助讀者打好程序法之基石，成功跨進國家考試的大門。

中華民國112年2月10日

目 錄
CONTENTS

序

第一篇

基本概念

　　民事訴訟法與民法的關係為何？其立法之目的與理想又何在？以及民事訴訟法的機制如何運作？究竟是當事人主導，還是法官主導呢？這些都牽涉到民事訴訟法的基本體系架構，如果瞭解此一架構的外觀，才能輕鬆瞭解各個規定的目的。

1 民法與民事訴訟法

一 民法與民事訴訟法

民事訴訟法是否和民法一樣？這是許多法律初學者的疑問。

民法屬於實體法，民事訴訟法則是程序法。實體法是具體指涉當事人間的法律關係，例如成立買賣契約須要符合什麼要件？符合了這些要件，將會產生怎樣的法律效力？

民法可分成總則、債篇總論、債篇各論、物權，以及親屬繼承，規範民眾日常生活的法律行為。所以不只是買賣、租賃、侵權行為關係，結婚、離婚、繼承等身分法上之要件與效力，也都是由民法加以規範。

至於什麼是民事訴訟法？

簡單來說，當你發生民法上的關係，必須透過公正第三者，也就是法院介入處理，法院該如何公正合理地做出判決，解決當事人間的紛爭，就是民事訴訟法規範的目的所在。所以，要去哪個法院起訴？沒有錢請律師怎麼辦？如何進行言詞辯論？不服第一審法院判決的結果，又該如何提起上訴？這種種的程序規定，就是由民事訴訟法所規範。

二 實體法並不僅限於民法

實體法上的法律關係並不僅限於民法，還有很多公司法、票據法、勞動基準法等各種法令，只要是屬於民事上的紛爭，都以民事訴訟法作為審理的依據。（如右頁下圖）

民法與民事訴訟法

法官審判

　　民法是實體法，民事訴訟法是程序法。民法與民事訴訟法的關係，可以用歌唱比賽來比擬，歌聲的好壞，決定勝負的結果，就如同民法決定當事人間的實體法律關係；而比賽規則、流程，如何在公平的環境下決定歌聲的好壞，就如同民事訴訟法，讓法官透過公正的程序來判定。

廣義民事法律

廣義民事法律
- 民法
- 含有民法之規範（右列僅例示）
  - 公司法等商事法
  - 勞動基準法等勞動法規
  - 消費者保護法等

2 訴訟制度目的論

▣ 百家爭鳴的學說

　　民事訴訟目的論之學說繁多，分別由民事訴訟的哲學觀、價值觀，尋求民事訴訟存在之理由，各自從不同的面向出發。

　　例如權利保護、私益保護、權利保障等見解，是從權利的角度出發；若從私法秩序角度出發，包括私法秩序維持說及新（私）法秩序維持說；其他還有從紛爭解決（包括紛爭解決說及依法解決紛爭說）、程序保障（包括程序保障說、救濟保障說）等角度出發。若能從各個不同的角度對民事訴訟制度加以觀察，方能充分地描述出民事訴訟目的之全貌，例如多元說、新多元說、擱置說。

▣ 多元目的架構民事訴訟法

　　欲以單一目的涵括所有的民事訴訟體系，恐怕有其困難性，例如民事訴訟制度中，除了通常程序之外，還有小額訴訟程序、簡易訴訟程序、調解，以及訴訟上和解等不同面向之制度，有些著眼於紛爭之快速解決，有些強調當事人權利完整之保障，其追求目的恐有不同之重心所在，且並非互相排斥，這些繁多且複雜之學說，代表著難以僅由單一之學說窺探民事訴訟制度目的之全貌。

　　既然難以從單一學說解釋出民事訴訟制度之目的，則採取多元說或新多元說較為適當，應相對性地掌握民事訴訟之目的，權利保護、私法秩序維持、紛爭解決，乃至於程序保障，均不妨認為都屬於民事訴訟制度之目的。

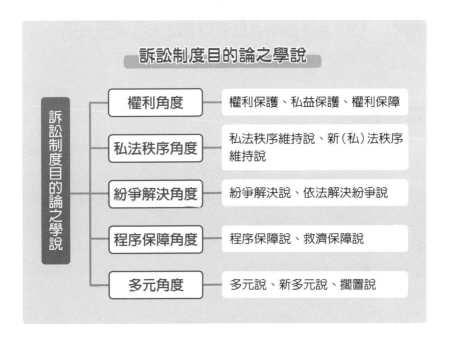

訴訟制度目的論之學說

訴訟制度目的論之學說	權利角度	權利保護、私益保護、權利保障
	私法秩序角度	私法秩序維持說、新（私）法秩序維持說
	紛爭解決角度	紛爭解決說、依法解決紛爭說
	程序保障角度	程序保障說、救濟保障說
	多元角度	多元說、新多元說、擱置說

　　尤其是配合民事訴訟理想，也就是後文（第6～11頁）所提到的公平、正確、迅速、經濟等四項理想。本文認為，民事訴訟之四項理想，如同魚與熊掌難以兼得，該如何找出其衡平點；換言之，若是能找到最適切的平衡，將能夠以最迅速、經濟的訴訟程序，或得到最公平、正確的結果。雖然因為想要得到最完整的公平、正義，難免喪失一些迅速、經濟的要求，此種放棄一些公平、正義的方法，以換取迅速、經濟的訴訟理想，但這就是衡平的一種過程。

　　另外，透過民事訴訟目的論之解釋進行調整，找出現行民事訴訟機制下所較為著重之理想，也就是說可以將這些多元化的目的項目，作為考量具體民事訴訟問題之指標。

3 民事訴訟制度之理想

一 基本概念

因為時間的流逝，很多過去的事實難以再次呈現，即便有清楚的錄音、錄影，也只能保存、還原當時大部分事實的原貌，但客觀上真正的情況，恐怕只有透過各種事證的蒐集，盡量找出案件事實的原貌。2012年1月，一輛砂石車卡在平交道上，除了造成太魯閣號列車司機不幸死亡之外，還有二十多名乘客受傷。雖然有不同角度的錄影帶還原現場，但雙方仍然各有說法，砂石車司機辯稱不是他闖越平交道，而是平交道柵欄升起的十幾秒內又放下，他根本來不及反應；臺鐵則表示是砂石車司機搶快才會卡在鐵軌上。

找尋資料的過程總是曠日費時，然而將案件的真實面呈現在法院而獲得正確地判決，對許多當事人而言是無價的，有時會因此而違背了公平、迅速及經濟的目的。但是，有些案件卻面臨取捨，當消耗了大量的資源，只是為了一個不知價值何在的訴訟正確性，這時思考有無此一必要性，或者是有無更為簡便的方式亦能達到經濟與正確的雙重結果更為重要。總之，民事訴訟之理想，在於藉由審判公平、迅速及經濟的過程，達到正確解決紛爭的結果。

(一)公平

公平，是指不偏不倚的審判程序，我國民事訴訟法採取當事人進行主義，法院只是立於公正第三人之角色，堅守其中立性，對於當事人所提出之訴訟資料，達於可為裁判之程度者，法院即應據此做出判

決。為達成公平之理想，訴訟程序通常包括法院職員之迴避制度、公開主義。

(二)迅速

迅速，是指在相對短暫的時間內，解決當事人間的爭議。避免訴訟的遲滯，是訴訟程序中相當重要的概念，不以迅速為前提，即便追求到正確的結果，可是卻耗費時日，此時正確的裁判恐怕對當事人而言也是另外一種訴訟正確的負面虐待。

為了提高訴訟程序之進行，達到迅速的要求，民事訴訟程序於2000年2月9日修正及增訂準備程序，讓證據之調查更為集中。並且藉由證據調查結果所形成心證之際，提供當事人決定是否和解或者是作為加速審判之基礎，如民事訴訟法第268-1條第2項規定：「法院於前項期日，應使當事人整理並協議簡化爭點。」此外，針對逾時提出攻擊防禦方法者，依據民事訴訟法第196條第2項前段規定：「當事人意圖延滯訴訟，或因重大過失，逾時始行提出攻擊或防禦方法，有礙訴訟之終結者，法院得駁回之。」以及依照第276條第1項規定：「未於準備程序主張之事項，除有下列情形之一者外，於準備程序後行言詞辯論時，不得主張之：一、法院應依職權調查之事項。二、該事項不甚延滯訴訟者。三、因不可歸責於當事人之事由不能於準備程序提出者。四、依其他情形顯失公平者。」給予當事人一定之制裁。

在刑事訴訟法也有同樣的概念，有本名為「司法無邊：三名老人流浪法庭27年的真實故事」的書籍，描述因案件遲遲無法定讞，使得當事人不斷地上訴、發回、更審等無盡的循環。而這本書過了3年，換了家出版社，書名改為「流浪法庭30年！臺灣三名老人的真實故事」，也算是司法的一大諷刺。為解決此一問題，業已通過「刑事妥速審判法」。

(三) 經濟

經濟與迅速的概念並不相同。

簡單來說，迅速是指盡快完結訴訟程序，但快速完結並不代表經濟，有時候會經由花費大筆的採證費用，讓事證盡速攤在陽光下，有助於訴訟結果的快速達成；而經濟則是指降低當事人訴訟過程中所耗費的成本，透過降低訴訟成本的機制，讓較無資金能力者亦可透過國家訴訟的程序，爭取自身的權利。

降低成本的範圍包括行政成本以及避免錯誤判決的成本，行政成本，是進行訴訟程序中所必須之費用，例如訴訟費用、律師費或鑑定費等，避免錯誤判決之成本，也就是讓法院能更正確地做出判決，當然也就要有完整的事證為基礎，但也可能會提高行政成本，才能達到避免錯誤判決之目的。

目前簡易訴訟程序、小額訴訟程序、和解、調解程序，都是透過一些較為迅速且經濟的制度來解決當事人的爭議。只是，這種迅速且經濟的程序，與真實的發現雖未必屬於違背，但仍有些許的差距，尤其是和解、調解的機制，往往是透過雙方當事人各退一步的方式，來達成一致同意的解決方案，也許無法完全滿意，正義也有所退卻，但卻是相當經濟的解決方案。例如民事訴訟法第84條第2項規定：「和解成立者，當事人得於成立之日起3個月內聲請退還其於該審級所繳裁判費三分之二。」換言之，透過和解來解決雙方當事人的訴訟爭端，連裁判費用只要通常的三分之一。

　　證據方面也有許多訴訟經濟的制度，例如「證明妨礙」方面，民事訴訟法第282-1條第1項規定：「當事人因妨礙他造使用，故意將證據滅失、隱匿或致礙難使用者，法院得審酌情形認他造關於該證據之主張或依該證據應證之事實為真實。」其立法意旨，在於當事人以不正當手段妨礙他造舉證活動者，顯然違反誠信原則，法院得審酌當事人妨礙他造舉證態樣、所妨礙證據之重要性等情形，依自由心證認他造關於該證據之主張或依該證據應證之事實為真實，以示制裁。此一條文較為常見者為親子血緣鑑定，而當事人之一方並未前往驗血鑑定，在一定條件下，法院會認為未前往驗血之行為，實影響此部分證據之取得及使用，自有違誠信原則，而認他造關於該證據之主張或依該證據應證之事實為真實。

(四) 正確

所謂正確，是指事實認定之正確。理想情況下，追求完整還原事發當時的客觀事實，進而法院在認定事實後，能正確地適用法律。

在認定事實方面，無論採取當事人進行主義或職權進行主義，都有基本的證據方法，且均採取辯論主義，透過真理愈辯愈明，讓客觀事實能儘量完整呈現；其次，法院應致力於使當事人在訴訟上有平等提出攻擊防禦方法之機會，並在適當時期內，就訴訟標的在事實上及法律上問題為充分完全之審查而作成裁判。

此外，尚有許多細部的機制，有助於事實之正確完整呈現，諸如摸索證明、文書提出義務，以及證明妨礙所產生之效果。至於審判內容適用法律正確無誤方面，則如合議制、上訴、再審、非常上訴，以及直接審理主義等，均為達成訴訟制度「正確」結果之具體機制。

刑事訴訟之被告，採行「不自證己罪原則」，亦即任何人均無義務以積極之作為協助對於自己的刑事追訴，國家機關也不能強制任何刑事被告積極自證己罪，例如緘默權、無作證之義務等。此一「不自證己罪原則」，雖然與「正確」理想之達成相背道而馳，但也是刑事人權發展道路上不得不之選擇。

在刑事程序法，僅有證人、鑑定人依法應具結之規定。（刑訴§186、187、202）至於偽證者，則有刑法偽證罪之處罰，法院在審理程序中，證人具結前，應告以具結之義務及偽證之處罰。（刑訴§187Ⅰ）民事訴訟也有類似之規定，審判長於證人具結前，應告以具結之義務及偽證之處罰。（民訴§312Ⅱ）

至於民事訴訟程序方面，則存在許多實質自證己罪之機制，以避免當事人阻礙真實之發現，例如文書提出義務，此一義務之立法目的乃在於為貫徹當事人「訴訟資料使用平等原則」，及便於發現真實

並整理爭點，以達到審理集中化之目標；對於違反此一義務，法院可以審酌情況，認為他造關於該文書之主張，或依該文書應證之事實為真實。（民訴§345 I）但是，目前尚無明確之處罰。在證明妨礙之方面，當事人符合故意將證據滅失、隱匿或致礙難使用等要件，法院得審酌情形認他造關於該證據之主張或依該證據應證之事實為真實，亦無明確的處罰。但透過此等強大效力之規範，對於當事人能達到一定事證提出之壓力，真實發現之目的也才能達成。

4 當事人主義與職權主義

一 當事人主義與職權主義之內涵

在民事訴訟之程序中，當事人主義，係指民事訴訟之審理所須內容資料及審理之技術程序，全部歸由當事人主導之主義；相較於當事人主義，審理民事訴訟所須資料及內容之技術程序，全部由法院蒐集提出及指揮領導之主義，則稱為職權主義。

當事人主義與職權主義之內容範圍相當廣泛，前者包括辯論主義、處分權主義、當事人進行主義三者；而職權主義，則包括職權探知主義、職權調查主義、職權進行主義。（如右頁圖）

當事人主義源自於英美法系，著眼於私法自治，由陪審團聽取雙方當事人之攻防，進而認定事實。法官協助陪審團正確適用法律，兩造當事人完全主導訴訟之進行，但所謂完全主導訴訟之進行，法官仍會適時地介入，讓雙方的攻防符合法律的基本規範。

職權主義則源自於大陸法系，由法官認定事實、適用法律，以公益維持而自居，並積極主導訴訟之進行。我國傳統的「衙門」，由地方行政父母官兼任法官之職，主導整個案件之審問與處罰，在此種帝王君主制度下延續著多年的司法制度，即便來到了民主時代，也依然有著法官崇高地位、獨立超然的刻板印象，所以在導引國外司法制度之際，自然偏向於大陸法系的職權主義。

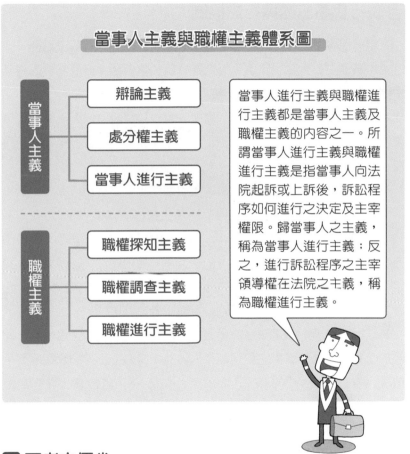

當事人主義與職權主義體系圖

當事人主義
- 辯論主義
- 處分權主義
- 當事人進行主義

職權主義
- 職權探知主義
- 職權調查主義
- 職權進行主義

當事人進行主義與職權進行主義都是當事人主義及職權主義的內容之一。所謂當事人進行主義與職權進行主義是指當事人向法院起訴或上訴後，訴訟程序如何進行之決定及主宰權限。歸當事人之主義，稱為當事人進行主義；反之，進行訴訟程序之主宰領導權在法院之主義，稱為職權進行主義。

二 兩者之優劣

當事人主義必然使訴訟拖延，無法迅速終結，不符合訴訟經濟要求。職權主義最大之弊端為違反私法自治之大原則，將民事訴訟與刑事訴訟同視，當事人一旦起訴，立即喪失自主權，不能自己決定處分自己之權利。如何適度地調和兩種不同制度之優缺點，成為訴訟制度設計的重點之一。

三 現行民事訴訟採行之機制

目前民事訴訟程序針對審理之對象，採取紛爭一次解決原則，進行集中審理主義，賦予當事人協力進行訴訟之義務，促使當事人將其主張之事實、證據與相關訴訟資料，儘量於訴訟程序前階段提出。故當事人於提出言詞辯論之準備書時，應一併聲明證據與表明應證事實，法官於協力當事人整理、確定及簡化爭點後，再進行集中調查證據，使言詞辯論得有效集中。

訴訟過程中，經法官闡明當事人攻擊或防禦之訴訟行為後，當事人未依法定程序提出攻防方法，其將產生失權之效果（民事訴訟法第196、276、447條）。這也是多年來數位重要民事訴訟學者所致力的方向，也就是能夠在經濟、迅速的前提下，如前述透過審理集中，又能兼顧公平與正確的結果，而失權的效果，也正是為了達成經濟、迅速之目的，而在一定條件下達到公平與正確之結果。

原則上民事訴訟是雙方當事人交互攻防，法院並不主導操控，甚至於即便法院為了真實之發現而介入調查，唯有在不得已之情況下，依據民事訴訟法第288條第1項規定：「法院不能依當事人聲明之證據而得心證，為發現真實認為必要時，得依職權調查證據。」才可以選擇介入雙方當事人之攻防。這種制度實在是已經修正了當事人主義之內涵，但也正是當事人主義與職權主義兩者交錯並用之結果。

　　總而言之，法院之介入有其必要性，其主要扮演之角色，是在程序進行的順序上有主導權，也就是達成促進訴訟與發現真實，適時地行使闡明權、讓審理集中化等機制，調整訴訟之機制，甚至於訴訟費用之分配，讓整個訴訟程序之進行更為公平，雙方在武器平等的前提下，完整地呈現證據，讓法院以中立第三者的身分進行審判的工作。

相關考題　民事訴訟法的基本概念

下列關於民事訴訟法之性質的敘述，何者錯誤？　(A)民事訴訟法為公法　(B)民事訴訟法為私法　(C)民事訴訟法為程序法　(D)民事訴訟法之規定多為強行法 【98五等司特-民事訴訟法大意與刑事訴訟法大意】	(B)
下列關於民事訴訟法之處分權主義的敘述，何者錯誤？　(A)原告得決定是否將其私權之紛爭，請求法院裁判　(B)原告得決定其請求法院裁判之範圍　(C)處分權主義係基於私法自治原則　(D)整部民事訴訟法均貫徹處分權主義原則 【98五等司特-民事訴訟法大意與刑事訴訟法大意】	(D)
民事訴訟法第388條規定：「除別有規定外，法院不得就當事人未聲明之事項為判決」，此為何種主義或原則？　(A)處分權主義　(B)法院干涉主義　(C)當事人對立原則　(D)公正程序原則 【101司特五等-民事訴訟法大意與刑事訴訟法大意】	(A)

第二篇

法院——管轄與迴避

法院是訴訟程序三角關係中的頂點，也是相當重要的一環。
有關法院的管轄、迴避的問題，都是進行訴訟過程中第一步要探
討的問題，釐清了法院的管轄，才有後續訴訟程序之進行。

1 管轄

一 基本概念

所謂管轄權，係指訴訟案件由民事法院具有審判權後，其次再決定由哪一個法院進行管轄審理之權限。簡單來說，從南到北這麼多法院，到底要到哪一個法院訴請判決。例如甲（住在臺北）要告乙（住高雄）還100萬元的借款，為了方便，當然是希望在臺北打官司，但乙則會希望在高雄比較方便。

二 普通審判籍及特別審判籍

第一次看到這兩個名詞，可能搞不清楚在講什麼？簡單來說，不管被告涉及什麼訴訟事件（除了專屬管轄之外），該法院都有審判的管轄權限；而特別審判籍，則是因為特種訴訟的事件關係，讓法院對於被告也有案件審判的管轄權限，例如被告A並不住在桃園，但是因為財產權打官司，被告可扣押的財產（如鋼琴）放置在桃園中壢市，則桃園地方法院就有特別審判籍。

三 以原就被原則

訴訟，由被告住所地之法院管轄。（民訴§1 I）

民事訴訟法的第一條就是談管轄，管轄最基本的規定，就是「以原就被」原則。這是什麼意思呢？簡單來說，你要告人，就要忍受較多的不方便，到別人家所在的法院提告，因為訴訟是你自己要提起的，讓提告人承擔經濟學上所謂的「內部成本」，這樣比較合理。例如A住所地是臺北，B住所地是高雄，A要控告B，就要到高雄地方法院提起訴訟。

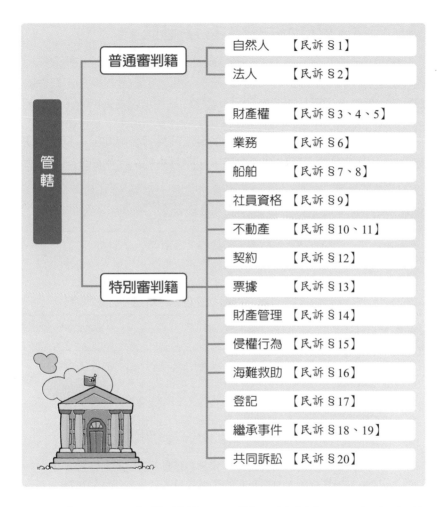

反之，如果改成「以被就原」原則，則上例中，B必須跑到A住所地所在的臺北地方法院應訴。如果A要惡整B，沒事就提個訴訟，B的交通成本大增，徒增困擾，這種在經濟學上就是所謂的「內部成本外部化」，A不需要負擔什麼成本，卻可以造成他造的困擾，很可能會導致濫訴的困擾。

四 因自然人死亡而生效力之行為涉訟

　　因自然人死亡而生效力之行為涉訟者，得由該自然人死亡時之住所地法院管轄。（民訴18 I）例如死因贈與、死因契約等類情形。其餘像是因繼承回復、遺產分割、特留分、遺贈、確認遺囑真偽或繼承人間因繼承所生事件列為家事事件，則依據家事事件法之規定，定其管轄權。

　　前項法院不能行使職權，或訴之原因事實發生於該自然人居所地，或其為中華民國人，於死亡時，在中華民國無住所或住所不明者，定前項管轄法院時，準用第1條之規定。（民訴18 II）

相關考題	管轄恆定原則	
民事訴訟法上，為維持訴訟程序之安定性，有所謂訴訟程序的三恆定原則。以下何者不在其內？　(A)管轄恆定原則　(B)當事人恆定原則　(C)訴訟標的價額恆定原則　(D)訴訟程序之代理人恆定原則　【101司特五等-民事訴訟法大意與刑事訴訟法大意】		(D)

相關考題	管轄	
住所地在新竹市的甲，駕駛自用車於臺南市撞傷路人乙，就賠償事宜調解不成。如乙要起訴甲，請求侵權行為損害賠償，何法院有第一審管轄權？　(A)僅臺灣新竹地方法院　(B)僅臺灣臺南地方法院　(C)臺灣新竹地方法院及臺灣臺南地方法院均有　(D)應聲請臺灣高等法院指定　【107司特五等-民事訴訟法大意與刑事訴訟法大意】		(C)
甲之住所在高雄，乙之住所在臺南，甲出售位於花蓮之A地予乙。契約生效後，甲拒絕將A地之所有權移轉登記予乙，乙乃主張該買賣契約之請求權，訴請甲移轉登記A地之所有權。此訴訟之管轄，下列敘述何者正確？　(A)臺南地方法院有專屬管轄權　(B)花蓮地方法院有專屬管轄權　(C)臺南地方法院有任意管轄權　(D)花蓮地方法院有任意管轄權【108司特五等-民事訴訟法大意與刑事訴訟法大意】		(D)

解析：

不動產之債權契約請求履行時，屬債法上之關係，而非不動產物權訟爭之專屬管轄，依據第10條第2項，選(D)。

相關考題　管轄

民事訴訟，原則上應歸屬於下列那一法院管轄？　(A)原告住所地之法院　(B)被告住所地之法院　(C)原告居所地之法院　(D)被告居所地之法院 【98五等原住民庭務員-民事訴訟法大意與刑事訴訟法大意】	(B)
有關法院管轄權之規定，以下之敘述，何者為非？　(A)管轄權有普通審判籍與特別審判籍之區分，而特別審判籍之法院並無優先普通審判籍法院的管轄權　(B)對於自然人所提起的訴訟，原則上由被告住所地之法院管轄，此稱為以原就被原則　(C)對於公法人亦可提起訴訟，應由其公務所所在地之法院管轄　(D)對於中央或地方機關不可提起民事訴訟，故此等訴訟並無管轄權的問題 【99第二次司法特考五等-民事訴訟法大意與刑事訴訟法大意】	(D)

解析：
民事訴訟法第2條第1項：「對於公法人之訴訟，由其公務所所在地之法院管轄；其以中央或地方機關為被告時，由該機關所在地之法院管轄。」

某乙之住所在臺中市，某日開車到嘉義訪友，途經彰化時不慎撞傷住所於臺南之某甲，導致甲骨折受傷。若某甲欲對某乙提起訴訟，主張侵權行為之損害賠償，請問下列那二個法院有管轄權？　(A)臺中地方法院與嘉義地方法院　(B)臺中地方法院與彰化地方法院　(C)彰化地方法院與嘉義地方法院　(D)臺中地方法院與臺南地方法院 【99第二次司法特考五等-民事訴訟法大意與刑事訴訟法大意】	(B)

解析：
民事訴訟法第1條第1項：「訴訟，由被告住所地之法院管轄。被告住所地之法院不能行使職權者，由其居所地之法院管轄。訴之原因事實發生於被告居所地者，亦得由其居所地之法院管轄。」因此，臺中地方法院有管轄權。
民事訴訟法第15條第1項：「因侵權行為涉訟者，得由行為地之法院管轄。」所以，彰化地方法院也有管轄權。

甲起訴主張其與乙（住所地為A地）、丙（住所地為B地），3人在C地簽立借款契約書，約定由乙向甲借款新臺幣（下同）100萬元，並以丙為該借款連帶保證人，且自交付借款之日起6個月內，應至D地（甲之住所地）如數返還借款予甲，甲於簽約時一併如數交付借款予乙，惟乙屆期仍不清償等情，爰依消費借貸及連帶保證法律關係，請求乙及丙連帶返還借款100萬元。有關本件訴訟管轄，下列敘述何者正確？　(A)本件訴訟因乙及丙住所地依序為A地及B地，各該被告之住所地法院即A地及B地之法院均有管轄權　(B)本件訴訟因乙為主債務人，乙住所地A地之法院始有管轄權　(C)本件訴訟因借款契約書簽立地點為C地，C地之法院始有管轄權　(D)本件訴訟因借款契約書約定以甲住所地為清償地，D地之法院始有管轄權 (D)

【111司特五等-民事訴訟法大意與刑事訴訟法大意】

解析：

民事訴訟法第12條：「因契約涉訟者，如經當事人定有債務履行地，得由該履行地之法院管轄。」

五 專屬管轄

　　所謂專屬管轄，是指依法律規定，讓某類型之訴訟事件專屬特定法院管轄。蓋因專屬管轄多涉及公共利益，所以沒有合意管轄或其他管轄規定之適用，原告就該事件只能向專屬管轄之法院起訴，不容許法院或當事人任意加以變更。

不動產之專屬管轄

　　因不動產之物權或其分割或經界涉訟者，專屬不動產所在地之法院管轄。（民訴§10Ⅰ）其他因不動產涉訟者，得由不動產所在地之法院管轄。（民訴§10Ⅱ）

　　不動產的專屬管轄，國家考試還蠻喜歡考的，也就是只要是涉及到不動產之物權或其分割或經界涉訟者，管你住哪邊，一律由不動產所在地管轄。

　　為什麼會這樣子規定呢？

　　因為法院可以就近瞭解不動產的現況，也能做出最好的裁決，尤其是目前物權迭經多次修正，許多規定都讓法院有介入的空間。假設不動產在高雄，卻在澎湖起訴，法院為了要多瞭解不動產的現況，例如如何分割才是對當事人最有利的情況，就必須耗費許多成本來進行判斷，所以，不動產有專屬管轄的規定。

　　本法第10條第2項規定，法條用「得」，也就是可以向該法院，也可以向其他法院起訴，並不一定要向不動產所在地的法院起訴，所以不是專屬管轄。至於什麼是「其他因不動產涉訟」，例如不動產占有、請求交付不動產或移轉登記之訴，原告可以向被告普通審判籍之法院或不動產所在地法院起訴。

專屬管轄之立法理由【民國24年2月1日】

　　查民訴律第20條理由謂本條至第22條，乃不動產上審判籍之規定，審判衙門在不動產所在之地，該衙門推事，必熟悉一切情形，故由不動產而發生之訴訟，專屬於該衙門管轄，俾得為適當之審判。關於不動產上物權之訴，凡主張不動產所有權或占有權，主張不動產之負擔，（如主張地役權※、地上權、質權、抵押權是）或主張不動產物權負擔消滅之訴者皆是。不動產分析之訴，依民律稱分析共有不動產之訴。

　　又經界之訴，從民律乃以確定土地疆界為宗旨之訴也。如上之訴，專屬於不動產所在地之審判衙門管轄，俾為適當之審判，實有裨公益，此所以成專屬管轄也。地役權之訴，屬於供役地所在地之審判衙門管轄，因在供役地，比需役地利益關係較多也。又所有權界限之訴（此訴為限制所有權內容之訴，規定於民律，例如地主對於鄰接地主提起以設置界標為宗旨之訴是也）專屬於負擔地所在地之審判衙門管轄，因在負擔地之所在者，於該訴頗有利害關係也。

※ 註：現改為不動產役權

這一頁內容比較深，但可以知道專屬管轄之發展歷史。

實務見解

又如礦業權涉訟，因為依據礦業法第11條規定，礦業權視為物權，除本法有特別規定外，準用關於不動產諸法律之規定；起訴聲明第二項係請求「再抗告人應履行花蓮縣秀林鄉○○○段地號541之4及台濟採字第5148號礦區土地使用權移轉之完全給付」，屬與不動產有關之事項涉訟。（92台抗367）

再如一屋多賣，賣方給付不能，買方請求依民法第249條第3款之規定及解除契約之法律關係，請求再抗告人加倍返還定金及返還已付之價金，自屬其他因不動產涉訟範圍。（86台抗79）

依被上訴人所訴之事實觀之，其請求上訴人塗銷系爭土地之所有權移轉登記，顯在行使系爭土地所有人之除去妨害請求權，自係因不動產物權涉訟，依民事訴訟法第10條第1項規定，應專屬系爭土地所在地之臺灣花蓮地方法院管轄。（74台上280）

因不動產物權而涉訟者，雖應專屬不動產所在地之法院管轄，然因買賣、贈與或其他關於不動產之債權契約，請求履行時，則屬債法上之關係，而非不動產物權之訟爭，應不在專屬管轄之列。（71台上4722）

不動產經界之訴，即定不動產界線或設置界標之訴，其原告請求確定至一定界線之土地屬於自己所有者，為確認不動產所有權之訴，不得謂為不動產經界之訴。（27上1451）

相關考題　專屬管轄

依民事訴訟法規定，因不動產之物權涉訟者，專屬何法院管轄？ (A)被告住所地之法院　(B)被告居所地之法院　(C)物權契約履行地之法院　(D)不動產所在地之法院 【97五等司特 - 民事訴訟法大意與刑事訴訟法大意】	(D)
甲之住所在桃園，乙之住所在苗栗，甲乙二人均因工作而居住於臺中，並共有一塊位於雲林之土地。甲乙二人無法協議分割該地，欲請求法院裁判分割之。請問下列何法院有權管轄？ (A)桃園地方法院　(B)苗栗地方法院　(C)臺中地方法院　(D)雲林地方法院 【98五等司特 - 民事訴訟法大意與刑事訴訟法大意】	(D)
因不動產之物權或其分割或經界涉訟者，由不動產所在地法院管轄，為何種管轄？ (A)專屬管轄　(B)競合管轄　(C)選擇管轄　(D)指定管轄 【100五等司法特考 - 民事訴訟法與刑事訴訟法大意】	(A)
下列事件之管轄，何者不屬於專屬管轄？ (A)再審之訴　(B)支付命令之聲請　(C)第三人撤銷之訴　(D)不動產之債權涉訟者 【101司特五等 - 民事訴訟法大意與刑事訴訟法大意】	(D)
甲（住所地：新竹市）在桃園市之市區開車，將乙（住所地：嘉義市）撞成重傷，就乙嗣後因而請求甲侵權損害賠償的訴訟，下列敘述何者與民事訴訟法規定不符？ (A)新竹地方法院有管轄權　(B)桃園地方法院有管轄權　(C)嘉義地方法院有管轄權　(D)桃園地方法院有非專屬的管轄權 【103司特五等 - 民事訴訟法大意與刑事訴訟法大意】	(C)
依民事訴訟法規定，下列何者不屬於專屬管轄事件？ (A)分割共有土地之訴　(B)請求交付買受房屋並移轉所有權之訴　(C)再審之訴　(D)請求返還所有土地之訴 【103司特五等 - 民事訴訟法大意與刑事訴訟法大意】	(B)

指定管轄

> 報告法官，本案如果在雲林管轄，當地民眾必會堵在法院門口等著揍我。

> 那就指定臺中地院開庭吧！

> 太遠了，可否在嘉義地院。

> 不得聲明不服。

相關考題 　**專屬管轄**

甲將應由高雄高等行政法院受理的行政訴訟事件，誤向臺南地方法院提出訴狀請求。臺南地方法院應如何處理該訴請？ (A)以判決駁回 (B)以裁定駁回 (C)以裁定移送高雄高等行政法院 (D)請求直接上級法院指定管轄 【103司特五等-民事訴訟法大意與刑事訴訟法大意】	(C)
甲之住所在高雄，乙之住所在臺北，甲向乙購買位於花蓮之A屋一棟，雙方並約定日後若關於該買賣契約進行民事訴訟，亦得以臺中地方法院為管轄法院。若甲依據該契約向乙請求移轉A屋之所有權，下列關於本訴訟之敘述何者正確？ (A)花蓮地方法院為專屬管轄法院 (B)臺北地方法院亦得為管轄法院 (C)臺中地方法院為唯一管轄法院 (D)高雄地方法院為法定管轄法院 【104司特五等-民事訴訟法大意與刑事訴訟法】	(B)

六 指定管轄

　　有下列各款情形之一者，直接上級法院應依當事人之聲請或受訴法院之請求，指定管轄：（民訴§23Ⅰ）

　㈠有管轄權之法院，因法律或事實不能行使審判權，或因特別情形，由其審判恐影響公安或難期公平者。

　㈡因管轄區域境界不明，致不能辨別有管轄權之法院者。

　　直接上級法院不能行使職權者，前項指定由再上級法院為之。（民訴§23Ⅱ）

　　第1項之聲請得向受訴法院或直接上級法院為之，前項聲請得向受訴法院或再上級法院為之。（民訴§23Ⅲ）

　　指定管轄之裁定，不得聲明不服。（民訴§23Ⅳ）

七 合意管轄

　　現在許多契約都會訂定合意管轄的規定，例如：出版契約中會載明如果發生訴訟糾紛，合意以XX地方法院為第一審為管轄法院。依

據民事訴訟法第24條也有合意管轄之規定：「Ⅰ當事人得以合意定第一審管轄法院。但以關於由一定法律關係而生之訴訟為限。Ⅱ前項合意，應以文書證之。」

如果是打官司的過程中，訴訟法院本來沒有管轄權，可是被告沒有抗辯，也跑來這間法院打官司，進行言詞辯論，這就是「擬制合意管轄」，以其法院為有管轄權之法院，也有稱之為「默示合意管轄」或「應訴管轄」。法律規定：被告不抗辯法院無管轄權，而為本案之言詞辯論者，以其法院為有管轄權之法院。（民訴§25）

但是，只要有專屬管轄之法院，還是不能以合意管轄來排除之，也就是專屬管轄有優先性。此規定在民事訴訟法第26條之規定：「前二條之規定，於本法定有專屬管轄之訴訟，不適用之。」

相關考題　合意管轄

以下關於當事人合意定管轄之敘述，何者錯誤？　(A)合意定管轄，當事人應以書面訂立，不得以口頭方式為之　(B)合意定管轄，僅限於第一審與第二審之管轄法院，第三審法院的管轄不在此範圍內　(C)合意定管轄，僅限關於由一定法律關係而生之訴訟，不得泛就當事人間一切法律關係爭執以合意定之　(D)若法律明文規定屬於專屬管轄者，合意定管轄即不適用 【102司特五等-民事訴訟法大意與刑事訴訟法大意】	(A) (B)
住所在嘉義之甲，於雲林撞傷住所在彰化之乙，甲乙用書面約定：此車禍法律關係之訴訟，除原有管轄權之法院外，臺中地方法院亦有管轄權。若乙就此車禍欲向甲訴請損害賠償，下列何法院對此訴訟無管轄權？　(A)嘉義地方法院　(B)雲林地方法院　(C)彰化地方法院　(D)臺中地方法院 【102司特五等-民事訴訟法大意與刑事訴訟法大意】	(C)

下列關於合意管轄之敘述，何者與民事訴訟法規定不符？　(A)應以文書為之　(B)僅得合意定第一審管轄法院　(C)不得違背法定的專屬管轄　(D)以關於由一定法律關係而生的訴訟為限 【103司特五等-民事訴訟法大意與刑事訴訟法大意】	(A)
關於合意管轄，下列敘述何者正確？　(A)當事人得以合意定第二審管轄法院　(B)合意管轄，應以文書證之　(C)基於尊重當事人之意思，合意管轄之效力優於專屬管轄　(D)兩造當事人得就其間之全部私法上爭執均合意由特定法院管轄 【101司特五等-民事訴訟法大意與刑事訴訟法大意】	(B)
關於合意管轄，下列敘述何者正確？　(A)如無特殊約定，合意管轄應解為排他的合意管轄　(B)經當事人合意之管轄法院，即為專屬管轄法院　(C)為便利訴訟，當事人得以合意約定第二審管轄法院　(D)民事訴訟法第25條之擬制管轄，不適用在兩造有排他合意管轄約定之情形　【111司特五等-民事訴訟法大意與刑事訴訟法大意】	(A)
下列關於當事人合意定管轄之敘述，何者錯誤？　(A)合意定管轄，僅限關於由一定法律關係而生之訴訟，不得泛就當事人間一切法律關係爭執以合意定之　(B)合意定管轄，僅限於第一審與第二審之管轄法院，第三審法院之管轄不在此範圍內　(C)合意定管轄，應以文書證之　(D)法律明文規定屬於專屬管轄者，合意定管轄即不適用 【109司特五等-民事訴訟法大意與刑事訴訟法大意】	(B)

下列何種情形，不能聲請直接上級法院指定管轄？　(A)有管轄權之法院，因法律不能行使審判權　(B)有管轄權之法院，因特別情形，由其審判恐影響公安　(C)被告行蹤飄忽不定　(D)因管轄區域境界不明，致不能辨別有管轄權之法院 【100五等司法特考-民事訴訟法與刑事訴訟法大意】	(C)

相關考題　　指定管轄

以下之何種情形，原告可聲請直接上級法院為指定管轄？　(A)共同訴訟之被告有數人，其住所不在同一法院管轄區域內者，原告可聲請指定管轄　(B)被告住所、不動產所在地、侵權行為地或其他據以定管轄法院之地，若跨連或散在數法院管轄區域內者，原告可聲請指定管轄　(C)有管轄權之法院，因法律或事實不能行使審判權，或因特別情形，由其審判恐影響公安或難期公平者，原告可聲請指定管轄　(D)當事人以合意定第一審管轄法院後，若遇有重大之情事變更者，原告可聲請指定管轄	(C)

【101司特五等 - 民事訴訟法大意與刑事訴訟法大意】

2 法院職員之迴避

一 基本概念

迴避之主體範圍，包括法官、書記官及通譯。

迴避之方式，則包括「自行迴避」與「聲請迴避」。

二 自行迴避

法官有下列各款情形之一者，應自行迴避，不得執行職務：（民訴§32）

㈠法官或其配偶、前配偶或未婚配偶，為該訴訟事件當事人者。（如右頁圖示）

㈡法官為該訴訟事件當事人八親等內之血親或五親等內之姻親，或曾有此親屬關係者。

㈢法官或其配偶、前配偶或未婚配偶，就該訴訟事件與當事人有共同權利人、共同義務人或償還義務人之關係者。

㈣法官現為或曾為該訴訟事件當事人之法定代理人或家長、家屬者。

㈤法官於該訴訟事件，現為或曾為當事人之訴訟代理人或輔佐人者。

㈥法官於該訴訟事件，曾為證人或鑑定人者。

㈦法官曾參與該訴訟事件之前審裁判或仲裁者。

第7款原規定：「推事曾參與該訴訟事件之前審裁判、更審前之裁判或仲裁者。」此款規定中之「更審前之裁判」，依其文義解釋，凡在更審前曾參與該訴訟事件裁判之法官，不問係在何審級，均包括在內。若該訴訟事件發回多次，而原審法院法官員額較少，勢必發生無法官可執行職務之情形。又依民事訴訟法修正後第478條第4項規定，受發回或發交之法院，應以第三審法院所為廢棄理由之法律上判斷為其判斷基礎，故該訴訟事件於發回或發交後縱仍由參與更審前裁判之法官審理，亦不致有所偏頗，而有迴避之必要，爰修正第7款，將此部分規定刪除。

三 聲請迴避

遇有下列各款情形，當事人得聲請法官迴避：（民訴§33 I）

(一)法官有前條所定之情形而不自行迴避者。

(二)法官有前條所定以外之情形，足認其執行職務有偏頗之虞者。
（如前頁圖示）

當事人如已就該訴訟有所聲明或為陳述後，不得依前項第2款聲請法官迴避。但迴避之原因發生在後或知悉在後者，不在此限。（民訴§33 II）

法官被聲請迴避者，在該聲請事件終結前，應停止訴訟程序。但其聲請因違背第33條第2項，或第34條第1項或第2項之規定，或顯係意圖延滯訴訟而為者，不在此限。（民訴§37 I）

例如小珍於訴訟中，一直以各種政治上或其他莫須有原因主張法官一定會不公平而聲請迴避。此時，若顯然意圖延滯訴訟，法官可以不停止訴訟。

依前項規定停止訴訟程序中，如有急迫情形，仍應為必要處分。（民訴§37 II）

四 迴避之準用

本節（法院職員之迴避）之規定，於司法事務官、法院書記官及通譯準用之。（民訴39）為建立公正之形象，原無「司法事務官」，然而司法事務官辦理相關事務時，應維持其公正、中立性，故有關法官迴避之規定應予準用。

相關考題　迴避之準用

法官於下列何種情形，應自行迴避，不得執行職務？　(A)法官之配偶為該訴訟事件之證人　(B)法官為該訴訟事件當事人六親等之姻親　(C)法官曾為該訴訟事件當事人之家屬者　(D)法官之家屬曾為該訴訟事件之訴訟代理人 【104司特五等-民事訴訟法大意與刑事訴訟法】	(C)
審理民事訴訟事件的法官有下列那一種情形，不屬於法定應自行迴避的事由？　(A)曾參與該訴訟事件的前審裁判　(B)曾參與該訴訟事件的更審前裁判　(C)曾與該訴訟事件當事人有五親等內姻親關係　(D)法官的未婚配偶為該訴訟事件的當事人 【107司特五等-民事訴訟法大意與刑事訴訟法大意】	(B)
下列承辦法官，何者應自行迴避？　(A)事件經調解不成立而進入訴訟程序者，曾參與該事件調解程序之法官　(B)下級審之判決經上級審廢棄而發回更審者，曾參與該更審前判決之法官　(C)曾參與該事件保全程序之法官　(D)上訴至最高法院之事件，曾參與該事件第二審判決之法官　【110司特五等-民事訴訟法大意與刑事訴訟法大意】	(D)

第三篇

當事人

　　當事人是訴訟程序三角關係中最重要也最複雜概念的一環。從最基本的當事人能力、訴訟能力，來決定當事人有沒有能力可以透過我國法院打官司，接著如果訴訟關係涉及到的人與事相當繁雜，又該如何進行呢？此有共同訴訟、訴訟參加之規定加以釐清，至於要委請訴訟代理人或由輔佐人協助，或選定當事人代為原告或被告，均於本章節中介紹與說明。

1 當事人能力

一 人與胎兒

有權利能力者，有當事人能力。（民訴§40 I）

胎兒，關於其可享受之利益，有當事人能力。（民訴§40 II）

有關權利能力之規定，依據民法之規定，始於出生，終於死亡。（民§6）

胎兒以將來非死產者為限，關於其個人利益之保護，視為既已出生。（民§7）

有權利能力者，就有訴訟上的當事人能力，簡單來說，就是可以告人或被告。胎兒，雖然還沒有冒出娘胎、正式成為一個人，但是正常情況來說，大多數能順利長大成人，所以若是無法讓他成為訴訟上的當事人（例如繼承），對於其權利之保護顯然難以齊全，故本法第40條第2項規定：「胎兒，關於其可享受之利益，有當事人能力。」

二 非法人團體與機關

非法人之團體，設有代表人或管理人者，有當事人能力。（民訴§40 III）

中央或地方機關，有當事人能力。（民訴§40 IV）

中央或地方機關，原無獨立之人格，本不得為訴訟之主體。惟實務上中央或地方機關基於法律之授權執行其職務，皆係以其機關名義在私法上行使權利或負擔義務，若不認其可為訴訟主體，不獨不足以

維護交易之安全，且有違訴訟經濟之原則，故歷來解釋及判例均認中
央或地方機關得代表公法人起訴或應訴（參見司法院院字第2809號解
釋，最高法院18年上字第305號及51年台上字第2680號）。且國家賠
償法第9～11條規定有賠償義務機關，土地法第68條亦有登記錯誤
之損害賠償由地政機關負責之規定，如因而涉訟，自應由賠償義務機
關或地政機關應訴。為因應實務上之需要，明定中央或地方機關，有
當事人能力。

民事訴訟，當事人能力之有無，原則上以何者為取決標準？　(A)民法上之權利能力　(B)民法上之完全行為能力　(C)民法上之限制行為能力　(D)民法上之身分行為能力 【98五等原住民庭務員-民事訴訟法大意與刑事訴訟法大意】	(A)
關於當事人能力，下列敘述何者錯誤？　(A)有權利能力者，有當事人能力　(B)政府機關有當事人能力　(C)訴訟進行中原告或被告喪失當事人能力者，訴訟程序當然停止　(D)股份有限公司之股東會有當事人能力　【97五等司特-民事訴訟法大意與刑事訴訟法大意】	(C) (D)
以下何者，不具民事訴訟法上的當事人能力？　(A)合夥組織　(B)胎兒　(C)祭祀公業　(D)獨資商號　【101員級鐵路人員-法學知識與英文】	(D)
以下何種期間，方有民事訴訟法第 164 條所規定之聲請回復原狀的適用？　(A)職務期間　(B)訓示期間　(C)通常期間　(D)不變期間　【102司特五等-民事訴訟法大意與刑事訴訟法大意】	(D)
關於當事人能力，下列敘述，何者錯誤？　(A)非法人之團體，設有代表人或管理人者，有當事人能力　(B)有權利能力者，有當事人能力　(C)多數有共同利益之人，得由其中選定一人或數人，為選定人及被選定人全體起訴或被訴　(D)外國自然人，無當事人能力　【107司特五等-民事訴訟法大意與刑事訴訟法大意】	(D)
下列何者不具備民事訴訟之當事人能力？　(A)甲獨資商號，因販賣傳統生活用品雜貨而涉訟　(B)胎兒甲，因繼承權受侵害，而有提起訴訟之必要　(C)甲分公司，就其業務範圍之事項涉訟　(D)甲法人，因其代表人執行職務之侵權行為涉訟　【111司特五等-民事訴訟法大意與刑事訴訟法大意】	(A)

解析：

實務見解認為獨資經營之商號，與民事訴訟法第40條第3項所稱之非法人團體並非相當，自難認為有當事人能力。

相關考題　當事人能力

乙女與甲男離婚後，隨即與丙男結婚，嗣後乙女生下一子A，惟就A為甲或丙之子女一事，關係人間尚有爭執。關於確定母再婚後所生子女生父之訴，下列敘述何者正確？　(A)由A起訴時，應以甲、乙、丙為共同被告　(B)由乙女起訴時，應以甲與丙為共同被告　(C)由甲起訴時，應以乙、丙為共同被告　(D)由丙起訴時，應以甲、乙為共同被告　【111司特五等-民事訴訟法大意與刑事訴訟法大意】	(B)
關於民事訴訟程序之當事人適格，下列敘述何者正確？　(A)有當事人能力者，就其所進行之訴訟，即為當事人適格　(B)適格之當事人，就該程序之訴訟標的，未必具有實體法上之權利義務關係　(C)共同訴訟之多數當事人必須全體同為原告或被告，方為當事人適格　(D)原告所主張之權利若無理由，即為當事人不適格　【108司特五等-民事訴訟法大意與刑事訴訟法大意】	(B)
民事訴訟之當事人或相關人，為下列何項行為時，無須以文書證之？　(A)當事人因攻擊防禦方法涉及隱私而合意不公開審判　(B)當事人合意定第一審管轄法院　(C)多數有共同利益之人合意選定為其擔當訴訟之人　(D)當事人合意適用簡易程序　【108司特五等-民事訴訟法大意與刑事訴訟法大意】	(A)

2 選定當事人

一 基本概念

　　多數有共同利益之人，不合於前（40）條第3項所定者，得由其中選定一人或數人，為選定人及被選定人全體起訴或被訴。（民訴§41 I）訴訟繫屬後，經選定前項之訴訟當事人者，其他當事人脫離訴訟。（民訴§41 II）前二項被選定之人得更換或增減之。但非通知他造，不生效力。（民訴§41 III）

　　共同利益人就是否選定當事人及其人選，未必全體一致，為擴大選定當事人制度之功能，應許共同利益人分組選定不同之人，或僅由部分共同利益人選定一人或數人而與未參與選定之其他共同利益人一同起訴或被訴。舊第41條第1項規定「為全體起訴或被訴」，學說上多解釋為必須由被選定人以外有共同利益之人全體選定之（如ABCD，要選E，不能選ABCD），致此項制度之運用受到相當限制，所以修正為「為選定人及被選定人全體起訴或被訴」，以利適用。

二 訴訟行為之限制

　　被選定人有為選定人為一切訴訟行為之權。但選定人得限制其為捨棄、認諾、撤回或和解。（民訴§44 I）選定人中之一人所為限制，其效力不及於他選定人。（民訴§44 II）第1項之限制，應於第42條之文書內表明，或以書狀提出於法院。（民訴§44 III）

　　被選定人係以自己之名義為當事人，就其被選定事件，原則上應有為選定人為一切訴訟行為之權。原條文未表明斯旨，且規定「非得

全體之同意，不得為捨棄、認諾、撤回或和解」易被誤解為被選定人
就部分選定人信託事項所為之捨棄、認諾、撤回或和解，亦須得全體
選定人之同意，有礙選定當事人制度之靈活運用。為充分發揮此項制
度簡化訴訟之功能，所以將舊法第44條修正明定選定人中一人所為
限制，其效力不及於他選定人。

　　因公害、交通事故、商品瑕疵或其他本於同一原因事實而有共同
利益之多數人，依第41條之規定選定一人或數人為同種類之法律關
係起訴者，法院得徵求原被選定人之同意，或由被選定人聲請經法院
認為適當時，公告曉示其他共同利益人，得於一定期間內以書狀表明
其原因事實、證據及應受判決事項之聲明，併案請求。其請求之人，
視為已依第41條為選定。（民訴§44-2 I）

　　其他有共同利益之人，亦得聲請法院依前項規定為公告曉示。
（民訴§44-2 II）

併案請求之書狀，應以繕本或影本送達於兩造。（民訴§44-2Ⅲ）

第1項之期間至少應有20日，公告應黏貼於法院公告處，並公告於法院網站；法院認為必要時，得命登載公報、新聞紙或以其他傳播工具公告之，其費用由國庫墊付。（民訴§44-2Ⅳ）

第1項原被選定人不同意者，法院得依職權公告曉示其他共同利益人起訴，由法院併案審理。（民訴§44-2Ⅴ）

相關考題 　選定當事人

關於選定當事人制度，下列敘述何者正確？　(A)選定人對於被選定人之權限不得加以限制　(B)被選定之人得更換或增減之。但非通知他造，不生效力　(C)選定行為不得在訴訟繫屬後為之　(D)在判決書當事人欄仍應列選定人之姓名及住址 【97五等司特-民事訴訟法大意與刑事訴訟法大意】	(B)
關於多數人訴訟之規定，下列敘述，何者錯誤？　(A)被選定人有為選定人為一切訴訟行為之權，但選定人得限制其為捨棄、認諾、撤回或和解　(B)多數有共同利益之人，得選定其中一人或數人，為選定人及被選定人全體起訴或被訴，經選定後，其他當事人脫離訴訟　(C)被選定人中，有因死亡或其他事由喪失其資格者，他被選定人不得為全體為訴訟行為，需再行補選　(D)以公益為目的之社團法人或財團法人，經其目的事業主管機關許可，於章程所定目的範圍內，得對侵害多數人利益之行為人，提起不作為之訴 【107司特五等-民事訴訟法大意與刑事訴訟法大意】	(C)

相關考題　選定當事人

在某遊樂園之粉塵燃燒事件，造成400多位燒傷之受害人，若該等受害人擬向賠償義務人訴請民事損害賠償，下列敘述何者正確？ (A)全體被害人必須依團體訴訟方式始得為之　(B)得由其中選定一人或數人，為選定人及被選定人全體起訴　(C)被選定之人得更換或增減之，為求訴訟經濟，無須通知他造　(D)被選定人有為選定人為一切訴訟之權，不得限制之 【110司特五等-民事訴訟法大意與刑事訴訟法大意】	（B）
民事訴訟法第41條被共同選定之被選定人為數人而無訴訟代理人者，下列敘述，何者正確？　(A)被選定人其中一人死亡時，訴訟程序在新任被選定人承受訴訟以前當然停止　(B)被選定人其中一人死亡時，其資格由該被選定人之繼承人繼承　(C)他造對於被選定人其中一人之行為，其效力及於全體被選定人　(D)基於當事人恆定原則，被選定之人一經選定，非因法定事由，不得更換或增減 【109司特五等-民事訴訟法大意與刑事訴訟法大意】	（C）

3 訴訟能力

一 基本概念

能獨立以法律行為負義務者，有訴訟能力。(民訴§45)

輔助人同意受輔助宣告之人為訴訟行為，應以文書證之。(民訴§45-1 I)受輔助宣告之人就他造之起訴或上訴為訴訟行為時，無須經輔助人同意。(民訴§45-1 II)受輔助宣告之人為捨棄、認諾、撤回或和解，應經輔助人以書面特別同意。(民訴§45-1 III)

二 特別代理人

對於無訴訟能力人為訴訟行為，因其無法定代理人或其法定代理人不能行代理權，恐致久延而受損害者，得聲請受訴法院之審判長，選任特別代理人。(民訴§51 I)例如父母均於空難中死亡，又沒有其他親人之3歲小孩。

無訴訟能力人有為訴訟之必要，而無法定代理人或法定代理人不能行代理權者，其親屬或利害關係人，得聲請受訴法院之審判長，選任特別代理人。(民訴§51 II)

選任特別代理人之裁定，並應送達於特別代理人。(民訴§51 III)

特別代理人於法定代理人或本人承當訴訟以前，代理當事人為一切訴訟行為。但不得為捨棄、認諾、撤回或和解。(民訴§51 IV)

選任特別代理人所需費用，及特別代理人代為訴訟所需費用，得命聲請人墊付。(民訴§51 V)

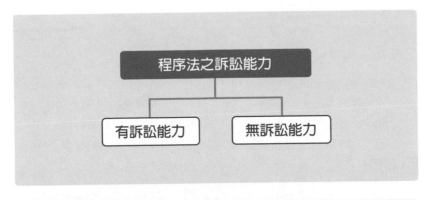

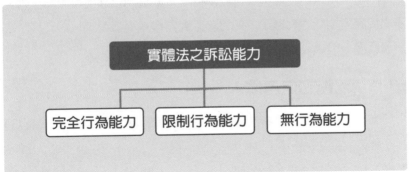

目 輔助宣告

什麼是輔助宣告之人？民法第15-1條規定如下：

對於因精神障礙或其他心智缺陷，致其為意思表示或受意思表示，或辨識其意思表示效果之能力，顯有不足者，法院得因本人、配偶、四親等內之親屬、最近1年有同居事實之其他親屬、檢察官、主管機關或社會福利機構之聲請，為輔助之宣告。

輔助宣告之人為訴訟行為，依據民法第15-2條第1項本文及第3款規定，應經輔助人同意。

四 相關規定之適用

關於訴訟之法定代理及為訴訟所必要之允許，依民法及其他法令之規定。（民訴§47）

於能力、法定代理權或為訴訟所必要之允許有欠缺之人所為之訴訟行為，經取得能力之本人、取得法定代理權或允許之人、法定代理人或有允許權人之承認，溯及於行為時發生效力。（民訴§48）

五 補正

能力、法定代理權或為訴訟所必要之允許有欠缺而可以補正者，審判長應定期間命其補正；如恐久延致當事人受損害時，得許其暫為訴訟行為。（民訴§49）

六 有訴訟能力之自然人

有行為能力者，基本上均得獨立以法律行為負擔義務，所以也有訴訟能力，如：

■ 滿18歲之成年人。（民§12）

比較有問題的部分在限制行為能力人，部分有訴訟能力，如：

■ 法定代理人允許限制行為能力人獨立營業者，有行為能力（民§85Ⅰ）。所以針對與營業有關之訴訟，也有訴訟能力。

■ 輔助人同意受輔助宣告人為獨資或合夥事業，受輔助宣告人關於其營業有行為能力。（民§15-2Ⅲ）

七 無訴訟能力之自然人

無行為能力者，自然無法獨立以法律行為負擔義務，自無訴訟能力，如：

- 未滿7歲之未成年人。（民§13Ⅰ）
- 受監護宣告之人。（民§15）
- 受輔助宣告之人為訴訟行為時，應經輔助人同意。（民§15-2Ⅰ③）未經同意前之受輔助宣告人無訴訟能力。
- 限制行為能力人關於純獲法律上利益之行為、依其年齡及身分日常生活所必需之行為（民§77）、用詐術使人信其已得法定代理人允許之行為（民§83）、法定代理人允許限制行為能力人處分財產之行為（民§84），在實體法上雖然有效力，但各該行為進行訴訟時，還是沒有訴訟能力。

相關考題　法人代表與董事責任

下列關於當事人的訴訟能力及其訴訟行為之敘述，何者與民事訴訟法規定不符？　(A)受輔助宣告之人得經輔助人同意而為訴訟行為　(B)未成年的限制行為能力人無訴訟能力　(C)未滿7歲的未成年人無訴訟能力　(D)受監護宣告之人得經監護人同意而為訴訟行為 【103司特五等-民事訴訟法大意與刑事訴訟法大意】	(D)
依實務見解及法律規定，下列何者並不具有民事訴訟法之當事人能力？　(A)甲股份有限公司股東會　(B)未經我國認許之某外國法人　(C)內政部警政署　(D)公寓大廈管理委員會 【101司特五等-民事訴訟法大意與刑事訴訟法大意】	(A)
下列何者無當事人能力？　(A)分公司就其業務範圍內之事項涉訟　(B)胎兒，關於其可享受之利益　(C)未經我國認許之外國公司，設有代表人者　(D)獨資經營之商號 【104司特五等-民事訴訟法大意與刑事訴訟法】	(D)

關於受輔助宣告之人之訴訟行為，下列敘述何者正確？ (A)受輔助宣告之人就他造之起訴為訴訟行為，須經輔助人之同意 (B)必要共同訴訟人一人上訴，其他共同訴訟人為受輔助宣告之人，須輔助人同意始認上訴效力及於他 (C)受輔助宣告之人所為之認諾，須經輔助人以書面特別同意 (D)輔助人同意受輔助宣告之人為訴訟行為，無須以文書證之	(C)
【104司特五等-民事訴訟法大意與刑事訴訟法】	
甲的妹妹乙被丙駕車撞傷致成為植物人，因丙毫無賠償意願，甲遂以自己為原告起訴，請求丙賠償乙新臺幣800萬元。甲的起訴，有何不合法之處？ (A)當事人不適格 (B)欠缺法定代理權 (C)欠缺訴訟代理權 (D)欠缺當事人能力	(A)
【107司特五等-民事訴訟法大意與刑事訴訟法大意】	

下列何者，不得為無訴訟能力人聲請受訴法院選任特別代理人？ (A)對無訴訟能力人為訴訟行為者 (B)無訴訟能力人之親屬 (C)無訴訟能力人之利害關係人 (D)檢察官	(D)
【111司特五等-民事訴訟法大意與刑事訴訟法大意】	

受輔助宣告所為何種行為無須經輔助人同意？ (A)就訴訟標的為認諾 (B)撤回起訴 (C)就他造之上訴為答辯 (D)與他造和解	(C)
【110司特五等-民事訴訟法大意與刑事訴訟法大意】	

4 共同訴訟

一 普通共同訴訟

二人以上於下列各款情形，得為共同訴訟人，一同起訴或一同被訴：（民訴§53）

㈠為訴訟標的之權利或義務，為其所共同者。（民訴§53①）

㈡為訴訟標的之權利或義務，本於同一之事實上及法律上原因者。（民訴§53②）

㈢為訴訟標的之權利或義務，係同種類，而本於事實上及法律上同種類之原因者。但以被告之住所在同一法院管轄區域內，或有第4～19條所定之共同管轄法院者為限。（民訴§53③）

二 主參加訴訟

就他人間之訴訟，有下列情形之一者，得於第一審或第二審本訴訟繫屬中，以其當事人兩造為共同被告，向本訴訟繫屬之法院起訴：（民訴§54Ⅰ）

㈠對其訴訟標的全部或一部，為自己有所請求者。

（民訴§54Ⅰ①）

㈡主張因其訴訟之結果，自己之權利將被侵害者。

（民訴§54Ⅰ②）

例如甲欠丙100萬元，為了將名下房屋脫產給乙，與乙兩人通謀虛偽打官司，由乙提起確認該房屋的所有權是乙所有，甲的債權人丙眼見房子快要脫產成功，這時候可以跳出來提起「主參加訴訟」，訴訟確認該房屋為甲所有，並且請求甲還錢100萬元。

依前項規定起訴者，準用第56條各款之規定。（民訴§54Ⅱ）

● 為訴訟標的之權利或義務，為其所共同者。

● 為訴訟標的之權利或義務，本於同一之事實上及法律上原因者。

● 為訴訟標的之權利或義務，係同種類，而本於事實上及法律上同種類之原因者。

☰ 訴訟行為效力不及於他共同訴訟人

　　共同訴訟中，一人之行為或他造對於共同訴訟人中一人之行為及關於其一人所生之事項，除別有規定外，其利害不及於他共同訴訟人。（民訴§55）

四 固有必要共同訴訟

　　訴訟標的合一確定之情況，本法規定：訴訟標的對於共同訴訟之各人必須合一確定者（例如共有權人、破產管理人），適用下列各款之規定：

　㈠共同訴訟人中一人之行為有利益於共同訴訟人者，其效力及於全體；不利益者，對於全體不生效力。（民訴§56 I ①）

　㈡他造對於共同訴訟人中一人之行為，其效力及於全體。

　　（民訴§56 I ②）

　㈢共同訴訟人中之一人生有訴訟當然停止或裁定停止之原因者，其當然停止或裁定停止之效力及於全體。（民訴§56 I ③）

　　前項共同訴訟人中一人提起上訴，其他共同訴訟人為受輔助宣告之人時，準用第45-1條第2項之規定。（民訴§56 II）

五 類似必要共同訴訟

　　數人針對訴訟標的之法律關係，雖然在法律上不須要一同起訴或一同被訴，每個人都有獨立實施訴訟之權能，但是其中一人所受之本案判決，其效力應及於未依同起訴或一同被訴之他人，如果該他人一同起訴或被訴時，法院在共同訴訟人間，必須要有一致的判決。

　　舉個例子，撤銷婚姻之訴，依據民法第989～991條規定，許多人均有權訴請撤銷，但無論是誰提起訴訟，所得者是勝訴或敗訴之結果，依據民事訴訟法第582條第1項規定，其效力均及於未為訴訟當事人之人。

分割共有物訴訟

甲乙丙丁四個人共有A地，甲要分割土地，要將乙丙丁三人列為被告。

> 你們不分割土地，我就要上法院去告你們。

甲　乙　丙　丁

A地

實務見解

㈠請求分割公同共有物之訴，為固有之必要共同訴訟，應由同意分割之公同共有人全體一同起訴，並以反對分割之其他公同共有人全體為共同被告，於當事人適格始無欠缺。

㈡被上訴人起訴以上訴人某子某丑為被告，請求分割公同共有物，其訴訟標的對於共同訴訟之各人必須合一確定，共同被告某子對於第一審判決雖未提起上訴，但依民事訴訟法第56條第1項第1款之規定，上訴人某丑提起第二審上訴，係有利於共同訴訟人之行為，其效力及於全體，原審於判決書內竟未併列某子為上訴人，自嫌疏誤。（37上字7366判例）

六 拒絕為原告

訴訟標的對於數人必須合一確定而應共同起訴，如其中一人或數人拒絕同為原告而無正當理由者，法院得依原告聲請，以裁定命該未起訴之人於一定期間內追加為原告。逾期未追加者，視為已一同起訴。（民訴§56-1 I）法院為前項裁定前，應使該未起訴之人有陳述意見之機會。（民訴§56-1 II）

訴訟標的對於數人必須合一確定而應共同起訴者，該數人必須一同起訴，否則當事人之適格即有欠缺。如其中一人或數人拒絕同為原告，將使其他人亦無法以訴訟伸張或防衛其權利，自有未宜。爰於第1項規定如拒絕同為原告而無正當理由者，法院得依原告聲請，以裁定命該未起訴之人追加為原告，逾期未追加者，視為已一同起訴。至於拒絕同為原告是否無正當理由，則應由法院斟酌原告起訴是否為伸張或防衛其權利所必要等情形決定之。

法院為第56-1條第1項之裁定，強制未起訴之人追加為原告，涉及未起訴之人不行使訴訟權之自由，為保障其程序上之權利，於裁定前應使其有陳述意見之機會，所以設第56-1條第2項規定，以期周延。

七 所在不明拒絕為原告之情形

第56-1條第1項未共同起訴之人所在不明，經原告聲請命為追加，法院認其聲請為正當者，得以裁定將該未起訴之人列為原告。但該原告於第一次言詞辯論期日前陳明拒絕為原告之理由，經法院認為正當者，得撤銷原裁定。（民訴§56-1 III）

第56-1條第1項數人應共同起訴之情形，如其中一人或數人所

在不明，亦將使其他人無從提起訴訟，又此種情形，如由法院定期命該所在不明之人追加為原告，可預見亦難有效果，徒使訴訟拖延，為期訴訟進行順暢，爰於第3項規定，原告得聲請命為追加，如法院經調查後認其聲請為正當者，即得逕以裁定將該未起訴之人列為原告。至原告應舉證證明未共同起訴之人所在不明，乃屬當然。又為兼顧被逕列為原告之人程序上之權利，並設但書規定，賦予該原告陳明拒絕為原告之理由之機會，法院若認其理由正當者，得撤銷原裁定。

　　第1項及前項裁定，得為抗告。（民訴§56-1Ⅳ）第1項及第3項情形，如訴訟費用應由原告負擔者，法院得酌量情形，命僅由原起訴之原告負擔。（民訴§56-1Ⅴ）第56-1條第1項及第5項裁定，係終結與本案無涉之爭點之裁定，關於該爭點之費用，不得作為本案訴訟費用之一部，法院應依第95條規定準用第87條規定，依職權於該裁定為費用之裁判。

相關考題　　共同訴訟

當事人之一造為多數人，必須一同起訴或被訴，且訴訟標的對該數人必須合一確定之訴訟，為下列何種訴訟？　(A)普通共同訴訟　(B)固有必要共同訴訟　(C)類似必要共同訴訟　(D)主參加共同訴訟 【100五等司法特考-民事訴訟法與刑事訴訟法大意】	(B)
關於訴訟標的對於共同訴訟的各人必須合一確定之訴訟（必要共同訴訟），下列敘述何者錯誤？　(A)共同訴訟人中的一人生有訴訟當然停止之原因，其當然停止之效力及於全體　(B)他造對於共同訴訟人中一人的行為，其效力及於全體　(C)共同訴訟人中一人的行為，不利益於共同訴訟人者，其效力仍及於全體　(D)共同訴訟人中的一人生有訴訟裁定停止之原因，其裁定停止之效力及於全體 【98五等原住民庭務員-民事訴訟法大意與刑事訴訟法大意】	(C)

訴訟標的對於共同訴訟之各人必須合一確定者，下列敘述何者正確？　(A)共同訴訟人中一人為自認，自認之效力不及於其他共同訴訟人　(B)共同訴訟人中一人提起上訴，上訴之效力不及於其他共同訴訟人　(C)他造對於共同訴訟人中一人之行為，其效力僅及於該人　(D)共同訴訟人中一人生有訴訟當然停止之原因者，其效力僅及於該人　【99第二次司法特考五等-民事訴訟法大意與刑事訴訟法大意】	(A)

解析：

民事訴訟法第55條：「共同訴訟中，一人之行為或他造對於共同訴訟人中一人之行為及關於其一人所生之事項，除別有規定外，其利害不及於他共同訴訟人。」

民事訴訟法第56條第1項：「訴訟標的對於共同訴訟之各人必須合一確定者，適用下列各款之規定：一、共同訴訟人中一人之行為有利益於共同訴訟人者，其效力及於全體；不利益者，對於全體不生效力。二、他造對於共同訴訟人中一人之行為，其效力及於全體。三、共同訴訟人中之一人生有訴訟當然停止或裁定停止之原因者，其當然停止或裁定停止之效力及於全體。」

關於必要共同訴訟，下列敘述何者錯誤？　(A)訴訟標的，對於共同訴訟之各人必須合一確定為必要共同訴訟　(B)依法律之規定必須數人一同起訴或數人一同被訴，當事人之適格始無欠缺，謂之固有必要共同訴訟　(C)必要共同訴訟共同訴訟人中之一人或數人所為之行為，其效力及於共同訴訟人全體　(D)必要共同訴訟對造當事人所為之訴訟行為，其效力及於共同訴訟當事人全體　　　　　　【97五等司特-民事訴訟法大意與刑事訴訟法大意】	(C)

相關考題　共同訴訟

下列關於普通共同訴訟之敘述，何者正確？　(A)為訴訟標的之權利或義務，為二人以上所共同者，該等人得為共同訴訟人　(B)二人以上其訴訟標的之權利或義務，係同種類，該等人即得為共同訴訟人　(C)多數被告之住所在同一法院管轄區域內者，即得對之提起共同訴訟　(D)共同訴訟中，一人之行為，其利害及於他共同訴訟人 【102司特五等-民事訴訟法大意與刑事訴訟法大意】	(A)
關於共同訴訟之敘述，下列何者正確？　(A)訴訟標的對於數人必須合一確定之情形，共同訴訟人中一人所為之訴訟標的之捨棄行為，其效力及於全體　(B)訴訟標的對於數人不須合一確定之情形，原則上共同訴訟人中一人所為之有利行為，其效力及於全體　(C)訴訟標的對於數人必須合一確定之情形，共同訴訟人中一人所為之上訴行為，其效力及於全體　(D)訴訟標的對於數人不須合一確定之情形，原則上共同訴訟人中一人所為之不利行為，其效力及於全體 【103司特五等-民事訴訟法大意與刑事訴訟法大意】	(C)
甲以乙、丙為被告提起固有必要共同訴訟，乙、丙均未委任律師。言詞辯論尚未終結，丙意外死亡。下列敘述，何者正確？　(A)全部訴訟程序當然停止　(B)甲得聲請對丙行一造辯論　(C)受訴法院得裁定停止全部訴訟程序　(D)受訴法院應以裁定駁回甲的起訴 【107司特五等-民事訴訟法大意與刑事訴訟法大意】	(A)
甲、乙主張一直受到丙的毀謗及網路霸凌，乃共同以丙為被告，向丙的住所地法院起訴，請求侵權行為損害賠償。下列敘述，何者正確？　(A)受訴法院應對甲、乙為合一確定的判決　(B)甲對丙所為的有利訴訟行為，效力及於共同原告全體　(C)丙對乙所為的訴訟行為，效力及於共同原告全體　(D)如乙撤回起訴，受訴法院僅應就甲、丙的訴訟為裁判 【107司特五等-民事訴訟法大意與刑事訴訟法大意】	(D)

甲係乙之債權人，得知乙與丙成立贈與契約以脫產規避債權，甲遂依民法第 244 條之規定，提起撤銷贈與契約之訴。下列敘述何者正確？　(A)丙如果對甲為訴訟標的之認諾，其認諾不生效力　(B)甲如果單獨對丙撤回起訴，其撤回僅對丙發生效力　(C)如果訴訟過程中，乙抗辯其所為贈與對甲之債權不生損害，此防禦方法僅對乙發生效力　(D)法院判決甲勝訴而撤銷乙、丙間之贈與契約，丙捨棄上訴，僅乙提起上訴，第二審之審理範圍僅限於甲對乙的訴訟 【110 司特五等 - 民事訴訟法大意與刑事訴訟法大意】	(A)
在某遊樂園之粉塵燃燒事件，造成400多位燒傷之受害人，若該等受害人擬向賠償義務人訴請民事損害賠償，下列敘述何者正確？　(A)全體被害人必須依團體訴訟方式始得為之　(B)得由其中選定一人或數人，為選定人及被選定人全體起訴　(C)被選定之人得更換或增減之，為求訴訟經濟，無須通知他造　(D)被選定人有為選定人為一切訴訟之權，不得限制之【110 司特五等 - 民事訴訟法大意與刑事訴訟法大意】	(B)
民事訴訟法第41條被共同選定之被選定人為數人而無訴訟代理人者，下列敘述，何者正確？　(A)被選定人其中一人死亡時，訴訟程序在新任被選定人承受訴訟以前當然停止　(B)被選定人其中一人死亡時，其資格由該被選定人之繼承人繼承　(C)他造對於被選定人其中一人之行為，其效力及於全體被選定人　(D)基於當事人恆定原則，被選定之人一經選定，非因法定事由，不得更換或增減 【109 司特五等 - 民事訴訟法大意與刑事訴訟法大意】	(C)

甲主張其為所有權人，已訴請乙返還 A 畫，第三人丙主張 A 畫為其所有，丙如欲維護其權利，訴訟上有何途徑可以採用？　(A)承當訴訟　(B)訴訟參加　(C)主參加訴訟　(D)不作為訴訟 【109 司特五等 - 民事訴訟法大意與刑事訴訟法大意】	(C)

相關考題　**主參加訴訟**

A起訴請求B給付貨款新臺幣（下同）90萬元，於訴訟進行中，C提起主參加訴訟，主張：A前已將該貨款債權讓與C，請求B應給付90萬元貨款與C。下列敘述何者錯誤？　(A)C提起主參加訴訟之被告應為A　(B)法院如駁回主參加訴訟，主參加訴訟之訴訟費用應由C負擔　(C)主參加訴訟原則上應與本訴訟合併辯論、裁判　(D)不論本訴訟在第一審或第二審，C均得提起主參加訴訟

(A)

【110司特五等-民事訴訟法大意與刑事訴訟法大意】

5 訴訟參加

一 從參加訴訟

就兩造之訴訟有法律上利害關係之第三人，為輔助一造起見，於該訴訟繫屬中，得為參加。（民訴§58Ⅰ）

例如車禍事件談理賠時，要記得請保險公司派代表協助處理，訴訟上也要告知保險公司參加訴訟，因為如果未來法院判決確定，肇事者要負擔賠償責任時，付錢的可是保險公司。

參加，得與上訴、抗告或其他訴訟行為，合併為之。（民訴§58Ⅱ）

就兩造之確定判決有法律上利害關係之第三人，於前訴訟程序中已為參加者，亦得輔助一造提起再審之訴。（民訴§58Ⅲ）

依實務見解有認為參加人就兩造之確定判決縱有法律上利害關係，亦不得為其輔助之當事人提起再審之訴，對於參加人程序上權利之保障，尚嫌欠周。爰增訂第3項，規定參加人於此種情形，得輔助其於前訴訟程序中所輔助之一造當事人提起再審之訴。

至於前訴訟程序中未參加於訴訟之第三人，則不許其於判決確定後參加訴訟同時提起再審之訴，以維持確定判決之安定性。又受訴訟告知之人雖未為參加或參加逾時，如其依第67條之規定視為已參加訴訟者，當然有第58條第3項規定之適用，無待明文。

二 參加書狀

參加，應提出參加書狀，於本訴訟繫屬之法院為之。（民訴§59Ⅰ）

參加訴狀範例

為參加訴訟事：

原告○○○與被告○○○間○○○事件（○○年度○○字第○○○號），現由貴院審理中，參加人和原、被告間就該訴訟有法律上利害關係（敘明具體之法律上利害關係），為輔助原告○○○（或被告○○○）起見，特此聲明參加訴訟。

中　華　民　國　○　○　年　○　○　月　○　○　日

參加書狀，應表明下列各款事項：（民訴§59Ⅱ）

㈠本訴訟及當事人。

㈡參加人於本訴訟之利害關係。

㈢參加訴訟之陳述。

法院應將參加書狀，送達於兩造。（民訴§59Ⅲ）

三 聲請駁回第三人之參加

當事人對於第三人之參加，得聲請法院駁回。但對於參加未提出異議而已為言詞辯論者，不在此限。（民訴§60Ⅰ）

關於前項聲請之裁定，得為抗告。（民訴§60Ⅱ）

駁回參加之裁定未確定前，參加人得為訴訟行為。（民訴§60Ⅲ）

四 參加人之權利

參加人得按參加時之訴訟程度，輔助當事人為一切訴訟行為。但其行為與該當事人之行為牴觸者，不生效力。（民訴§61）

五 合一確定之情況

訴訟標的，對於參加人及其所輔助之當事人必須合一確定者，準用第56條（必要共同訴訟）之規定。（民訴§62）

六 參加人之限制

參加人對於其所輔助之當事人，不得主張本訴訟之裁判不當。但參加人因參加時訴訟之程度或因該當事人之行為，不能用攻擊或防禦方法，或當事人因故意或重大過失不用參加人所不知之攻擊或防禦方法者，不在此限。（民訴§63Ⅰ）

參加人所輔助之當事人對於參加人，準用前項之規定。（民訴§63Ⅱ）

七 承當訴訟

參加人經兩造同意時，得代其所輔助之當事人承當訴訟。（民訴§64Ⅰ）

參加人承當訴訟者，其所輔助之當事人，脫離訴訟。但本案之判決，對於脫離之當事人，仍有效力。（民訴§64Ⅱ）

八 告知訴訟

當事人得於訴訟繫屬中，將訴訟告知於因自己敗訴而有法律上利害關係之第三人。（民訴§65Ⅰ）受訴訟之告知者，得遞行告知。（民訴§65Ⅱ）如前所舉之例子，車禍肇事者得告知保險公司。

告知訴訟，應以書狀表明理由及訴訟程度提出於法院，由法院送達於第三人。（民訴§66Ⅰ）前項書狀，並應送達於他造。（民訴§66Ⅱ）

受告知人不為參加或參加逾時者，視為於得行參加時已參加於訴

訟，準用第63條之規定。（民訴§67）

　　訴訟之結果，於第三人有法律上利害關係者，法院得於第一審或第二審言詞辯論終結前相當時期，將訴訟事件及進行程度以書面通知該第三人。（民訴§67-1Ⅰ）前項受通知人得於通知送達後5日內，為第242條第1項之請求。（民訴§67-1Ⅱ）第1項受通知人得依第58條規定參加訴訟者，準用前（67）條之規定。（民訴§67-1Ⅲ）

相關考題　訴訟參加

下列何種訴訟行為，非屬參加人為輔助當事人所得為之者？　(A)撤回起訴　(B)提起上訴　(C)提起再審之訴　(D)聲明證據 【100五等司法特考-民事訴訟法與刑事訴訟法大意】	(A)
司機甲開車不慎撞傷乙，乙訴請甲賠償損害，訴訟繫屬中，甲之僱用人丙為輔助甲而參加訴訟。訴訟參加人丙，不得為下列何項行為？　(A)提起反訴　(B)提出時效抗辯　(C)提起上訴　(D)提起再審之訴 【108司特五等-民事訴訟法大意與刑事訴訟法大意】	(A)
下列關於訴訟參加之敘述，何者錯誤？　(A)聲請訴訟參加，應於他人間之訴訟（本訴訟）之第一審言詞辯論終結前為之　(B)參加，得與上訴行為合併為之　(C)駁回參加之裁定未確定前，參加人得為訴訟行為　(D)參加人經兩造同意時，得代其所輔助之當事人承當訴訟 【109司特五等-民事訴訟法大意與刑事訴訟法大意】	(A)
家事事件法第3條所定甲類或乙類家事訴訟事件所為確定之終局判決，對第三人亦有效力，惟第三人非因可歸責於己之事由，於該訴訟之事實審言詞辯論終結前未參加訴訟，其得如何尋求救濟？　(A)對該確定判決聲明異議　(B)對該確定判決提起再審之訴　(C)得請求撤銷對其不利部分之確定終局判決，並準用民事訴訟法第三人撤銷訴訟程序之規定　(D)依法無救濟之明文 【109司特五等-民事訴訟法大意與刑事訴訟法大意】	(C)

6 訴訟代理人及輔佐人

一 訴訟代理人

訴訟代理人應委任律師為之。但經審判長許可者，亦得委任非律師為訴訟代理人。（民訴§68 I）

原條文規定，非律師而為訴訟代理人者，法院得以裁定禁止之。實務上以裁定禁止非律師為訴訟代理人者，並不多見，致效果不彰。而民事訴訟較具技術性，無法律素養之人代理訴訟行為，實不易勝任，為保護當事人權益，並使訴訟程序得以順利進行，訴訟代理人原則上應委任律師為之。惟我國不採強制律師代理制度，故如經審判長許可，亦得委任非律師為訴訟代理人。又審判長指揮訴訟，此項許可由審判長為之即可。

前項之許可，審判長得隨時以裁定撤銷之，並應送達於為訴訟委任之人。（民訴§68 II）非律師為訴訟代理人之許可準則，由司法院定之。（民訴§68 III）

二 委任書

訴訟代理人，應於最初為訴訟行為時，提出委任書。但由當事人以言詞委任，經法院書記官記明筆錄，或經法院、審判長依法選任者，不在此限。（民訴§69 I）

前項委任或選任，應於每審級為之。但當事人就特定訴訟於委任書表明其委任不受審級限制，並經公證者，不在此限。（民訴§69 II）

訴訟代理人示意圖

法官大人，我當事人有權……，請法官明鑑。

訴訟代理人　　　當事人

三 訴訟代理人之權限

訴訟代理人就其受委任之事件有為一切訴訟行為之權。但捨棄、認諾、撤回、和解、提起反訴、上訴或再審之訴及選任代理人，非受特別委任不得為之。（民訴§70Ⅰ）

關於強制執行之行為或領取所爭物，準用前項但書之規定。（民訴§70Ⅱ）

如於第1項之代理權加以限制者，應於前（69）條之委任書或筆錄內表明。（民訴§70Ⅲ）

四 依法選任之訴訟代理人權限

法院或審判長依法律規定為當事人選任律師為訴訟代理人者，該訴訟代理人得代理當事人為一切訴訟行為。但不得為捨棄、認諾、撤回或和解。（民訴§70-1Ⅰ）

法院或審判長為當事人選任訴訟代理人，係為維持兩造當事人程序上實質對等所設之制度。為落實此制度，自應廣泛授與訴訟代理人有代為一切訴訟行為之權限。且其權限較諸當事人自行選任無特別代理權之訴訟代理人為廣，舉凡提起反訴、上訴、再審之訴或選任代理人，均得為之。惟捨棄、認諾、撤回或和解之行為，與法院或審判長選任訴訟代理人之原意有悖，爰於但書明文予以限制。

當事人自行委任訴訟代理人或表示自為訴訟行為者，前項訴訟代理人之代理權消滅。（民訴§70-1Ⅱ）

法院或審判長為當事人選任之訴訟代理人，如該當事人不願接受，得自行委任訴訟代理人或表示自為訴訟行為以排除之，爰於第2項規定，於此種情形，法院或審判長選任之訴訟代理人之代理權消滅。又法院或審判長於選任後如認該訴訟代理人不適任者，自得隨時解任，另行選任適當之訴訟代理人；訴訟代理人如有正當理由，亦得自行辭退，乃屬當然。

前項情形，應通知選任之訴訟代理人及他造當事人。（民訴§70-1Ⅲ）

五 二人以上之訴訟代理人

訴訟代理人有二人以上者，均得單獨代理當事人。（民訴§71Ⅰ）

違反前項之規定而為委任者，對於他造不生效力。（民訴§71Ⅱ）

六 事實陳述之即時撤銷或更正

訴訟代理人事實上之陳述，經到場之當事人本人即時撤銷或更正者，不生效力。（民訴§72）

七 訴訟代理權不因特殊原因而消滅

訴訟代理權，不因本人死亡、破產或訴訟能力喪失而消滅；法定代理有變更者亦同。（民訴§73）

八 訴訟委任之終止

訴訟委任之終止，非通知他造，不生效力。（民訴§74Ⅰ）

前項通知，應以書狀或言詞提出於法院，由法院送達或告知於他造。（民訴§74Ⅱ）

由訴訟代理人終止委任者，自為終止之意思表示之日起15日內，仍應為防衛本人權利所必要之行為。（民訴§74Ⅲ）

九 輔佐人

當事人或訴訟代理人經審判長之許可，得於期日偕同輔佐人到場。（民訴§76Ⅰ）前項許可，審判長得隨時撤銷之。（民訴§76Ⅱ）

輔佐人所為之陳述，當事人或訴訟代理人不即時撤銷或更正者，視為其所自為。（民訴§77）

相關考題 訴訟代理人	
訴訟代理人就下列何者訴訟行為，須受特別委任，始得為之？ (A)起訴 (B)上訴 (C)訴之追加 (D)自認 【100五等司法特考-民事訴訟法與刑事訴訟法大意】	(B)

關於民事訴訟程序訴訟代理權之敘述，下列敘述何者錯誤？　(A)須經審判長許可，始得委任非律師為訴訟代理人　(B)訴訟代理權因本人死亡而消滅　(C)訴訟代理人須受特別委任，始得撤回起訴　(D)訴訟代理人有二人以上者，均得單獨代理當事人 【100五等司法特考 - 民事訴訟法與刑事訴訟法大意】	(B)
關於訴訟代理人之敘述，以下何者錯誤？　(A)訴訟代理人就其受委任之事件，未受特別委任時，有為包括捨棄、認諾、撤回、和解在內之一切訴訟行為的權利　(B)訴訟代理權，不因本人死亡、破產或訴訟能力喪失而消滅　(C)訴訟代理人所為事實上之陳述，可由到場之當事人本人即時撤銷或更正　(D)訴訟代理人有二人以上者，均得單獨代理當事人 【98五等原住民庭務員 - 民事訴訟法大意與刑事訴訟法大意】	(A)
關於民事訴訟中代理人的敘述，下列何者為非？　(A)法定代理人係以當事人本人之名義，代為或代受訴訟行為之人　(B)特別代理人係本人為無訴訟能力人，因其無法定代理人或其法定代理人不能行代理權，恐訴訟久延而受損害，故聲請受訴法院之審判長所選任之人　(C)訴訟代理人不以委任律師為限，經審判長許可者，亦得委任非律師為訴訟代理人　(D)訴訟代理人若有二人以上者，應共同為本人而為代理行為 【99第二次司法特考五等 - 民事訴訟法大意與刑事訴訟法大意】	(D)

解析：

(A)民事訴訟法第48條規定。

(B)民事訴訟法第51條第1項規定。

(C)民事訴訟法第68條第1項規定。

(D)民事訴訟法第71條第1項：「訴訟代理人有二人以上者，均得單獨代理當事人。」

相關考題　訴訟代理人及輔佐人

關於終止訴訟委任之要件及程序，下列敘述何者錯誤？　(A)訴訟委任之終止，非通知他造，不生效力　(B)訴訟委任終止之通知，應以書狀或言詞提出於法院　(C)由訴訟代理人終止委任者，自為終止之意思表示之日起10日內，仍應為防衛本人權利所必要之行為　(D)訴訟委任終止之通知，應由法院送達或告知於他造 【97五等司特－民事訴訟法大意與刑事訴訟法大意】	(C)
法院或審判長依民事訴訟法規定為當事人選任律師為訴訟代理人者，其不得為下列何種行為？　(A)和解　(B)提起反訴　(C)提起上訴　(D)提起再審之訴 【103司特五等－民事訴訟法大意與刑事訴訟法大意】	(A)
關於民事財產訴訟事件之訴訟代理，下列敘述何者正確？　(A)於第一審應委任律師為訴訟代理人，否則原告起訴不合法　(B)訴訟上和解不須經特別委任　(C)委任訴訟代理人原則上須於每一審級為之　(D)訴訟告知須經特別委任 【103司特五等－民事訴訟法大意與刑事訴訟法大意】	(C)
當事人委任訴訟代理人提起訴訟或進行訴訟，以下之敘述，何者錯誤？　(A)除上訴第三審最高法院以外，訴訟代理人原則上應委任律師為之，但經審判長許可者，亦得委任非律師為訴訟代理人　(B)訴訟代理人應於最初為訴訟行為時，提出委任書，但以言詞委任，經法院書記官記明筆錄者亦可　(C)訴訟代理人得代理當事人為一切訴訟行為，但捨棄、認諾、撤回、和解、提起反訴、上訴或再審之訴者，應受特別委任　(D)訴訟代理人之訴訟代理權，因本人死亡、破產或訴訟能力喪失而消滅 【101司特五等－民事訴訟法大意與刑事訴訟法大意】	(D)

相關考題　訴訟代理人及輔佐人

甲委任乙律師為訴訟代理人，對被告丙提起訴訟，下列何種訴訟行為，乙必須受特別委任方得為之？　(A)聲明證據　(B)丙提起反訴時，對該反訴為言詞辯論　(C)為甲提起上訴　(D)聲請假扣押 【111司特五等-民事訴訟法大意與刑事訴訟法大意】	(C)
關於民事訴訟程序委任律師為訴訟代理人，下列敘述何者正確？(A)對於通常訴訟程序第二審法院所為裁定，向最高法院提起抗告時，抗告人應委任律師為訴訟代理人　(B)對於第二審判決提起上訴，而向最高法院聲請訴訟救助時，應委任律師為訴訟代理人　(C)第三審上訴事件行言詞辯論程序時，兩造均應委任律師為訴訟代理人　(D)對於最高法院之確定裁定聲請再審時，均應委任律師為訴訟代理人　【111司特五等-民事訴訟法大意與刑事訴訟法大意】	(C)
訴訟代理人就其受委任之事件，就下列何者行為，非受特別委任不得為之？　(A)管轄之合意　(B)訴之變更　(C)自認　(D)和解 【109司特五等-民事訴訟法大意與刑事訴訟法大意】	(D)
關於民事訴訟代理人，下列敘述何者錯誤？　(A)經審判長許可者，亦得委任非律師為訴訟代理人　(B)可由當事人以言詞委任，經法院書記官記明筆錄　(C)就其受委任之事件為捨棄或認諾，須受有得為此等行為之特別委任，方得為之　(D)審判長依法律規定為當事人選任律師為訴訟代理人者，該訴訟代理人得代理當事人為一切訴訟行為，不受特別委任之限制 【108司特五等-民事訴訟法大意與刑事訴訟法大意】	(D)

第四篇

訴訟程序

　　訴訟程序，是所有程序的共同規定，諸如訴訟費用之計算、書狀如何撰寫、如何送達當事人手中、期日期間的計算、訴訟程序之停止，以及如何進行言詞辯論等訴訟程序的基本事項，在本章節均有介紹與說明。

1

訴訟費用

━ 訴訟費用之概念

　　所謂訴訟費用，是指因訴訟之提起、進行及終結後之強制執行，當事人為伸張、防衛及實行權利所必要，依法令規定而支出之費用在內。民事訴訟係當事人為自己之利益，請求司法機關確定其私權之程序，自應由當事人負擔因此所生之費用，方稱公平，故我民事訴訟法採有償主義（大法官會議解釋釋字第225號解釋）。

　　有償主義之理由如下：

(一)防止當事人濫行起訴或濫行上訴：訴訟權係人民基本權利，人民向國家司法機關起訴，司法機關即有裁判之義務，無論原告起訴或上訴人上訴有無理由，法院均應踐行其法定程序而為裁判，設訴訟時有訴訟費用之負擔，即原告起訴或上訴人上訴，當必考慮其勝訴之可能性，而決定應否起訴或上訴，自有防止濫行起訴或上訴之作用。

(二)減少權利義務之爭執：訴訟費用原則上由敗訴之當事人負擔，就私法上權利義務有爭執之人，亦可能考慮如為無理由之爭執，將導致他造起訴，因而增加訴訟費用之負擔。無形中將有疏減訟源之作用。

(三)利用法院設備之對價：國家設置司法機關，以解決人民間私權之爭執，其人員與設備之經費，源自全民納稅，而利用訴訟程序者，究屬少數，命利用法院設備之人，支付若干訴訟費用，對於未利用訴訟程序之納稅人而言，亦見其公平。

二 訴訟費用之種類

總之，訴訟費用包括「裁判上之費用」以及「其他訴訟上之費用」。

裁判費繳納之對象為國庫，亦即當事人對於國家為司法行為之報酬，如財產權方面是以訴訟標的之價額來決定，民事訴訟法第77-13條規定：「因財產權而起訴，其訴訟標的之金額或價額在新臺幣10萬元以下部分，徵收1千元；逾10萬元至1百萬元部分，每萬元徵收1百元；逾1百萬元至1千萬元部分，每萬元徵收90元；逾1千萬元至1億元部分，每萬元徵收80元；逾1億元至10億元部分，每萬元徵收70元；逾10億元部分，每萬元徵收60元；其畸零之數不滿萬元者，以萬元計算。」

如果是非因財產權起訴，依據民事訴訟法第77-14條第1項規定：「非因財產權而起訴者，徵收裁判費新臺幣3千元。」

蓋因民事訴訟程序之主要目的在保護當事人之私權，其與國家之公益不大，國家設置法院，為當事人私人間進行審判工作所發生之一切必要費用，非為一般社會公眾或國家利益為目的，自當由當事人負擔。

所謂「裁判上之費用」，即民事訴訟法第77-13～77-22條所規定之裁判費；所謂「其他訴訟上之費用」，則指同法第77-23～77-25條之規定，除後二條所指到場費用、律師酬金外，同法第77-23條之規定，訴訟文書之影印費、攝影費、抄錄費、翻譯費，證人、鑑定人之日費、旅費及「其他進行訴訟之必要費用」。

　　許多因為訴訟而產生之費用，不屬於訴訟費用之範疇，例如實務上認為：按我國民事訴訟不採律師訴訟主義，故當事人所支出之律師費用，自不在訴訟費用之內。惟當事人卻有不能自為訴訟行為，須委任人代理之情形所支出之代理人費用，如可認為伸張權利或防禦上所必要者，方屬訴訟費用之一種。職是，律師費用不在訴訟費用之內，必係代理人費用，始屬訴訟費用之一種（最高法院81年度台上字第90號民事判決）。

　　換言之，也不是律師費用都不可以作為訴訟費用之一部，依據民事訴訟法第77-25條第1項規定，法院或審判長依法律規定，為當事人選任律師為特別代理人或訴訟代理人者，其律師之酬金由法院酌定之。此項酬金，依據同條第2項規定，可以作為訴訟費用之一部，應限定其最高額。

訴訟費用原則上由敗訴人負擔！

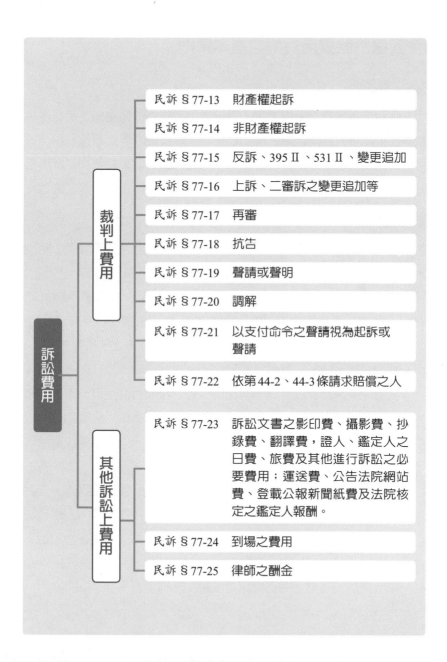

	民訴§77-13	財產權起訴
	民訴§77-14	非財產權起訴
	民訴§77-15	反訴、395Ⅱ、531Ⅱ、變更追加
	民訴§77-16	上訴、二審訴之變更追加等
裁判上費用	民訴§77-17	再審
	民訴§77-18	抗告
	民訴§77-19	聲請或聲明
	民訴§77-20	調解
	民訴§77-21	以支付命令之聲請視為起訴或聲請
	民訴§77-22	依第44-2、44-3條請求賠償之人
其他訴訟上費用	民訴§77-23	訴訟文書之影印費、攝影費、抄錄費、翻譯費，證人、鑑定人之日費、旅費及其他進行訴訟之必要費用；運送費、公告法院網站費、登載公報新聞紙費及法院核定之鑑定人報酬。
	民訴§77-24	到場之費用
	民訴§77-25	律師之酬金

訴訟費用

三 我國訴訟費用負擔之基本原則

(一)基本概念

　　訴訟費用負擔之基本原則，我國原則上採取「預納制」及「敗訴負擔原則」。國家訴訟資源有限，為了讓訴訟資源能夠有效利用，避免少數人濫用而影響需要者之權利，因此採取一定訴訟費用之計算方式，讓有需要者透過繳納訴訟費用，獲得藉由法院進行訴訟之權利。

(二)預納制

　　所謂「預納制」，依據辦理民事訴訟事件應行注意事項第9點規定：「裁判費之繳納為訴訟合法要件，法院應依職權審查。」以依民事訴訟費用法繳納定額之裁判費為起訴之要件，如起訴不備此項要件，經審判長定期命其補正，而未補正者，法院應依民事訴訟法第249條第1項第6款裁定駁回（大法官會議釋字第225號解釋）。因此，我國民事訴訟制度採取「預納制」。

　　其次，如果是訴訟行為須支出費用者，審判長得定期命當事人預納之。當事人不預納者，法院得不為該行為。但其不預納費用致訴訟無從進行，經定期通知他造墊支亦不為墊支時，視為合意停止訴訟程序。（民訴§94-1Ⅰ）

　　在此須與民事訴訟法第286條規定：「當事人聲明之證據，法院應為調查。但就其聲明之證據中認為不必要者，不在此限。」兩者加以比較。基本上，法院是否要予以調查，以是否具備必要性為判斷，如果認為有必要時且有訴訟費用之問題時，再判斷是否有預納之必要，兩者屬訴訟程序上先後順序之議題，不得混為一談。

(三)敗訴負擔原則

　　訴訟費用該由何人負擔呢？不同之法律制度，對於訴訟成本之分配有所不同，通常可分為「各自負擔訴訟成本」（each-pays-his-own）及「敗訴者負擔全部訴訟成本」（loser-pays-all）兩種。其區別在於前者將訴訟成本之負擔與訴訟結果之勝敗相切割，而後者則以訴訟結果之成敗，作為訴訟成本分擔之依據。

　　民事訴訟法採當事人進行主義，對於訴訟費用之分擔則有相關規定，依據該法第78條：「訴訟費用，由敗訴之當事人負擔。」因此，原則上採行「敗訴者負擔全部訴訟成本」之制度。

　　若一部勝訴或一部敗訴，則依據同法第79條規定：「各當事人一部勝訴、一部敗訴者，其訴訟費用，由法院酌量情形，命兩造以比例分擔或命一造負擔，或命兩造各自負擔其支出之訴訟費用。」

　　因此，在特定的情況下，法律讓法院在審理案件時，可以視情況來酌予調整一些訴訟費用負擔之分配，例如同法第81條規定：「因下列行為所生之費用，法院得酌量情形，命勝訴之當事人負擔其全部或一部：

　　1.勝訴人之行為，非為伸張或防衛權利所必要者。

　　2.敗訴人之行為，按當時之訴訟程度，為伸張或防衛權利所必要者。」

　　最後，法院為終局判決時，應依職權為訴訟費用之裁判。（民訴§87 I）

四 怎麼計算訴訟費用

　　如果是非因財產權而起訴者，徵收裁判費新臺幣3千元。常見的訴訟通常與金錢有關，民事訴訟法第77-13～77-27條規定訴訟費用的計算標準：

訴訟金（價）額	訴訟費用
10萬元以下	1,000元
超過10萬～100萬元	100元／每萬元
超過100萬～1,000萬元	90元／每萬元
超過1,000萬～1億元	80元／每萬元
超過1億元～10億元	70元／每萬元
超過10億元	60元／每萬元

　　舉個例子計算一下：

　　如果你請求的金額是200萬元，那該繳多少訴訟費呢？這要分3個階段來計算：

1. 10萬元以下：1,000元
2. 超過10萬～100萬元：（100－10＝90萬元），90萬元×100元／每萬元＝9,000元
3. 超過100萬～1,000萬元：（200－100＝100萬元），100萬元×90元／每萬元＝9,000元

　　　總計1,000＋9,000＋9,000＝19,000元

民事訴訟事件裁判費徵收核算對照表 I

因財產權起（上）訴	第一審	第二、三審
10萬元以下	1,000元	1,500元
超過10萬～100萬元	100元／每萬元	150元／每萬元
超過100萬～1,000萬元	90元／每萬元	135元／每萬元
超過1,000萬～1億元	80元／每萬元	120元／每萬元
超過1億元～10億元	70元／每萬元	105元／每萬元
超過10億元	60元／每萬元	90元／每萬元

◎ 其畸零之數不滿萬元者以萬元計算。

參考法條：民訴§77-13、77-16、77-27

非因財產權起（上）訴	第一審	第二、三審
	3,000元	4,500元

參考法條：民訴§77-18

再審之訴	按起訴法院之審級，依第77-13、第77-14及第77-16條規定徵收
對於確定裁定聲請再審	1,000元

參考法條：民訴§77-18

抗　告	1,000元

參考法條：民訴§77-18

民事訴訟事件裁判費徵收核算對照表Ⅱ

聲請事件	裁判費用
①聲請發支付命令	500元
②聲請參加訴訟或駁回訴訟	1,000元
③聲請回復原狀	
④起訴前聲請證據保全	
⑤聲請假扣押、假處分或撤銷假扣押、假處分裁定	
⑥（刪除）	
⑦聲請公示催告、除權判決或宣告死亡	

參考法條：民訴§77-19

聲請調解

標的金（價）額	徵收聲請費
未滿10萬元	免徵
10萬元以上～未滿100萬元	1,000元
100萬元以上～未滿500萬元	2,000元
500萬元以上～未滿1,000萬元	3,000元
1,000萬元以上	5,000元
非財產事件	免徵

五 訴訟救助

(一)基本概念

當事人無資力支出訴訟費用者，法院應依聲請，以裁定准予訴訟救助。但顯無勝訴之望者，不在此限。（民訴§107Ⅰ）要件中並無特定審級始得聲請之要件，所以任何審級均得聲請之。

法院認定前項資力時，應斟酌當事人及其共同生活親屬基本生活之需要。（民訴§107Ⅱ）

(二)外國人訴訟救助之要件

對於外國人准予訴訟救助，以依條約、協定或其本國法令或慣例，中華民國人在其國得受訴訟救助者為限。（民訴§108）

訴訟救助之程序：聲請訴訟救助，應向受訴法院為之。於訴訟繫屬前聲請者，並應陳明關於本案訴訟之聲明及其原因事實。（民訴§109Ⅰ）無資力支出訴訟費用之事由，應釋明之。（民訴§109Ⅱ）前項釋明，得由受訴法院管轄區域內有資力之人，出具保證書代之。保證書內，應載明具保證書人於聲請訴訟救助人負擔訴訟費用時，代繳暫免之費用。（民訴§109Ⅲ）

(三)准予訴訟救助之效力

准予訴訟救助，於訴訟終結前，有下列各款之效力：（民訴§110Ⅰ）

1.暫免裁判費及其他應預納之訴訟費用。

2.免供訴訟費用之擔保。

3.審判長依法律規定為受救助人選任律師代理訴訟時，暫免付酬金。

前項第1款暫免之訴訟費用，由國庫墊付。（民訴§110Ⅱ）

准予訴訟救助，於假扣押、假處分、上訴及抗告，亦有效力。（民訴§111）准予訴訟救助之效力，因受救助人死亡而消滅。（民訴§112）

㈣駁回其訴之限制

駁回訴訟救助聲請之裁定確定前，第一審法院不得以原告未繳納裁判費為由駁回其訴。(民訴§109-1)

相關考題　**訴訟費用**

民事訴訟之訴訟費用，原則上由何人負擔？　(A)由國庫負擔　(B)由敗訴之當事人負擔　(C)由勝訴之當事人負擔　(D)兩造平均負擔 【98五等原住民庭務員-民事訴訟法大意與刑事訴訟法大意】	(B)
關於民事訴訟裁判費之敘述，下列敘述何者錯誤？　(A)非因財產權而起訴者，應徵收第一審裁判費新臺幣3千元　(B)提起抗告，應徵收裁判費新臺幣1千元　(C)提起再審之訴，毋庸徵收裁判費　(D)當事人撤回上訴者，得聲請退還該審級所繳裁判費三分之二 【100五等司法特考-民事訴訟法與刑事訴訟法大意】	(C)
分割共有物之訴訟，如何決定訴訟標的價額？　(A)以原告因分割所受利益之價額為準　(B)以被告因分割所受利益之價額為準　(C)以全部共有物之價額為準　(D)以當事人中一人應有部分最少者之價額為準 【100五等司法特考-民事訴訟法與刑事訴訟法大意】	(A)

解析：
民事訴訟法第77-11條規定：「分割共有物涉訟，以原告因分割所受利益之價額為準。」

訴訟進行中，當事人若成立訴訟上和解者，得於成立之日起3個月內，聲請法院退還其於該審級所繳裁判費的多少比例？　(A)全額退還　(B)三分之二　(C)二分之一　(D)四分之一 【102司特五等-民事訴訟法大意與刑事訴訟法大意】	(B)

相關考題　訴訟費用

關於訴訟標的之價額之核定，下列敘述何者與民事訴訟法規定不符？ (A)核定訴訟標的之價額，以起訴時之交易價額為準　(B)因租賃權涉訟，其租賃定有期間者，以權利存續期間之租金總額為準　(C)因債權之擔保涉訟，以擔保物價值或債權額之較高者為準　(D)分割共有物涉訟，以原告因分割所受利益之價額為準 【103司特五等-民事訴訟法大意與刑事訴訟法大意】	(C)

解析：
民事訴訟法第77-6條規定：「因債權之擔保涉訟，以所擔保之債權額為準；如供擔保之物其價額少於債權額時，以該物之價額為準。」

對於確定之裁定聲請再審，徵收裁判費新臺幣多少元？　(A)1千元 (B)3千元　(C)5千元　(D)7千元 【101司特五等-民事訴訟法大意與刑事訴訟法大意】	(A)
關於訴訟費用之擔保，下列敘述何者錯誤？　(A)被告已為本案之言詞辯論者，不得聲請命原告供擔保。但應供擔保之事由知悉在後者，不在此限　(B)聲請命供擔保之裁定，不得抗告　(C)法院命原告供擔保者，定擔保額，以被告於各審應支出之費用總額為準　(D)原告於裁定所定供擔保之期間內不供擔保者，法院應以裁定駁回其訴。但在裁定前已供擔保者，不在此限 【111司特五等-民事訴訟法大意與刑事訴訟法大意】	(B)
下列何項聲請，免徵裁判費或聲請費？　(A)聲請駁回訴訟參加　(B)就標的為新臺幣5萬元之財產權事件聲請調解　(C)就確定裁定聲請再審　(D)聲請回復原狀 【110司特五等-民事訴訟法大意與刑事訴訟法大意】	(B)
原告於第一審言詞辯論終結前撤回其訴者，得於撤回後3個月內聲請退還該審級所繳裁判費之多少？　(A)二分之一　(B)三分之二　(C)四分之三 (D)全部 【109司特五等-民事訴訟法大意與刑事訴訟法大意】	(B)

以一訴主張數項標的者,其訴訟標的之價額之計算,下列敘述何者錯誤?　(A)原則上其價額合併計算　(B)若數項標的互相競合,應依其中價額最高者定之　(C)以一訴附帶請求其損害賠償者,併算其價額　(D)以一訴附帶請求其孳息者,不併算其價額　【108司特五等-民事訴訟法大意與刑事訴訟法大意】	(C)
甲出租房屋給乙,其後並出賣一批字畫給乙。不料乙拒絕給付買賣價金,租約期滿後亦拒絕交還房屋。甲乃於同一訴訟程序中向乙請求給付前開價金與相關利息,並請求返還租賃之房屋。請問,此訴訟之訴訟標的之價額應如何計算?　(A)買賣價金與房屋之價額擇較高者單獨計算之,利息部分不計入　(B)買賣價金與房屋之價額擇較高者單獨計算之,利息部分須計入　(C)買賣價金與房屋之價額合併計算之,利息部分不計入　(D)買賣價金與房屋之價額合併計算之,利息部分須計入　【104司特五等-民事訴訟法大意與刑事訴訟法】	(C)

解析:
民事訴訟法第77-2條。

關於訴訟救助,下列敘述何者正確?　(A)外國人不得聲請訴訟救助　(B)聲請訴訟救助,不限於第一審法院　(C)准予訴訟救助之效力,不及於訴訟費用之擔保　(D)准予訴訟救助之效力,不及於假扣押、假處分、上訴及抗告　【97五等司特-民事訴訟法大意與刑事訴訟法大意】	(B)
關於民事訴訟法之訴訟救助,下列敘述何者錯誤?　(A)須聲請之當事人無資力支出訴訟費用　(B)須聲請之當事人非顯無勝訴之望　(C)法院得不經當事人之聲請,依職權裁定訴訟救助　(D)訴訟救助得於任何審級為之　【98五等司特-民事訴訟法大意與刑事訴訟法大意】	(C)

相關考題 訴訟救助

下列關於訴訟救助之敘述,何者正確? (A)為保障訴訟權,只要當事人無資力支出訴訟費用,無論有無勝訴之望,均應准予訴訟救助(B)為節省國家訴訟資源,對於外國人不應給予訴訟救助 (C)法院得不經當事人之聲請,依職權裁定訴訟救助 (D)訴訟救助得於任何審級為之
【99第二次司法特考五等-民事訴訟法大意與刑事訴訟法大意】 (D)

解析:(A)(C)民事訴訟法第107條第1項:「當事人無資力支出訴訟費用者,法院應依聲請,以裁定准予訴訟救助。但顯無勝訴之望者,不在此限。」 (B)民事訴訟法第108條:「對於外國人准予訴訟救助,以依條約、協定或其本國法令或慣例,中華民國人在其國得受訴訟救助者為限。」

關於訴訟救助之敘述,下列何者正確? (A)聲請訴訟救助者,應證明無資力支出訴訟費用之事由 (B)駁回訴訟救助聲請之裁定確定前,第一審法院不得以原告未繳納裁判費為由駁回其訴 (C)獲法院裁定准予訴訟救助者,無須負擔任何訴訟費用 (D)准予訴訟救助之效力,不因受救助人死亡而消滅
【104司特五等-民事訴訟法大意與刑事訴訟法】 (B)

解析:(A)民事訴訟法第109條。 (B)民事訴訟法第109-1條。
(C)民事訴訟法第110條。 (D)民事訴訟法第111條。

下列關於訴訟救助之敘述,何者錯誤? (A)准予訴訟救助之效力,不因受救助人死亡而消滅 (B)准予訴訟救助,於假扣押亦有效力 (C)准予訴訟救助,於抗告亦有效力 (D)駁回訴訟救助聲請之裁定確定前,第一審法院不得以原告未繳納裁判費為由,駁回其訴
【109司特五等-民事訴訟法大意與刑事訴訟法大意】 (A)

關於准予訴訟救助之效力,下列敘述何者正確? (A)准予訴訟救助,於假扣押不生效力 (B)准予訴訟救助,於抗告亦有效力 (C)准予訴訟救助之效力,不因受救助人死亡而消滅 (D)准予訴訟救助,於訴訟終結前,仍須供訴訟費用之擔保
【108司特五等-民事訴訟法大意與刑事訴訟法大意】 (B)

2 當事人書狀

　　當事人書狀，主要是規定當事人如何透過文書與法院進行溝通，如果要對別人提出訴訟，狀紙的基本內容應該包括哪些事項？實際上，民事訴訟法第116條應記載事項並不會太難記憶，只要參酌右頁的訴訟範本，自己嘗試寫一次，大概就會記得了，如果不幸或有幸自己打過官司，那印象更是深刻。

　　基本上就是原告、被告，因為要將相關訴訟文書寄送給當事人，所以要寫出雙方當事人的住居所，如果有請律師或法定代理人，也要寫明其基本資料，其他就是案件事實、希望法官做出什麼裁決的聲明、有什麼證據、文件可以證明自己的主張，管轄法院、日期等。（民訴§116）書狀不合程式或有其他欠缺者，審判長應定期間命其補正。（民訴§121Ⅰ）

　　如果書狀中有引用文書者，例如提出借據以證明對方欠錢，這時候就應該要提出該文書原本或繕本或影本，有時候擔心法院搞丟了，可以先提出影本，等到法院有所要求，再提出原本。（民訴§118Ⅰ）此一文件的原本，他造得請求閱覽，如果當時並沒有先把原本拿出來，他造可以向法院聲請，法院據此聲請，應命其於5日內提出，並於提出後通知他造。（民訴§120Ⅰ）

　　假設控告的對象只有一個人，則將起訴狀送到法院，應該要準備一式二份。因為依據民事訴訟法第119條第1項規定：「書狀及其附屬文件，除提出於法院者外，應按應受送達之他造人數，提出繕本或影本。」

　　但是大多數人都不會寫訴狀，除非依據民事訴訟法規定一定要用訴狀，否則，也容許當事人於法院書記官前以言詞為之。（民訴§122Ⅰ）法院書記官應作筆錄，並於筆錄內簽名。（民訴§122Ⅱ）

　　以下為訴狀範例，並配合民事訴訟法第116條規定註解說明。

民事起訴狀

原告：○○○　　　　地址：○○○○○○○○○

被告：○○○　　　　地址：○○○○○○○○○

為請求返還消費借貸款提起訴訟事：

訴之聲明

一、被告應給付原告新臺幣○○○元及自民國○○年○月○日
　　起至清償日止，按週年利率百分之○計算之利息。

二、訴訟費用由被告負擔。

事實及理由

　　被告於○○年○月○日向原告借款新臺幣○○○元，約定清償期限為○○年○月○日，立有借據為證。未料屆期不為清償，經一再催討，均置之不理。為此，檢附借據○件，狀請判決如訴之聲明，以維權益。

此　致

○○○○地方法院　公鑒

證物名稱及件數：借據○件。

　　　　　　　　具狀人：○○○　　　簽名蓋章　[印]

　　　　　　　　撰狀人：○○○　　　簽名蓋章　[印]

中　華　民　國　　○○○　　年　　○○　　月　　○○　　日

關於訴訟程序之當事人書狀，下列敘述何者正確？　(A)當事人或代理人應於書狀內簽名或蓋章。其以指印代簽名者，應由他人代書姓名，記明其事由並簽名　(B)已委任訴訟代理人之當事人，應於書狀內附委任狀並應載明已給付之律師酬金，以利計算訴訟費用　(C)原告提出之起訴狀不合程式者，審判長應定20日不變期間令其補正，逾期未補正者，逕以起訴不合程式，裁定駁回之　(D)被告提出之答辯狀不合程式者，審判長應定20日不變期間令其補正，逾期未補正者，視同未提出答辯狀

（A）

【110司特五等-民事訴訟法大意與刑事訴訟法大意】

Note

3 送達

一 面告期日到場

　　一般來說，開庭期日應由書記官製作通知書，送達給訴訟關係人。可是很多情況是，法官在開庭的時候，會與訴訟當事人面告以所定之期日命其到場，或訴訟關係人曾以書狀陳明屆期到場者，與送達生同等的效力。(民訴§156)書記官就不會另外製作通知書。

二 送達由書記官為之

　　當然不會是法官，而是由書記官為之。(民訴§123)書記官再交由「執達員」或「郵務機關」行之。(民訴§124 I)由郵務機構行送達者，以郵務人員為送達人。(民訴§124 II)如果應受送達人剛好在法院，書記官可以直接將文書交付給應受送達人。(民訴§126)例如當事人剛好前來法院，或者是當事人為同法院的法官。

三 送達證書

　　送達人應作「送達證書」，作為已經送到當事人手中的證明。其中要記載「交送達之法院」、「應受送達人」、「應送達之文書」、「送達處所及年、月、日、時」、「送達方法」。(民訴§141 I)送達證書，應於作就後交收領人簽名、蓋章或按指印；如拒絕或不能簽名、蓋章或按指印者，送達人應記明其事由。(民訴§141 II)收領人非應受送達人本人者，應由送達人記明其姓名。(民訴§141 III)

　　當事人通常都很不高興收到這些訴訟文書，以為拒絕收領就可以當作沒這回事情，認為文書沒有送達就不會有問題，這些都是錯誤的觀念，只要送達人記明拒絕的事由，還是生送達之效力。

應送達的對象

應受送達人	送達的對象	相關規定
無訴訟能力	全體法定代理人	（民訴§127 I）
在中華民國有事務所或營業所之外國法人或團體	其在中華民國之代表人或管理人	（民訴§128 I）
在軍隊或軍艦服役之軍人	囑託該管軍事機關或長官為送達	（民訴§129）
在監所人	囑託該監所首長	（民訴§130）
關於商業之訴訟事件	「得」向經理人	（民訴§131）
訴訟代理人受送達之權限未受限制	代理人	（民訴§132）
指定送達代收人向受訴法院陳明	代收人	（民訴§133）
於有治外法權人之住居所或事務所為送達	得囑託外交部送達	（民訴§144）
於外國為送達	應囑託該國管轄機關或駐在該國之中華民國使領館或其他機構、團體為送達不能依前項規定為囑託送達者，得將應送達之文書交郵務機構以雙掛號發送，以為送達，並將掛號回執附卷	（民訴§145）
對於駐在外國之中華民國大使、公使、領事或其他駐外人員為送達	應囑託外交部為送達	（民訴§146）

四 送達的方式

送達於應受送達人之住居所、事務所或營業所行之。（民訴§136 I 本文）一般來說，這條文的意思就是「住（工作）在哪裡，就要送到哪裡」。但是，還是有很多種彈性的狀況，分別列舉如下：

例外情況	送達處所	相關規定
他處會晤應受送達人	得於會晤處所	（民訴§136 I 但書）
不知應受送達人之住居所、事務所或營業所 不能在該處所為送達（例如送達地點發生九二一地震或八八水災）	得在應受送達人就業處所為送達	（民訴§136 II 前段）
對於法定代理人之送達	得於當事人本人之事務所或營業所為送達	（民訴§136 III）
（補充送達） 於住居所、事務所或營業所不獲會晤應受送達人（送到你家沒人在）	得將文書付與有辨別事理能力之同居人或受僱人（管家？傭人？）	（民訴§137 I）
（寄存送達） 不能依第136、137條規定為送達	得將文書寄存送達地之自治或警察機關，並作送達通知書兩份，一份黏貼於應受送達人住居所、事務所、營業所或其就業處所門首，另一份置於該送達處所信箱或其他適當位置	（民訴§138 I） ※ 註：寄存送達，自寄存之日起，經10日發生效力。（民訴§138 II）
（留置送達） 拒絕收領而無法律上理由（故意不收）	應將文書置於送達處所 如果留置送達有困難，則準用寄存送達之規定	（民訴§139 I） （民訴§139 II）

聲請公示送達	公示送達，應由法院書記官保管應送達之文書，而於法院之公告處黏貼公告，曉示應受送達人應隨時向其領取。但應送達者如係通知書，應將該通知書黏貼於公告處。（民訴§151 I）	（民訴§149 I）
下列情況，法院得依聲請為公示送達		
1. 應為送達之處所不明者。		
2. 於有治外法權人之住居所或事務所為送達而無效者。		
3. 於外國為送達，不能依第145條之規定辦理，或預知雖依該條規定辦理而無效者。	除前項規定外，法院應命將文書之繕本、影本或節本，登載於公報或新聞紙，或用其他方法通知或公告之。（民訴§151 II）	

職權公示送達	
1. 避免訴訟遲延	（民訴§149 III）
2. 原告或曾受送達之被告變更其送達之處所，而不向受訴法院陳明，致有應為送達之處所不明者	（民訴§149 IV）
3. 原告、聲請人、上訴人或抗告人於中華民國無應為送達之處所，亦未依條文第133條第2項規定指定送達代收人者，法院得依職權命為公示送達，以利程序之進行。	（民訴§149 V）
4. 公示送達後，對於同一 當事人仍應為公示送達	（民訴§150）

科技送達	有下列情形之一者，傳送與送達有同一之效力：	（民訴§153-1）
得以電信傳真或其他科技設備傳送之	1. 應受送達人陳明已收領該文書者。	
	2. 訴訟關係人就特定訴訟文書聲請傳送者。	

公示送達，應由法院書記官保管應送達之文書，而於法院之公告處黏貼公告，曉示應受送達人應隨時向其領取。但應送達者如係通知書，應將該通知書黏貼於公告處。（民訴§151Ⅰ）

　　除前項規定外，法院應命將文書之繕本、影本或節本，公告於法院網站；法院認為必要時，得命登載於公報或新聞紙。（民訴§151Ⅱ）

　　公示送達，自將公告或通知書黏貼公告處之日起，公告於法院網站者，自公告之日起，其登載公報或新聞紙者，自最後登載之日起，經20日發生效力；就應於外國為送達而為公示送達者，經60日發生效力。但第150條之公示送達，自黏貼公告處之翌日起，發生效力。（民訴§152）

相關考題　送達

民事訴訟法第137條第1項規定：「送達於住居所、事務所或營業所不獲會晤應受送達人者，得將文書付與有辨別事理能力之同居人或受僱人。」下列何者非屬此條所言之同居人或受僱人？　(A)同居之父母　(B)同居之好友　(C)以繼續性契約受僱於應受送達人之店員　(D)一次性受僱於應受送達人，到其家中修理電器之技工　　　　　　【98五等司特-民事訴訟法大意與刑事訴訟法大意】	(D)
民事判決應如何送達當事人？　(A)以原本送達當事人　(B)以正本送達當事人　(C)以繕本送達當事人　(D)以影本送達當事人　　　　　　【98五等原住民庭務員-民事訴訟法大意與刑事訴訟法大意】	(B)

解析：
民事訴訟法第229條第1項規定：「判決，應以正本送達當事人。」

寄存送達自寄存之日起，經過多少時間發生送達之效力？　(A)即日發生送達之效力　(B)翌日發生送達之效力　(C)經過5日發生送達之效力　(D)經過10日發生送達之效力　　　　　　【98五等原住民庭務員-民事訴訟法大意與刑事訴訟法大意】	(D)

解析：
民事訴訟法第138條第2項規定：「寄存送達，自寄存之日起，經10日發生效力。」

相關考題　送達

下列何者為補充送達？　(A)將文書寄存於送達地之警察機關　(B)應受送達之人拒絕受領而無法律上理由之情形，將文書置於送達處所　(C)應受送達處所不明時所為之送達　(D)送達於住居所不獲會晤應受送達之人，將文書交與有辨別事理之同居人或受僱人（同居人或受僱人並非他造當事人）【104司特五等-民事訴訟法大意與刑事訴訟法】	(D)
民事訴訟程序應於國內為公示送達，而登載公報或新聞紙者，自最後登載之日起，經若干日發生效力？　(A)10日　(B)20日　(C)30日　(D)40日　　　【100五等司法特考-民事訴訟法與刑事訴訟法大意】	(B)

解析：

公示送達，自將公告或通知書黏貼公告處之日起，其登載公報或新聞紙者，自最後登載之日起，經20日發生效力；就應於外國為送達而為公示送達者，經60日發生效力。但第150條之公示送達，自黏貼公告處之翌日起，發生效力。（民訴§152）

送達於住居所、事務所或營業所不獲會晤應受送達人者，得將文書付與有辨別事理能力之同居人或受僱人，為下列何種送達？　(A)直接送達　(B)補充送達　(C)寄存送達　(D)留置送達　　　【100五等司法特考-民事訴訟法與刑事訴訟法大意】	(B)
關於法院文書送達之規定，以下之敘述，何者為非？　(A)送達，係由法院書記官交執達員或郵務機關行之　(B)法院書記官不得於法院內，逕將文書交付予應受送達人，以為送達　(C)對於無訴訟能力之人為送達者，應向其全體法定代理人為之　(D)對於監所之人為送達者，應囑託該監所首長為之　　　【99第二次司法特考五等-民事訴訟法大意與刑事訴訟法大意】	(B)

解析：

(A)民事訴訟法第124條。
(B)民事訴訟法第126條：「法院書記官，得於法院內，將文書付與應受送達人，以為送達。」
(C)民事訴訟法第127條。
(D)民事訴訟法第130條。

相關考題　送達

下列何者為合法送達？　(A)對無訴訟能力之當事人甲為送達，因其法定代理人父與母居住於不同之城市，因此只向與甲同住一處之父送達　(B)當事人經指定送達代收人向受訴法院陳明，法院因此僅向該代收人為送達，未送達於本人　(C)甲於臺北地方法院進行訴訟，指定乙為該案件之送達代收人，並陳明於法院。別無其他陳明之情況下，上訴於高等法院時，高等法院將文書送達於甲　(D)僱用人甲訴請受僱人乙秘書給付違約金。關於此案件之文書，送達於甲之營業所時，由負責處理文書之秘書乙代收　【102司特五等-民事訴訟法大意與刑事訴訟法大意】	(B)

解析：
(A)民事訴訟法第127條。(C)民事訴訟法第134條。(D)民事訴訟法第137條。

應受送達人拒絕收領而無法律上理由者，應將文書置於送達處所，以為送達。此種送達方式，稱之為：　(A)補充送達　(B)直接送達　(C)留置送達　(D)寄存送達　【101司特五等-民事訴訟法大意與刑事訴訟法大意】	(C)
下列何者非民事訴訟法所定之送達機關？　(A)法院、法院書記官　(B)執達員、郵務人員　(C)對於有治外法權之人為送達時，受囑託送達之外交部　(D)對於緊急應為送達時，受囑託送達之物流快遞機構　【110司特五等-民事訴訟法大意與刑事訴訟法大意】	(D)
民國109年（下同）5月4日（週一），郵差將應送達於乙的第一審民事判決書，依法寄存於P警察局，乙於5月21日始持通知書前往P局領取該判決書。該判決書何時發生送達效力？　(A)5月4日　(B)5月5日　(C)5月14日　(D)5月21日　【110司特五等-民事訴訟法大意與刑事訴訟法大意】	(C)

相關考題　送達

訴訟文書，得以電信傳真或其他科技設備傳送之。下列何種情形與送達有同一之效力？　(A)郵務機關證明已經以電信傳真傳送　(B)法院書記官證明已經以電信傳真傳送　(C)訴訟關係人就特定訴訟文書聲請傳送　(D)於外國為送達者，經外交部證明已經以電信傳真傳送 【109司特五等-民事訴訟法大意與刑事訴訟法大意】	(C)
關於送達，下列敘述何者錯誤？　(A)對於無訴訟能力人為送達時，原則上應向其全體法定代理人送達　(B)訴訟代理人受送達權限未受限制者，送達應向該代理人送達，但審判長認為必要時，得命送達於當事人本人　(C)對於在中華民國有事務所或營業所之外國法人，應向該外國法人在外國之代表人或管理人送達　(D)關於商業之訴訟事件，送達得向經理人為之 【108司特五等-民事訴訟法大意與刑事訴訟法大意】	(C)
法院為原告一部勝訴一部敗訴之判決，應送達雙方當事人之判決正本，於民國107年6月1日直接送達給原告，同年6月5日寄存送達於被告住所地之警察派出所，兩造均未提起上訴，該判決應於何時確定？　(A)107年6月21日終止時　(B)107年6月25日終止時　(C)107年7月5日終止時　(D)原告與被告之判決分別於合法送達後起算20日不變期間屆滿時，分別確定 【108司特五等-民事訴訟法大意與刑事訴訟法大意】	(C)
依民事訴訟法之規定，於下列何種情形，受訴法院不得逕依職權對當事人為公示送達？　(A)應為送達之處所不明者，如無人為公示送達之聲請，而受訴法院為避免訴訟遲延，認有必要時　(B)應於外國為送達者，經囑託該國管轄機關或駐在該國之中華民國使領館為合法送達後，須再為送達時　(C)原告變更其送達之處所，卻不向受訴法院陳明，致應為送達之處所不明時　(D)依法為公示送達後，對於同一當事人仍應為送達時 【108司特五等-民事訴訟法大意與刑事訴訟法大意】	(B)

相關考題　送達

關於對無訴訟能力人、訴訟代理人之送達，下列敘述何者正確？ (A)訴訟代理人應受特別委任，方能對其送達　(B)對於無訴訟能力人為送達者，應向其全體法定代理人為之　(C)當事人委任2位以上之訴訟代理人者，應向當事人與全體訴訟代理人為送達　(D)對於未滿16歲且無訴訟能力之人為送達者，應囑託其學校或安置機關之負責人為之　【111司特五等-民事訴訟法大意與刑事訴訟法大意】	（B）
甲為未成年人，以父（乙）、母（丙）為法定代理人，住所均明確，若對甲提起訴訟，起訴狀應送達何人始為合法？　(A)甲　(B)乙丙二人　(C)乙丙任一人　(D)甲乙丙任一人　【109司特五等-民事訴訟法大意與刑事訴訟法大意】	（B）

4 期日及期間

一 審判長為之

期日，除別有規定外，由審判長依職權定之。（民訴§154）

期間，除法定者外，由法院或審判長酌量情形定之。（民訴§160Ⅰ）例如上訴期間是判決送達後之20日，此一期間即為法律規定，法院或審判長並不得酌量情形決定長短。

法院或審判長所定期間，自送達定期間之文書時起算；無庸送達者，自宣示定期間之裁判時起算。但別定起算方法者，不在此限。

（民訴§160Ⅱ）

二 期日之限制

期日，除有不得已之情形外，不得於星期日或其他休息日定之。（民訴§155）

期間之計算，依民法之規定。（民訴§161）

三 面告到場或書狀陳明到場

審判長定期日後，法院書記官應作通知書送達於訴訟關係人。但經審判長面告以所定之期日命其到場，或訴訟關係人曾以書狀陳明屆期到場者，與送達有同一之效力。（民訴§156）

四 期日應為之行為限制

期日應為之行為，於法院內為之。但在法院內不能為或為之而不適當者，不在此限。（民訴§157）

五 期日之始

期日,以朗讀案由為始。(民訴§158)

六 期日之變更或延展與期間之伸長或縮短

期日,如有重大理由,得變更或延展之。(民訴§159 I)變更或延展期日,除別有規定外,由審判長裁定之。(民訴§159 II)

期間,如有重大理由,得伸長或縮短之。但不變期間,不在此限。(民訴§163 I)伸長或縮短期間,由法院裁定。但期間係審判長所定者,由審判長裁定。(民訴§163 II)

七 在途期間之扣除

當事人不在法院所在地住居者,計算法定期間,應扣除其在途之期間。但有訴訟代理人住居法院所在地,得為期間內應為之訴訟行為者,不在此限。(民訴§162 I)前項應扣除之在途期間,由司法院定之。(民訴§162 II)

相關考題　　期日及期間	
關於期日與期間,下列敘述何者正確? (A)民事訴訟法關於期間之計算,依民法之規定 (B)當事人工作地點不在受訴法院所在地者,受訴法院應囑託其工作地之法院送達之 (C)當事人不在法院所在地居住者,而其訴訟代理人住居法院所在地,關於在途期間之扣除,應以當事人所在地計算之 (D)不變期間,如有重大理由,得伸長或縮短之　　　　【111司特五等-民事訴訟法大意與刑事訴訟法大意】	(A)
債務人對於支付命令末於法定期間內提出合法異議者,下列敘述何者正確? (A)支付命令與確定判決有同一之效力 (B)支付命令與訴訟上和解有同一之效力 (C)支付命令與訴訟上調解有同一之效力 (D)支付命令得為執行名義　　　　【110司特五等-民事訴訟法大意與刑事訴訟法大意】	(D)

相關考題 期日及期間

下列關於民事訴訟之期日與期間之敘述，何者正確？ (A)期日，以
於法院報到為始 (B)期日，如有重大理由，得由審判長裁定變更或
延展之 (C)期間，不得伸長或縮短 (D)遲誤不變期間者，於其原因 (B)
消滅後20日內，得聲請回復原狀

【99第二次司法特考五等-民事訴訟法大意與刑事訴訟法大意】

解析：

(A)民事訴訟法第157條：「期日應為之行為，於法院內為之。但在法院內
不能為或為之而不適當者，不在此限。」

(C)民事訴訟法第163條第1項：「期間，如有重大理由，得伸長或縮短之。
但不變期間，不在此限。」

(D)民事訴訟法第164條第1項：「當事人或代理人，因天災或其他不應歸責
於己之事由，遲誤不變期間者，於其原因消滅後10日內，得聲請回復
原狀。」

八 回復原狀

回復原狀規定在民事訴訟法第164～166條規定。

例如國道3號走山事故，如果當事人某甲因為一審敗訴，要從基
隆開車到高等法院提出上訴，而當天又剛好是上訴的最後一天，但不
幸遇到走山，埋在瓦礫堆中，而無法在上訴期間內提起上訴。

對於這種情況，法律特別規定回復原狀的制度，也就是因為不可
歸責於當事人之事由，使其無法進行一些訴訟行為，則在該事由消滅
後的一定期間內，讓當事人得以回復事件發生前之權利。其規定為：
當事人或代理人，因天災或其他不應歸責於己之事由，遲誤不變期間
者，於其原因消滅後10日內，得聲請回復原狀。（民訴§164Ⅰ）

前項期間，不得伸長或縮短之。但得準用前項之規定，聲請回復
原狀。（民訴§164Ⅱ）

遭土石掩埋案示意圖

我要上訴！

我被土石掩埋了……

脫困後，我就要上訴！

並向法院聲請回復原狀。

法院允許其回復原狀，並認定上訴合法。

　　無論這起走山事件是天災或人禍，都屬於「不應歸責於己之事由」。因某甲遭埋的深度很深，救援行動困難，假設某甲最後大難不死，在原因消滅（挖出來）後10日內，可以向法院聲請回復原狀。比較白話的說法是「報告法院，雖然已經過了上訴期間，可是不是我的錯，您有看電視吧！那個因為走山而埋在土堆中的就是我，所以不是故意遲誤不變期間，麻煩請讓我能夠再享有提出上訴的權利」。

　　遲誤不變期間已逾1年者，不得聲請回復原狀。（民訴§164Ⅲ）如果遭埋超過1年，假設挖出來之後，某甲還活著，這時候就不得聲

請回復原狀。

　　在聲請回復原狀時，還要記得同時補行本來應該做的訴訟行為（上訴）；如果只有上訴，因為沒有跟法院說明遲誤的原因（沒有聲請回復原狀），法院一看已經過了上訴期間，當然就會以裁定駁回；如果超過10日才聲請，即使有不應歸責於己之事由，也不允許聲請回復原狀。（民訴§164 I）

相關考題 　**回復原狀**

以下何種期間，方有民事訴訟法第 164 條所規定之聲請回復原狀的適用？　(A)職務期間　(B)訓示期間　(C)通常期間　(D)不變期間 【102司特五等-民事訴訟法大意與刑事訴訟法大意】	(D)

5 訴訟程序之停止

訴訟程序的停止，在民事訴訟上有「當然停止」、「裁定停止」及「合意停止」三種情形。

一 當然停止

當然停止，指訴訟程序於法定事由發生時，不問法院及當事人是否知悉，無待法院或當事人之行為，均應當然停止訴訟程序之進行。例如下列情形：

(一)當事人死亡。(民訴§168)如果其中一方當事人死亡，訴訟當然無法進行，只好先停止，等到繼承人、遺產管理人或其他依法令應續行訴訟之人接手後，承受其訴訟，才繼續進行訴訟程序。例如原告某甲向乙提起償還借款100萬元之訴訟，某甲因病死亡，其子某丙繼承後，應即為承受訴訟之聲明，訴訟程序繼續進行。

(二)法人因合併而消滅。(民訴§169)合併，有新設合併與存續合併。新設合併是指兩家公司消滅後，成立一家新的公司；存續合併則是有其中一家公司存續，另外合併的公司消滅。所以當新成立的公司或者是存續的公司，承受其訴訟後，訴訟程序才繼續進行。

(三)當事人喪失訴訟能力或法定代理人死亡或其代理權消滅。(民訴§170)

(四)受託人之信託任務終了。(民訴§171)訴訟程序在新受託人或其他依法令應續行訴訟之人承受其訴訟以前當然停止。

(五)本於一定資格以自己名義為他人任訴訟當事人之人，喪失其資格

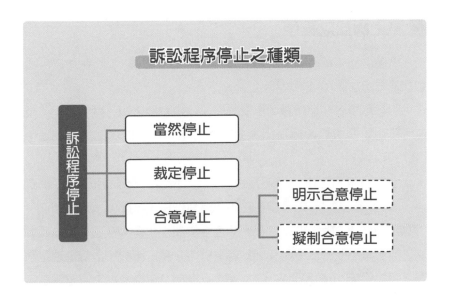

訴訟程序停止之種類

訴訟程序停止
- 當然停止
- 裁定停止
- 合意停止
  - 明示合意停止
  - 擬制合意停止

　　或死亡。（民訴§172Ⅰ）例如消費者保護法第54條規定，依據
　　民事訴訟法第41條之規定，選定1人或數人起訴請求損害賠償
　　者。

㈥依法被選定為訴訟當事人之人全體喪失其資格。（民訴§172Ⅱ）

㈦當事人受破產之宣告。（民訴§174Ⅰ）關於破產財團之訴訟程
　　序，在依破產法有承受訴訟人或破產程序終結以前當然停止。

㈧當事人受債清條例裁定開始清算程序。關於清算財團之訴訟程
　　序，於管理人承受訴訟或清算程序終止、終結以前當然停止。
　　（民訴§174Ⅱ）

㈨法院因天災或其他不可避之事故不能執行職務。訴訟程序在法院
　　公告執行職務前當然停止。但因戰事不能執行職務者，訴訟程序
　　在法院公告執行職務屆滿6個月以前當然停止。（民訴§180Ⅰ）

▣ 停止訴訟之程序

承受訴訟人於得為承受時，應即為承受之聲明。（民訴§175Ⅰ）也就是跟法官說：「換我來！」

他造當事人，亦得聲明承受訴訟。（民訴§175Ⅱ）

聲明承受訴訟，應提出書狀於受訴法院，由法院送達於他造。（民訴§176）

到底有沒有理由，例如是否符合上開情況，法院應依職權調查之。（民訴§177Ⅰ）如果調查結果是沒有理由，就應以裁定駁回之。（民訴§177Ⅱ）訴訟程序於裁判送達後當然停止者，在還沒有提起上訴之前，其承受訴訟聲明有無理由之裁定，到底應該由上訴審還是原審法院為之呢？依據同條（177）第3項規定，由為裁判之原法院裁定之。

停止訴訟程序之裁定，法院得依聲請或依職權撤銷之。（民訴§186）

▣ 當事人不願意聲明承受訴訟（命續行訴訟）

當事人不聲明承受訴訟時，法院亦得依職權，以裁定命其續行訴訟。（民訴§178）對於聲明承受訴訟或不願意聲明承受訴訟所為之裁定，均可以提出抗告。（民訴§179）

關於停止訴訟程序之裁定，及關於撤銷停止之裁定，得為抗告。（民訴§187）

▣ 訴訟停止期間之限制

訴訟程序當然或裁定停止間，法院及當事人不得為關於本案之訴訟行為。但於言詞辯論終結後當然停止者，本於其辯論之裁判得宣示

之。(民訴§188 I)

　　訴訟程序當然或裁定停止者,期間停止進行;自停止終竣時起,其期間更始進行。(民訴§188 II)

相關考題　訴訟程序之停止

關於訴訟程序停止,下列敘述何者正確? (A)當事人死亡者,訴訟主體消滅,訴訟繫屬消滅,無訴訟停止與續行之問題 (B)委任訴訟代理人之案件,當事人喪失訴訟能力時,無法與訴訟代理人商討案情,訴訟程序當然停止 (C)當事人得以合意停止訴訟程序,不變期間亦隨之停止進行 (D)合意停止訴訟程序之當事人,自陳明合意停止時起,如於4個月內不續行訴訟者,視為撤回其訴或上訴 【111司特五等-民事訴訟法大意與刑事訴訟法大意】	(D)
下列何者屬於訴訟當然停止之事由? (A)訴訟全部或一部之裁判,以他訴訟之法律關係是否成立為據者 (B)當事人因天災、戰事或其他不可避之事故與法院交通隔絕者 (C)當事人無訴訟能力,而其法定代理人死亡者 (D)訴訟中有犯罪嫌疑牽涉其裁判者 【97五等司特-民事訴訟法大意與刑事訴訟法大意】	(C)
下列何者,當事人必須提出書狀,不得於言詞辯論期日以言詞為之? (A)為訴之變更 (B)提起反訴 (C)訴之撤回 (D)聲明承受訴訟 　　　　　　【104司特五等-民事訴訟法大意與刑事訴訟法】	(D)

解析:
聲明承受訴訟,應提出書狀於受訴法院,由法院送達於他造。
(民訴§176)

五 裁定停止

裁定停止：訴訟程序，因有法定事實之發生，由法院依聲請或依職權裁定停止進行。例如：

㈠當事人於戰時服兵役，有停止訴訟程序之必要者，或因天災、戰事或其他不可避之事故與法院交通隔絕者，法院得在障礙消滅前，裁定停止訴訟程序。（民訴§181）舉個例子，如果兩岸發生戰事，正在打官司的當事人被徵調前線打戰，法院就可以在戰爭結束前，裁定停止訴訟程序。

㈡訴訟全部或一部之裁判，以他訴訟之法律關係是否成立為據者，法院得在他訴訟終結前以裁定停止訴訟程序。（民訴§182Ⅰ）

㈢普通法院就行政法院移送之訴訟認無審判權者，應以裁定停止訴訟程序，並請求最高法院指定有審判權之管轄法院。但有下列情形之一者，不在此限：（民訴§182-1Ⅰ本文）

一、移送經最高行政法院裁判確定。

二、當事人合意願由普通法院裁判。

㈣當事人就已繫屬於外國法院之事件更行起訴，如有相當理由足認該事件之外國法院判決在中華民國有承認其效力之可能，並於被告在外國應訴無重大不便者，法院得在外國法院判決確定前，以裁定停止訴訟程序。但兩造合意願由中華民國法院裁判者，不在此限。（民訴§182-2Ⅰ）

㈤訴訟中有犯罪嫌疑牽涉其裁判者，法院得在刑事訴訟終結前，以裁定停止訴訟程序。（民訴§183）例如某甲詐欺某乙，某乙除提出刑事告訴外，另提起民事損害賠償之訴。民事法院認為是否成立因詐欺之侵權行為損害賠償，要以刑事審判結果為依據，就可以先以裁定停止訴訟程序，待刑事案件結束後，再行裁判。

㈥依民事訴訟法第54條之規定提起訴訟者，法院得在該訴訟終結

前，以裁定停止本訴訟之程序。（民訴§184）

六 裁定停止之效力

㈠法院及當事人不得為關於本案之訴訟行為。（民訴§188 I）例
　　如：於停止中，法院不得續行本案言詞辯論或調查證據。

㈡期間停止進行。（民訴§188 II 前段）不論通常法定期間、不變期
　　間、裁定期間，均有停止進行之適用。

㈢自停止終峻時起，其期間更始進行（民訴§188 II 後段）。所謂更
　　始進行，是指重新歸零起算。

實務案件 　陳致中停止訴訟案

　　被爆召妓的陳致中，認為立委邱毅公開詆毀他，控告邱侵權
求償2百萬元，高雄地院99年9月7日首次開庭，陳未出庭，委
任律師要求暫停審理，法官當庭拒絕；邱毅則指陳心虛，為掩飾
真相濫訟；法官要求陳下次要出庭，以勘驗影帶等相關證據。

　　報導中所謂的暫停審理，原因是什麼？

　　繼續看下去這則報導，原來是陳致中另外控告「壹週刊」侵
權，求償2百萬元案，目前也在地院審理中，要求控告邱毅案暫
停審理，待「壹週刊」審結後再進行。

　　從這則新聞標題來看，似乎會覺得法官認為陳致中心虛，而
不答應停止訴訟。可是看到這則新聞報導的最後一段，提到「承
審法官李○諱認為，陳致中委任律師所提暫停訴訟，不符合停止
訴訟要件，當庭拒絕」，原來只是不符合要件而已。

　　（參考新聞資料：99/09/08的聯合新聞網——陳致中心虛？
暫停告邱毅 法官沒答應）

七 合意停止之意義與種類

如果當事人雙方因為一些原因，例如覺得雙方應該暫時冷靜，則可以基於雙方的合意，向法院表示停止訴訟程序，此稱之為「明示合意停止」。（民訴§189ⅠⅡ）但不變期間之進行，不受影響。（民訴§189Ⅰ但）

但是這種不確定的狀況也不宜過久，所以又規定「合意停止訴訟程序之當事人，自陳明合意停止時起，如於4個月內不續行訴訟者，視為撤回其訴或上訴；續行訴訟而再以合意停止訴訟程序者，以一次為限。如再次陳明合意停止訴訟程序，不生合意停止訴訟之效力，法院得依職權續行訴訟；如兩造無正當理由仍遲誤言詞辯論期日者，視為撤回其訴或上訴。」（民訴§190）

另一種是「擬制合意停止」。雙方當事人雖然沒有互相合意表示要停止訴訟程序，但是因為一定的行為，也視為停止訴訟程序。其規定為「當事人兩造無正當理由遲誤言詞辯論期日者，除別有規定外，視為合意停止訴訟程序。如於4個月內不續行訴訟者，視為撤回其訴或上訴。」（民訴§191Ⅰ）「前項訴訟程序停止間，法院於認為必要時，得依職權續行訴訟，如無正當理由兩造仍遲誤不到者，視為撤回其訴或上訴。」（民訴§191Ⅱ）

八 合意停止之效力

合意停止訴訟，訴訟程序當然停止，法院及雙方當事人不得為關於本案之訴訟行為。（民訴§189Ⅲ準用§188Ⅰ本文）其次，期間停止進行，自停止終竣時起，其期間更始進行。（民訴§189Ⅲ準用§188Ⅲ）第188條當然（裁定）停止效力之規定，無備用於合意停止之不變期間之進行。（民訴§189Ⅰ但）

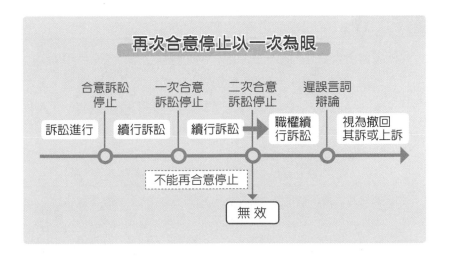

再次合意停止以一次為限

合意訴訟停止	一次合意訴訟停止	二次合意訴訟停止	遲誤言詞辯論
訴訟進行	續行訴訟	續行訴訟 → 職權續行訴訟	視為撤回其訴或上訴

不能再合意停止 → 無效

相關考題 訴訟程序之停止與不變期間之進行

下列關於訴訟程序停止之敘述，何者正確？ (A)關於停止訴訟之裁定，不得抗告 (B)當事人得合意停止訴訟，不變期間亦停止進行 (C)合意停止訴訟之當事人，自陳明合意停止時起，如於4個月內不續行訴訟，視為撤回其訴或上訴 (D)合意停止訴訟後續行訴訟，而再以合意停止訴訟者，以三次為限 【99第二次司法特考五等-民事訴訟法大意與刑事訴訟法大意】	(C)

解析：

(A)關於停止訴訟程序之裁定，及關於撤銷停止之裁定，得為抗告。（民訴§187）

(B)不變期間之進行，不受影響。（民訴§189Ⅰ但）

(C)(D)合意停止訴訟程序之當事人，自陳明合意停止時起，如於4個月內不續行訴訟者，視為撤回其訴或上訴；續行訴訟而再以合意停止訴訟程序者，以一次為限。如再次陳明合意停止訴訟程序，不生合意停止訴訟之效力，法院得依職權續行訴訟；如兩造無正當理由仍遲誤言詞辯論期日者，視為撤回其訴或上訴。（民訴§190）

關於合意停止訴訟程序，下列敘述何者錯誤？　(A)自當事人陳明合意停止時起，如於2個月內不續行訴訟者，視為撤回其訴或上訴　(B)兩造無正當理由遲誤言詞辯論期日者，視為合意停止訴訟程序　(C)一造無正當理由遲誤言詞辯論期日，他造雖到場但拒絕辯論者，亦視為合意停止訴訟程序　(D)續行訴訟後得再以合意停止訴訟程序，但以一次為限 <div align="right">【100五等司法特考-民事訴訟法與刑事訴訟法大意】</div>	(A)
下列何者為法院得以裁定停止訴訟程序之原因？　(A)一造當事人死亡　(B)訴訟全部或一部之裁判，以他訴訟之法律關係是否成立為依據者　(C)依法被選定為訴訟當事人之人全體喪失資格者　(D)當事人受破產宣告者 <div align="right">【104司特五等-民事訴訟法大意與刑事訴訟法】</div>	(B)
下列關於不變期間之敘述，何者錯誤？　(A)不變期間為法定期間　(B)上訴期間為不變期間　(C)遲誤不變期間已逾1年者，不得聲請回復原狀　(D)訴訟程序合意停止者，不變期間停止進行 <div align="right">【109司特五等-民事訴訟法大意與刑事訴訟法大意】</div>	(D)
下列何種情形訴訟程序當然停止？　(A)依我國民事訴訟法第54條提起訴訟，本訴訟程序應當然停止　(B)告知訴訟　(C)當事人就已先繫屬於外國法院之事件更行起訴　(D)未委任律師之當事人喪失訴訟能力 <div align="right">【108司特五等-民事訴訟法大意與刑事訴訟法大意】</div>	(D)

6 言詞辯論

■ 言詞辯論的範圍

　　言詞辯論，是指當事人在言詞辯論期間，針對訴訟爭點，各自聲明自己的主張，並提出相關事證作為主張的基礎，經由攻擊防禦方式所進行的訴訟程序。法院是一個共享的資源，當然不可能浪費在不必要的地方，所以言詞辯論的範圍應限縮在當事人所聲明主張的內容。言詞辯論，以當事人聲明應受裁判之事項為始。（民訴§192）此一條文正是代表著言詞辯論可不是漫無邊際的亂扯。實際範圍則可以分成事實與法律兩大主軸。當事人應就訴訟關係為事實上及法律上之陳述。（民訴§193 I）例如因不能人道而提起撤銷婚姻訴訟，法律依據為民法第995條之規定，訴訟爭辯的重點在於不能人道是否屬於不治，不需要針對婆媳關係、生活差異進行討論。

■ 真實及完全之陳述

　　當事人就其提出之事實，應為真實及完全之陳述。（民訴§195 I）證據的真實性是正確裁判的基礎，如果內容不實，當然導引出錯誤的結果。例如離婚訴訟中，明明是自己騙配偶出國，結果居然主張惡意離棄，此一內容即與事實不符。或者是話只說一半，如前述配偶捲款不知去向而主張惡意離棄，但另一半沒說的事實，竟然是自己喝醉酒就喜歡毆打配偶，而且又因為愛上了小三，所以家暴的情況更加嚴重，結果把配偶打跑了，而非配偶惡意離棄。（如右頁圖）

其次，當事人對於他造提出之事實及證據，應為陳述。（民訴
§195Ⅱ）例如一方當事人提出了借據，據此證明有借錢給他造當事
人，對於這張借據所呈現之借錢事實，是否確有其事，債務人他造當
事人（債務人）應該加以說明。

三 隱私與業務秘密之保護

當事人提出之攻擊或防禦方法，涉及當事人或第三人隱私、業務
秘密，經當事人聲請，法院認為適當者，得不公開審判；其經兩造合
意不公開審判者，亦同。（民訴§195-1）假設蘋果公司與宏達電公司
為了侵害專利權案打官司，若公開審理，可能會有許多業者來旁聽。
所以，對於涉及當事人或第三人隱私、業務秘密，經過法院審酌確實
不適合公開審判者，可以決定不公開審判，或者是這兩家公司都同意
不公開審判（合意），亦同。

四 攻擊或防禦方法之提出

攻擊或防禦方法，除別有規定外，應依訴訟進行之程度，於言詞
辯論終結前適當時期提出之。（民訴§196Ⅰ）此即原則上採取「自由

順序主義」，例外則採「限制自由順序主義」，如同條第2項規定，即屬其限制之規定。

當事人意圖延滯訴訟，或因重大過失，逾時始行提出攻擊或防禦方法，有礙訴訟之終結者，法院得駁回之。攻擊或防禦方法之意旨不明瞭，經命其敘明而不為必要之敘明者，亦同。（民訴§196Ⅱ）

五 責問權：違背訴訟程序之異議

當事人對於訴訟程序規定之違背，得提出異議。但已表示無異議或無異議而就該訴訟有所聲明或陳述者，不在此限。（民訴§197Ⅰ）本條涉及「責問權」之規定，又可分成明示與默示的無異議，條文中所謂「已表示無異議」，即屬明示捨棄責問權；條文中所謂「無異議而就該訴訟有所聲明或陳述」，則應視為默示的捨棄責問權。

民事訴訟法第197條第1項但書規定，於該訴訟程序之規定，非僅為當事人之利益而設者，不適用之。（民訴§197Ⅱ）例如若違背民事訴訟法第156條規定，未告知當事人應於該所定期日到場者，當事人享得依第197條行使責問權，在當事人未捨棄或喪失責問權之前，法院不得以該次期日之調查結果作為裁判依據。

六 審判長之指揮權與宣示裁判

審判長開閉及指揮言詞辯論，並宣示法院之裁判。（民訴§198Ⅰ）審判長對於不從其命者，得禁止發言。（民訴§198Ⅱ）言詞辯論須續行者，審判長應速定其期日。（民訴§198Ⅲ）

七 闡明權：突襲性裁判之避免

審判長應注意令當事人就訴訟關係之事實及法律為適當完全之辯

論。（民訴§199Ⅰ）審判長應向當事人發問或曉諭，令其為事實上及法律上陳述、聲明證據或為其他必要之聲明及陳述；其所聲明或陳述有不明瞭或不完足者，應令其敘明或補充之。（民訴§199Ⅱ）陪席法官告明審判長後，得向當事人發問或曉諭。（民訴§199Ⅲ）

　　適用法律固屬法官之職責，惟當事人主張之事實，究應適用何種法律，往往影響裁判之結果，為防止法官未經闡明逕行適用法律而對當事人產生突襲性裁判，除令當事人就事實為適當陳述及辯論外，亦應令其就法律觀點為必要之陳述及作適當完全之辯論。

實務見解 **訴訟關係之闡明權**

　　民事訴訟法第199條第2項規定，審判長應向當事人發問或曉諭，令其陳述事實、聲明證據，或為其他必要之聲明及陳述，其所聲明及陳述有不明瞭或不完足者，應令其敘明或補充之云云，此為審判長（或獨任推事）因定訴訟關係之闡明權，同時並為其義務，故審判長對於訴訟關係未盡此項必要之處置，違背闡明之義務者，其訴訟程序即有重大瑕疵，而基此所為之判決，亦屬違背法令。（43年台上字第12號）

八 同一訴訟程序解決數項法律關係

　　依原告之聲明及事實上之陳述，得主張數項法律關係，而其主張不明瞭或不完足者，審判長應曉諭其敘明或補充之。（民訴§199-1Ⅰ）為擴大訴訟制度解決紛爭之功能，審判長理應曉諭原告得於該訴訟程序中併予主張，以便當事人得利用同一訴訟程序徹底解決紛爭。

九 防禦方法或提起反訴之闡明

被告如主張有消滅或妨礙原告請求之事由，究為防禦方法或提起反訴有疑義時，審判長應闡明之。（民訴§199-1 Ⅱ）

被告如主張有消滅或妨礙原告請求之事由，究為防禦方法或另外提起一個反訴有疑義時，為達一訴訟解決有關紛爭之目標，並利於被告平衡追求其實體利益與程序利益，審判長亦應適時行使闡明權。

十 發問權

當事人得聲請審判長為必要之發問，並得向審判長陳明後自行發問。（民訴§200 Ⅰ）為發現真實及保障當事人之程序權，審判長應使當事人有發問權。舊規定當事人須經審判長許可後，始得自行發問。為保障當事人之發問權，及強化當事人為訴訟主體之地位，爰修正為：當事人得向審判長陳明後自行發問。

審判長認為當事人聲請之發問或自行發問有不當者，得不為發問或禁止之。（民訴§200 Ⅱ）當事人聲請之發問或自行發問有不當者，審判長本其訴訟指揮權，自得不為發問或禁止之。

參與辯論人，如以審判長關於指揮訴訟之裁定，或審判長及陪席法官之發問或曉諭為違法而提出異議者，法院應就其異議為裁定。（民訴§201）

十一 闡明或確定訴訟關係

法院因闡明或確定訴訟關係，得為下列各款之處置：（民訴§203）

㈠命當事人或法定代理人本人到場。

㈡命當事人提出圖案、表冊、外國文文書之譯本或其他文書、物件。

㈢將當事人或第三人提出之文書、物件,暫留置於法院。

㈣依第二編第一章第三節之規定,行勘驗、鑑定或囑託機關、團體為調查。

闡明或確定訴訟關係,這句話不太好理解。簡單舉個例子,要先確定這對男女是只有訂定婚約或已經結婚了,才知道是要解除婚約,還是兩人要確定離婚之後的法律關係。

⬛ 一訴數項標的之分別辯論

當事人以一訴主張之數項標的,法院得命分別辯論。但該數項標的或其攻擊或防禦方法有牽連關係者,不得為之。(民訴§204)

當事人以一訴主張數項標的者,乃指「訴之合併」而言。既然有相牽連的情況,為了達訴訟經濟之目的,並防止裁判牴觸,就應該合併辯論裁判,而不能分別辯論之。

⬛ 分別數訴之合併辯論

分別提起之數宗訴訟,其訴訟標的相牽連或得以一訴主張者,法院得命合併辯論。(民訴§205 I)分別提起之數宗訴訟,其訴訟標的如不相牽連,則無合併辯論之實益。

命合併辯論之數宗訴訟,得合併裁判。(民訴§205 II)既然合併辯論,如果做出不同的裁判,可能上訴之後,會分到不同的法官手上,結果可能又會有所不同,甚至於產生矛盾的結果,所以就應該讓合併辯論的案件,加以合併裁判,以防裁判之牴觸。

實務見解 主觀預備合併訴訟

其以一訴提起數項請求,因裁判結果而分別繫屬於法院,自符合併辯論並合併裁判。本件上訴人某甲依不當得利法律關係,先位之訴請求被上訴人全×停車場股份有限公司(下稱全×公司)給付新臺幣(下同)500萬元本息,備位之訴請求上訴人某乙為相同給付,經原法院以××年度訴字第××號判決駁回其對全×公司之請求,另以××年度訴更一字第××號判決,乙應給付500萬元本息,甲、二人乙分別就原法院判決敗訴部分提起上訴,核該二事件本屬主觀預備合併訴訟,依首開說明,法院乃命合併辯論併合併判決。(高等法院98年度上字第500號)

民事訴訟法第54條所定之訴訟(主參加訴訟),應與本訴訟合併辯論及裁判之。但法院認為無合併之必要或應適用民事訴訟法第184條之規定者,不在此限。(民訴§205Ⅲ)本法第54條所定之訴訟,已修正僅得向本訴訟繫屬之法院起訴,目的即在求訴訟之經濟並防止裁判結果之牴觸,故應與本訴訟合併辯論及裁判之。

【相關條文】

依第54條之規定提起訴訟者,法院得在該訴訟終結前,以裁定停止本訴訟之程序。(民訴§184)

當事人關於同一訴訟標的,提出數種獨立之攻擊或防禦方法者,法院得命限制辯論。(民訴§206)

齿 再開辯論

　　法院於言詞辯論終結後，宣示裁判前，如有必要得命再開言詞辯論。（民訴§210）言詞辯論雖然已經終結，但只要在還沒有裁判前，都可以再開言詞辯論，將沒有爭辯攻防清楚的內容，透過言詞辯論的程序加以釐清。

相關考題　言詞辯論

言詞辯論以何時為開始？　(A)以當事人聲明應受裁判之事項為始　(B)以朗讀案由為始　(C)以原告提出攻擊方法為始　(D)以被告提出防禦方法為始 　　　　　【98五等原住民庭務員-民事訴訟法大意與刑事訴訟法大意】	(A)
關於言詞辯論筆錄，下列敘述何者正確？　(A)言詞辯論筆錄由受命法官製作　(B)關於言詞辯論所定程序之遵守，專以筆錄證之　(C)審判長因故不能於言詞辯論筆錄簽名者，由全體陪席法官簽名　(D)法官均不能於言詞辯論筆錄簽名者，應再開辯論 　　　　　【101司特五等-民事訴訟法大意與刑事訴訟法大意】	(B)
關於言詞辯論筆錄之敘述，下列何者錯誤？　(A)證人或鑑定人之陳述及勘驗所得之結果應於言詞辯論筆錄記載　(B)應於言詞辯論筆錄記載辯之公開或不公開，如不公開者其理由　(C)訴訟標的捨棄或認諾之情形須於言詞辯論筆錄記載　(D)言詞辯論筆錄內原則上應由當事人簽名　　　　　【104司特五等-民事訴訟法大意與刑事訴訟法】	(D)
關於言詞辯論，下列敘述何者正確？　(A)攻擊防禦方法，當事人得於言詞辯論終結前之任何時期提出　(B)因採公開審理主義，所有法庭活動皆應公開　(C)因採不告不理原則，故原告之聲明若不完足者，法院不須闡明　(D)言詞辯論，以當事人聲明應受裁判之事項為始　　　　　【110司特五等-民事訴訟法大意與刑事訴訟法大意】	(D)

相關考題　審判長之闡明權與當事人之發問權

關於審判長之闡明權與當事人之發問權，下列敘述何者正確？　(A)依原告之聲明，得主張數項法律關係，而其主張不完足者，審判長應命原告於7日內以書面補足之　(B)當事人得聲請審判長向他造為必要之發問，然當事人已委任訴訟代理人者，應由訴訟代理人聲請發問　(C)當事人如認為審判長關於訴訟指揮有不當者，得向上級法院提出抗告　(D)審判長認為當事人聲請之發問有不當者，得不為發問　【110司特五等-民事訴訟法大意與刑事訴訟法大意】

答案：(D)

7 裁判

　　裁判是法院對外表達意思之方式，可分成裁定與判決兩種。

　　裁判，除依本法應用判決者外，以裁定行之。（民訴§220）

　　判決，除別有規定外，應本於當事人之言詞辯論為之。（民訴§221 I）法官非參與為判決基礎之辯論者，不得參與判決。（民訴§221 II）此即「直接審理主義」。如果只有提出書狀，並沒有透過言詞提出，就不能以之作為判決之基礎；如果以之作為判決的基礎，就屬於判決違背法令。

實務見解

　　按判決，除別有規定外，應本於當事人之言詞辯論為之，民事訴訟法第221條第1項定有明文。而得不經言詞辯論之第二審判決，依同法第453條之規定，係指該法第451條第1項及第452條第2項之判決而言。本件原判決係以前揭理由，依民事訴訟法第449條第2項之規定，駁回上訴人之第二審上訴，自非屬上開得不經言詞辯論之判決，依上說明，該判決即應本於當事人之言詞辯論，始得為之。乃原審竟未行言詞辯論，而以判決逕行駁回上訴人之第二審上訴，自有未當。（92年度台上260）

■ 判決決定之基礎

　　法院為判決時，應斟酌全辯論意旨及調查證據之結果，依自由心證判斷事實之真偽。但別有規定者，不在此限。（民訴§222 I）

當事人已證明受有損害而不能證明其數額或證明顯有重大困難者，法院應審酌一切情況，依所得心證定其數額。（民訴§222Ⅱ）

損害賠償之訴，原告已證明受有損害，有客觀上不能證明其數額或證明顯有重大困難之情事時，如仍強令原告舉證證明損害數額，非惟過苛，亦不符訴訟經濟之原則。

二 自由心證

法院依自由心證判斷事實之真偽，不得違背論理及經驗法則。（民訴§222Ⅲ）自由心證的基礎為論理法則與經驗法則，乃客觀存在之法則，非當事人主觀之推測。如實務上有判例認為「解釋契約固屬事實審法院之職權，惟其解釋如違背法令或有悖於論理法則或經驗法則，自非不得以其解釋為不當，援為上訴第三審之理由」。（83年台上2118）

得心證之理由，應記明於判決。（民訴§222Ⅳ）如果不記在法院作成心證的過程，又如何能讓當事人瞭解其判斷事實真偽，到底是否依據論理法則及經驗法則，所以法官必須載明於筆錄之中。

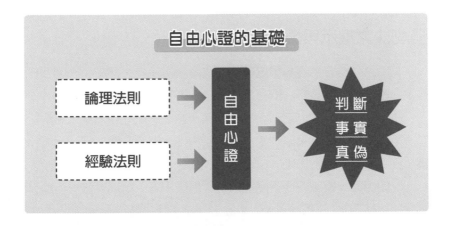

自由心證的基礎

論理法則　→　自由心證　→　判斷事實真偽

經驗法則　→

裁定

裁定得不經言詞辯論為之。（民訴§234Ⅰ）

裁定前不行言詞辯論者，除別有規定外，得命關係人以書狀或言詞為陳述。（民訴§234Ⅱ）

經言詞辯論之裁定，應宣示之。（民訴§235Ⅰ本文）終結訴訟之裁定，不經言詞辯論者，應公告之。（民訴§235Ⅱ）不宣示之裁定，應為送達。（民訴§236Ⅰ）已宣示之裁定得抗告者，應為送達。（民訴§236Ⅱ）

既然不能抗告，送達給當事人，當事人也不能有任何主張，所以已宣示的裁定如果是不能抗告者，就不必送達給當事人。

駁回聲明或就有爭執之聲明所為裁定，應附理由。（民訴§237）

裁定經宣示後，為該裁定之法院、審判長、受命法官或受託法官受其羈束；不宣示者，經公告或送達後受其羈束。但關於指揮訴訟或別有規定者，不在此限。（民訴§238）

民事訴訟法第221條第2項、第223條第2項及第3項、第224條第2項、第225條、第227～230條、第231條第2項、第232條及第233條之規定，於裁定準用之。（民訴§239Ⅰ）

四 判決之宣示與公告

判決應公告之：經言詞辯論之判決，應宣示之，但當事人明示於宣示期日不到場或於宣示期日未到場者，不在此限。（民訴§223Ⅰ）

所謂不經言詞辯論之判決，例如第一審之訴訟程序有重大之瑕疵者，第二審法院得廢棄原判決，而將該事件發回原法院。但以因維持審級制度認為必要時為限。（民訴§451Ⅰ）

又如因第一審法院無管轄權而廢棄原判決者，應以判決將該事件移送於管轄法院。（民訴§452Ⅱ）

另外，第三審之判決，應經言詞辯論為之。但法院認為不必要時，不在此限。（民訴§474Ⅰ）不過，雖然第三審之判決原則是言詞辯論，例外不經言詞辯論，但實務運作上都以不經言詞辯論為主。

宣示判決，應朗讀主文，其理由如認為須告知者，應朗讀或口述要領。（民訴§224Ⅰ）

公告判決，應於法院公告處或網站公告其主文，法院書記官並應作記載該事由及年、月、日、時之證書附卷。（民訴§224Ⅱ）

經言詞辯論之裁定，應宣示之。但當事人明示於宣示期日不到場或於宣示期日未到場者，得以公告代之。（民訴§235Ⅰ）

終結訴訟之裁定，不經言詞辯論者，應公告之。（民訴§235Ⅱ）

五 不經言詞辯論

審判程序中，不經言詞辯論的情況如下：

㈠裁定得不經言詞辯論為之。（民訴§234Ⅰ）

經言詞辯論之裁定，應宣示之（民訴§235Ⅰ本文）；終結訴訟之裁定，不經言詞辯論者，應公告之。（民訴§235Ⅱ）

㈡原告之訴，有下列各款情形之一者，法院得不經言詞辯論，逕以判決駁回之。但其情形可以補正者，審判長應定期間先命補正：

一、當事人不適格或欠缺權利保護必要。

二、依其所訴之事實，在法律上顯無理由。（民訴§249Ⅱ）

㈢本法第436-26條第3項規定：「第1項之判決，得不經言詞辯論為之。」所謂第1項之判決，是指第1項本文：「應適用通常訴訟程序或簡易訴訟程序事件，而第一審法院行小額程序者，第二審法院得廢棄原判決，將該事件發回原法院。」也就是應該進行較為嚴謹的程序，但卻搞錯訴訟標的的數額，改行比較簡略的小額程序，所以直接廢棄原判決，發回原法院，再重行進行較為嚴

謹的通常或簡易訴訟程序。

㈣本法第436-29條規定：「小額程序之第二審判決，有下列情形之一者，得不經言詞辯論為之： 一、經兩造同意者。 二、依上訴意旨足認上訴為無理由者。」

㈤本法第453條規定：「第451條第1項（重大瑕疵）及前條（452）第2項（無管轄權）之判決，得不經言詞辯論為之。」

㈥本法第474條第1項規定：「第三審之判決，應經言詞辯論為之。但法院認為不必要時，不在此限。」

㈦本法第502條第2項規定：「再審之訴顯無再審理由者，得不經言詞辯論，以判決駁回之。」

㈧本法第566條第1項規定：「因宣告無記名證券之無效聲請公示催告，法院准許其聲請者，應依聲請不經言詞辯論，對於發行人為禁止支付之命令。」

宣示判決，應於言詞辯論終結之期日或辯論終結時指定之期日為之。（民訴§223Ⅱ）前項指定之宣示期日，自辯論終結時起，獨任審判者，不得逾2星期；合議審判者，不得逾3星期。（民訴§223Ⅲ本文）前項判決之宣示，應本於已作成之判決原本為之。（民訴§223Ⅳ）宣示判決，應朗讀主文，其理由如認為須告知者，應朗讀或口述要領。（民訴§224Ⅰ）公告判決，應於法院公告處或網站公告其主文，法院書記官並應作記載該事由及年、月、日、時之證書附卷。（民訴§224Ⅱ）

相關考題　不經言詞辯論

下列那一種通常程序的判決，法院得不經言詞辯論而為之？　(A)第一審的原告全部勝訴判決　(B)第一審的原告一部勝訴、一部敗訴判決　(C)第二審的本案判決　(D)依原告起訴的事實，在法律上顯無理由的駁回判決	(D)

【98五等原住民庭務員-民事訴訟法大意與刑事訴訟法大意】

六 判決之羈束力

判決經宣示後，為該判決之法院受其羈束；不宣示者，經公告後受其羈束。（民訴§231 I）

判決經過宣示或公告兩種方法，可以對外發生效力。做出判決之法院，當然受到該判決內容的羈束，總不能自己說過的話，自己又不承認吧！

判決宣示或公告後，當事人得不待送達，本於該判決為訴訟行為。（民訴§231 II）

所以判決還沒有送達到當事人的手上，但既然法院已經做出判決，而且透過宣示或公告的方式對外發生效力，也受到該判決的羈束，不可能有發生變更的可能，當事人自然可以據此進行訴訟行為，例如提出上訴。

相關考題　判決之羈束力	
經言詞辯論之判決，應自何時發生其羈束力？　(A)判決宣示時起　(B)言詞辯論終結後　(C)判決公告時起　(D)判決送達時起　【109司特五等-民事訴訟法大意與刑事訴訟法大意】	(A)
關於依家事事件法所作成之本案裁判及其執行名義，下列敘述何者錯誤？　(A)法院命相對人給付扶養費時，關於給付方法，受聲請人聲明之拘束　(B)暫時處分之執行，原則上得不待當事人之聲請，由法院依職權為之　(C)法院命相對人給付贍養費而為分期給付之裁定者，得酌定逾期不履行時，喪失期限利益之範圍或條件　(D)債務人依執行名義應分期給付贍養費，而有一期未完全履行時，債權人就其餘履行期尚未屆至部分，亦得聲請強制執行　【110司特五等-民事訴訟法大意與刑事訴訟法大意】	(A)

七 判決應記載事項

判決，應作判決書，記載下列各款事項：（民訴§226Ⅰ）

㈠當事人姓名及住所或居所；當事人為法人、其他團體或機關者，其名稱及公務所、事務所或營業所。

㈡有法定代理人、訴訟代理人者，其姓名、住所或居所。

㈢訴訟事件；判決經言詞辯論者，其言詞辯論終結日期。

㈣主文。

㈤事實。

㈥理由。

㈦年、月、日。

㈧法院。

判決既判力之客觀範圍係以事實審言詞辯論終結時為準，於該期日之後所生之新事實，不為既判力所及，而在該期日前所生之事實，當事人得提出而未提出者，應為既判力所及。如判決書有記載言詞辯論終結日期，即可使既判力之基準時點顯現於判決書中，故增列第226條第1項第3款之規定。

事實項下，應記載言詞辯論時當事人之聲明，並表明其聲明為正當之攻擊或防禦方法要領。（民訴§226Ⅱ）理由項下，應記載關於攻擊或防禦方法之意見及法律上之意見。（民訴§226Ⅲ）一造辯論判決及基於當事人就事實之全部自認所為之判決，其事實及理由得簡略記載之。（民訴§226Ⅳ）

八 誤寫、誤算或其他類此之顯然錯誤

如果法院明明在判決理由中說應該賠1千萬元，但是判決主文卻少了個零，這種錯誤，並不需要重開辯論庭改判，只要把錯誤以裁定

的方式更正即可。

本法規定：判決如有誤寫、誤算或其他類此之顯然錯誤者，法院得依聲請或依職權以裁定更正；其正本與原本不符者，亦同。（民訴§232 I）前項裁定，附記於判決原本及正本；如正本已經送達，不能附記者，應製作該裁定之正本送達。（民訴§232 II）對於更正或駁回更正聲請之裁定，得為抗告。但對於判決已合法上訴者，不在此限。（民訴§232 III）

九 訴訟標的之一部或訴訟費用有脫漏

如果不是寫錯了，而是涉及到訴訟標的之一部或訴訟費用，就必須要以判決補充之。

本法規定：訴訟標的之一部或訴訟費用，裁判有脫漏者，法院應依聲請或依職權以判決補充之。（民訴§233 I）當事人就脫漏部分聲明不服者，以聲請補充判決論。（民訴§233 II）脫漏之部分已經辯論終結者，應即為判決；未終結者，審判長應速定言詞辯論期日。（民訴§233 III）因訴訟費用裁判脫漏所為之補充判決，於本案判決有合法之上訴時，上訴審法院應與本案訴訟同為裁判。（民訴§233 IV）駁回補充判決之聲請，以裁定為之。（民訴§233 V）

十 誤寫誤算之更正與判決有誤之上訴

不懂法律，有時候會很吃虧！

有當事人認為被告應該要賠償自己100萬元，可是法院卻只判10萬元，覺得法院一定判錯了，所以就翻了一下法條，找到了本法第232條規定，要求法院要更正。

實際上法院並沒有寫錯，因為法院審酌各項因素後，認為真的只

要賠償10萬元，並非當事人主張的100萬元。所以就詢問當事人是要上訴還是認為屬於誤寫誤算，請求裁定更正？

當事人堅持說是誤寫誤算，結果當然法院沒有更正，當事人上訴期間也過了，判決就此確定。

相關考題　　誤寫誤算之顯然錯誤

依民事訴訟法規定，判決如有誤寫、誤算或其他類此之顯然錯誤者，應如何處理？　(A)法院應依職權廢棄原判決　(B)法院得依當事人聲請或依職權以裁定更正　(C)當事人應提起上訴　(D)當事人應提起抗告 【97五等司特-民事訴訟法大意與刑事訴訟法大意】	(B)
法院於判決之主文中，關於訴訟費用的部分漏未裁判，應如何救濟？　(A)法院可依職權為補充判決　(B)法院可依職權為更正裁定　(C)法院可依職權停止訴訟程序　(D)應視為無效判決 【98五等原住民庭務員-民事訴訟法大意與刑事訴訟法大意】	(A)
關於民事訴訟之裁判，下列敘述何者正確？　(A)未參與言詞辯論之法官，亦得參與判決　(B)不論是否經言詞辯論，裁判均應宣示　(C)宣示裁判，須當事人在場，始有效力　(D)裁判如有誤寫、誤算或其他類此之顯然錯誤，當事人得聲請法院裁定更正 【100五等司法特考-民事訴訟法與刑事訴訟法大意】	(D)
關於判決補充之敘述，下列何者正確？　(A)駁回補充判決之聲請，以判決為之　(B)判決有誤寫或誤算之情形，法院應依聲請以判決補充之　(C)因訴訟費用裁判脫漏所為之補充判決，於本案判決有合法上訴時，上訴審法院應先於本案訴訟為裁判　(D)當事人就判決脫漏之部分聲明不服者，以聲請補充判決論 【104司特五等-民事訴訟法大意與刑事訴訟法】	(D)

相關考題 　直接審理主義

依民事訴訟法第221條第2項規定：「法官非參與為判決基礎之辯論者，不得參與判決。」此條文是何種立法主義的體現？ 　(A)處分權主義 　(B)言詞辯論主義 　(C)直接審理主義 　(D)自由心證主義 【101司特五等-民事訴訟法大意與刑事訴訟法大意】	(C)

相關考題 　判決理由

受訴法院在認定應證事實時，所採用的訴訟法原則與依據，以下之敘述，何者錯誤？ 　(A)法院應斟酌全辯論意旨及調查證據之結果，依據自由心證判斷事實之真偽 　(B)法院判斷事實之真偽時，不得違背論理法則及經驗法則 　(C)法院得心證之理由，無庸載明於其判決書中，逕以判決之主文表示勝敗訴結果即可 　(D)法院不能依當事人聲明之證據而得心證，為發現真實認為必要時，得依職權調查證據，但應令當事人有陳述意見之機會 【101司特五等-民事訴訟法大意與刑事訴訟法大意】	(C)

相關考題 　法院書記官處分之救濟

對於法院書記官之處分，關係人應如何救濟？ 　(A)提起上訴 　(B)提出異議 　(C)提起抗告 　(D)提出申訴 【109司特五等-民事訴訟法大意與刑事訴訟法大意】	(B)

解析：

對於法院書記官之處分，得於送達後或受通知後10日內提出異議，由其所屬法院裁定。(民訴§240 II)

8 司法事務官之處理程序

一 司法事務官處理事項

　　本法所定事件，依法律移由司法事務官處理者，除別有規定外，適用本節之規定。（民訴§240-1）本法所定事件，依法律移由司法事務官處理者（例如：法院組織法第17-2條所列督促程序、公示催告裁定及確定訴訟費用額等事件），除別有規定外，應適用本節之規定。至於本節所未規定者，自仍應適用本法就各該事件原為法官處理而設之相關規定。

二 作成文書之程序

　　司法事務官處理事件作成之文書，其名稱及應記載事項各依有關法律之規定。（民訴§240-2 I）司法事務官就處理受移轉事件所作成之文書，其名稱及應記載事項應與原由法官處理者相同。

　　前項文書之正本或節本由司法事務官簽名，並蓋法院印。（民訴§240-2 II）為充分發揮司法事務官設置功能，並簡化文書製作程序，故明定前項文書之正本或節本應逕由司法事務官簽名並蓋法院印後核發。

　　司法事務官在地方法院簡易庭處理事件時，前項文書之正本或節本得僅蓋簡易庭關防。（民訴§240-2 III）如司法事務官係配置在地方法院簡易庭處理事件時，則前項文書之正本或節本得僅蓋簡易庭關防。

三 處分與法院所為有同一之效力

司法事務官處理事件所為之處分，與法院所為者有同一之效力。（民訴§240-3）司法事務官設置之目的，在於合理分配司法資源，減輕法官工作負擔，若其處理事件所為處分之效力與原由法官作成者不同，將使程序繁複，影響當事人之權益，故增訂本（240-3）條明定之，以杜爭議。

四 異議程序

當事人對於司法事務官處理事件所為之終局處分，得於處分送達後10日之不變期間內，以書狀向司法事務官提出異議。但支付命令經異議者，除有第518條所定（逾20日之不變期間）或其他不合法之情形，由司法事務官駁回外，仍適用第519條規定。（民訴§240-4 I）支付命令事件已移由司法事務官處理，債務人對支付命令異議如逾民事訴訟法第518條之20日期間或有其他不合法情形（例如無異議權人聲明異議，或書狀不合程式、異議未經合法代理，經命補正而未補正等），仍應由司法事務官作成第一次處分。當事人如對司法事務官駁回異議之處分不服者，得聲明異議以為救濟。

司法事務官認前項異議有理由時，應另為適當之處分；認異議為無理由者，應送請法院裁定之。（民訴§240-4 II）以充分保障當事人之權益。

法院認第1項之異議為有理由時，應為適當之裁定；認異議為無理由者，應以裁定駁回之。（民訴§240-4 III）前項裁定，應敘明理由，並送達於當事人。（民訴§240-4 IV）法院所為上開裁定，均應敘明理由，並送達於當事人。至對於法院所為之裁定是否得提起抗告，則仍應依各該事件之相關規定。

第五篇

證據

　　證據，是民事訴訟程序中重要的章節，舉證成功與否，可以說是訴訟成敗的重要關鍵，又因為證據種類繁多，該如何進行舉證責任的分配，以及提出證據的程序，相當複雜，故特別獨立成單獨一章節。

1 證據方法

一 基本概念

　　現行民事訴訟法上將證據區分為五種證據方法：證人、鑑定人、文書、勘驗物、當事人訊問，要採用何種證據方法以認定待證事實為真，屬於法官自由心證之範疇，並無法律上限制之規定。

　　證據方法的體系有些混亂，不同學者的見解落差頗大，例如有論者認為「證據方法係指證人、鑑定人、文書、物體而言。證據資料之來源出處，不外乎出自人或物。以人為提供證據資料之方法，稱為人證與鑑定。證據資料如係出自物，其情形不外乎出自文書或物體；文書所記載內容為證據資料，物體所提供之形狀、聲色、性質等特性亦為證據資料。此種以物為提供證據資料之方法，稱為以物為證據方法」。（陳榮宗、林慶苗，《民事訴訟法（中）》，第466～467頁，三民出版公司，2005年3月，第四版）

　　無論學說怎麼紛亂，重要的是每種證據在作為認定事實的基礎前，都要經過法律規定的程序，在審理程序中，法官、當事人都不能夠恣意為之，此即所謂的程序正義。

二 書證與文書之區別

　　於探討學說爭議之前，先簡略區別書證及文書。

　　所謂「文書」，乃是藉由文字以及其他記號之組合，具有表現人之思想意思之有形物；「書證」，乃是法院於閱讀文書之後，將記載於文書內之意義內容作為證據資料，所為之證據調查。

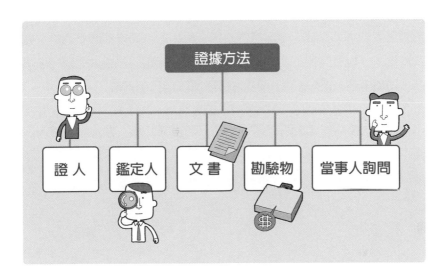

　　書證與文書乃屬不同之含義，為證據調查方式之一，為正式之用語，惟實務上則習慣稱成為書證對象之文書本身為書證，在此必須先加以釐清兩者之用詞與觀念。換個方式來形容，文書很像是治療病人的藥，書證則是如何把藥吃下人體的程序。

三 舉證之所在，敗訴之所在

　　法律界有一句名言：「舉證之所在，敗訴之所在。」這句話的意思是強調證據的重要性，如果提不出證明，很容易獲得敗訴的結果；反之，如果手中的證據充分，足以支持自己的主張時，就有較大的機會獲得勝訴的結果。

　　一般民眾往往不知道這個觀念，所以當發生爭執必須透過訴訟解決問題時，才發現在法庭上提不出任何的證據。這是因為臺灣欠缺這方面的教育。

　　實際上，若要強化人與人之間的信任關係，透過法律機制明確釐清當事人的權利義務，是最好的方式，也不會到頭來翻臉不認帳，好友變仇人。以最常見的契約關係為例，口頭約定固然也算是契約，可是「口說無憑」，還是寫下契約，才能保障自己的權益。

2 證據基本概說與舉證責任

一 證據基本概說

什麼是證據？

法院作為公正的第三者，不能單憑自己的喜好來判決，必須要有一定的事證來支持其判決，讓當事人也能心服口服。

舉個例子，某甲謊稱某乙欠其100萬元，聲請法院判決某乙要還100萬元，如果某甲提不出任何事證，某乙也否認欠錢的事實，法院當然會判某甲敗訴。反之，若某甲提出某乙簽立之借據，除非某乙能證明是偽造、變造，或已經清償的證明，否則法院會判某甲勝訴。

二 舉證責任分配之原則

所謂舉證責任，是指法院判斷當事人之私權爭執，必先認定事實，然後適用法律。當事人主張之事實或法院應依職權調查之事實，如真偽不明時，法院既不得拒絕裁判，除法律例外規定，（如本法第288條第1項規定）法院得依職權調查者外，不得不將事實真偽不明而生之不利益，歸諸於一造當事人。此一造當事人避免法院為其不利益之判斷，必須舉出證據，使該事實顯明，此即為舉證責任。

當事人主張有利於己之事實者，就其事實有舉證之責任。但法律別有規定，或依其情形顯失公平者，不在此限。（民訴§277）

換言之，也就是主張有利於己之事實，由主張該事實之當事人負擔舉證責任；例外於法律別有規定，或依其情形顯失公平者，則將舉證責任轉換至他造當事人，此為我國民事訴訟法有關舉證責任之分

配。例如房東主張對方違反租賃契約中有關禁止轉租第三人的規定，就應該將雙方簽訂的租賃契約提出，若提不出證明，則回歸民法規定，原則上房屋租賃的情況是可以轉租給第三人。

相關考題 舉證責任之分配

甲向管轄法院起訴乙，請求清償借款新臺幣 80 萬元。乙就甲交付乙該 80 萬元的事實，有爭執。下列敘述，何者正確？ (A)甲就交付乙該 80 萬元的事實，負舉證責任 (B)乙就甲未交付乙該 80 萬元的事實，負舉證責任 (C)就甲交付乙該 80 萬元的事實，屬於法院依職權調查事項 (D)由先主張或否認之一方，負舉證責任 【107司特五等-民事訴訟法大意與刑事訴訟法大意】	(A)
下列何者，被告不負舉證責任？ (A)原告基於消費借貸契約，請求被告返還借款，被告抗辯該消費借貸債權之成立，係基於通謀虛偽意思表示之事實 (B)原告請求確認與被告間之委任關係不存在，被告抗辯該委任關係存在之事實 (C)原告主張債務人即被告之行為有害及債權，基於民法第244條規定，提起撤銷債權之訴，關於該形成權已逾除斥期間之事實 (D)原告因被告駕駛汽車發生車禍而受傷，依侵權行為法律關係，起訴請求損害賠償，關於因果關係之存否 【110司特五等-民事訴訟法大意與刑事訴訟法大意】	(D)
原告甲列乙為被告，下列何者，應由乙負舉證責任？ (A)甲主張其為乙獨居之父提供三餐，爰依不當得利法律關係請求返還相關餐費。關於無法律上原因之事實 (B)甲請求確認乙對現為甲占有且未經建物第一次所有權登記A屋之所有權不存在。關於A屋確為乙所有之事實 (C)甲主張因受乙不堪同居之虐待而請求裁判離婚。關於有無不堪同居虐待之事實 (D)甲請求確認與乙親子關係存在。關於其親子關係成立之事實 【111司特五等-民事訴訟法大意與刑事訴訟法大意】	(B)

相關考題　顯著之事實

有關財產權訴訟之舉證責任的分配，以下之敘述，何者為非？　(A)除法律別有規定，或依其情形顯失公平者，當事人主張有利於己之事實者，應負舉證責任　(B)當事人在訴訟上自認的事實，法院應逕採為判決基礎，他造當事人無庸負舉證責任　(C)事實於法院已顯著或為其職務上所已知者，法院應逕採為判決基礎，當事人無庸負舉證責任　(D)若外國法令與地方法規為法院所不知者，應均由法院依職權探知，當事人無庸負舉證責任 【99第二次司法特考五等-民事訴訟法大意與刑事訴訟法大意】	(D)

解析：

(A)民事訴訟法第277條：「當事人主張有利於己之事實者，就其事實有舉證之責任。但法律別有規定，或依其情形顯失公平者，不在此限。」

(B)民事訴訟法第279條第1項：「當事人主張之事實，經他造於準備書狀內或言詞辯證實或在受法官、受託法官前自認者，毋庸舉證。」

(C)民事訴訟法第278條第1項：「事實於法院已顯著或為其職務上所已知者，毋庸舉證。」

(D)民事訴訟法第283條：「習慣、地方制定之法規及外國法為法院所不知者，當事人有舉證之責任。但法院得依職權調查之。」

下列何種事項尚須當事人舉證證明？　(A)法官基於個人關係而明確知悉之事實　(B)於法院已顯著或為其職務上所已知之事實　(C)當事人自認之事實　(D)法律上推定之事實無反證者 【98五等司特-民事訴訟法大意與刑事訴訟法大意】	(A)
民事訴訟法有關於舉證責任之規定，以下之敘述何者錯誤？　(A)當事人主張有利於己之事實者，就其事實有舉證之責任　(B)當事人對於他造主張之事實，於言詞辯論時不爭執者，視同自認，無庸舉證　(C)事實雖於法院已顯著或為其職務上所已知者，仍應舉證　(D)外國法為法院所不知者，當事人有舉證責任，但法院得依職權調查之 【98五等原住民庭務員-民事訴訟法大意與刑事訴訟法大意】	(C)

於民事財產訴訟事件，下列敘述何者正確？　(A)當事人間無爭執之要件事實，法院無須逕將其採為裁判之基礎　(B)事實之主張為法院之責任　(C)當事人未主張之要件事實，除為顯著事實或職務上已知之事實外，法院不得加以斟酌　(D)法院得不待當事人聲明證據，直接依職權調查證據 【103 司特五等 - 民事訴訟法大意與刑事訴訟法大意】	(C)

下列何事項係當事人有舉證之責任，但法院得依職權調查者？　(A)於法院已顯著之事實　(B)一方當事人主張之事實，他造當事人對之為不知或不記憶之陳述　(C)一方當事人主張之事實，他造於言詞辯論時不爭執者　(D)地方制定之法規為法院所不知者 【104 司特五等 - 民事訴訟法大意與刑事訴訟法】	(D)

關於自認，下列敘述何者正確？　(A)當事人自認，法院應為該當事人敗訴之判決　(B)當事人主張之事實，經他造於言詞辯論時自認，無庸舉證　(C)當事人對於自認有所限制者，不得視同自認　(D)當事人對於他造主張之事實，為不知或不記憶之陳述者，一律視同自認　【101 司特五等 - 民事訴訟法大意與刑事訴訟法大意】	(B)
在當事人就主要事實自認之情形，下列敘述何者正確？　(A)負舉證責任之當事人仍需舉證　(B)自認人可任意撤回　(C)法院可依職權認定該事實真偽　(D)法院應逕將其採為裁判基礎 【108 司特五等 - 民事訴訟法大意與刑事訴訟法大意】	(D)
當事人承認他造主張之事實，下列何者非屬訴訟法上之自認？　(A)於準備書狀內　(B)在受命法官前　(C)在受託法官前　(D)在存證信函內　【110 司特五等 - 民事訴訟法大意與刑事訴訟法大意】	(D)

3 證明妨礙

一 基本概念

　　證明妨礙，是指不負舉證責任一造當事人之作為或不作為，若無該作為或不作為，則事實之澄清原應屬可能。而對於此種作為或不作為之行為，法律賦予一定法律上效果或制裁之制度。

二 本法規定

　　依據我國民事訴訟法第282-1條第1項規定：「當事人因妨礙他造使用，故意將證據滅失、隱匿或致礙難使用者，法院得審酌情形認他造關於該證據之主張或依該證據應證之事實為真實。」其立法理由為避免當事人利用不正當手段以取得有利之訴訟結果，並顧及當事人間之公平。

　　書證部分，則規定在民事訴訟法第345條第1項規定：「當事人無正當理由不從提出文書之命者，法院得審酌情形認他造關於該文書之主張或依該文書應證之事實為真實。」

　　勘驗準用書證的規定，依據民事訴訟法第367條規定：「第341條、第342條第1項、第343～345條、第346條第1項、第347～351條及第354條之規定，於勘驗準用之。」

　　當事人訊問也有類似規定，依據民事訴訟法第367-1條第3、4項規定：「Ⅲ當事人無正當理由拒絕陳述或具結者，法院得審酌情形，判斷應證事實之真偽。Ⅳ當事人經法院命其本人到場，無正當理由而不到場者，視為拒絕陳述。但命其到場之通知書係寄存送達或公示送達者，不在此限。」

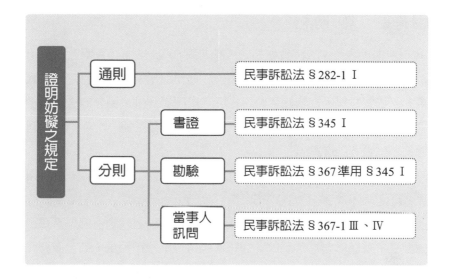

實務見解 陳致中召妓疑雲案

　　陳致中疑似召妓案，高雄地院則裁定准予保全人文首璽社區的監視器錄影紀錄，經管理委員會詢問陳致中提供與否之意願，陳致中以與本案無關聯性為由拒絕提供。

　　法院認為陳致中並無正當理由拒絕提出，對有利於己之證據不願提出，與常情有違。依據妨害證明之法理，認定系爭報導所稱原告於99年7月3日凌晨召妓完畢始返回住處之應證事實為真實。（參照臺灣高雄地方法院99年度訴字第1154號）

　　舉證責任本來不是在陳致中，他造當事人則採取證據保全之方式來請求保全錄影帶，但因為證據偏在的結果，使得陳致中也必須有相關的提出義務，好讓法院能依據更完整的事實，以做出更正確的判決。

三 德國「紗布案」

　　德國聯邦最高法院於著名之「紗布案」，被告醫師在第二次手術將第一次手術時疏忽遺留在病人傷口之紗布取出，卻直接將之予以丟棄，以致於當病人控告醫生時，在訴訟審理過程中，原告無法陳述並證明紗布之大小與形狀，而此對於判斷被告醫師於第一次手術是否有過失，是重要的爭點。

　　德國聯邦最高法院認為：「被告醫師於第二次手術時，應可預見，其因第一次手術時將紗布留置於傷口，可能與病人之間產生法律上爭議，而關於紗布之大小及形狀，對於在訴訟上判斷醫師是否有過失一事，具有重要性。因此，醫師不能將系爭紗布丟棄，或至少應詳細記載其大小、形狀，以及為何置於傷口。如其未如此作為，則在訴訟尚不能解明之不利益，不應由原告負擔。」據此認為，醫師如未作成或保管病歷，即應以「證明妨礙」之法理來調整舉證責任。

　　　　　　　（引自沈冠伶，「武器平等原則於醫療訴訟之適用」乙文）

四 數位證據之證明妨礙

　　從上開我國醫療法就有關病歷規範之介紹，至德國聯邦最高法院「紗布案」之見解，在數位證據中也可以思考建置類似的機制。若我國法令有要求當事人設置數位資料儲存設備及保存相關數位資料之具體規範；或者是即便沒有規範，但是當事人內部有相關資料保存政策，但是卻違反之，甚至於只是於訴訟進行中或預知訴訟發生可能之際，卻以妨礙他造使用為目的，故意將相關涉及訴訟案件之數位證據滅失、隱匿或致礙難使用等行為，則可以將此等行為視為證明妨礙，而可以考量採行行政罰鍰、認他造關於該文書之主張或依該文書應證之事實為真實，或者是調整舉證責任等效果，以有效遏止當事人此種

德國紗布案

第一次手術後…

紗布？

第二次手術時…

嘿嘿！這次取出來丟掉就沒事了。

你知道這塊紗布外觀、大小為何？

我不知道！因為醫生已經丟到垃圾桶了。

醫生不應該將紗布丟到垃圾桶，即便丟到垃圾桶，也要記載其大小形狀，以及未取出的原因，導致病人難以證明，因此舉證責任應該轉換由醫生負擔。

違反協力義務之行為，方能達到追求真實之發現。比較麻煩者，在於當事人會建立不利於數位證據蒐集與提出的儲存機制，例如縮短保存資料的期間，是未來調整相關政策所需注意與避免。

4 證據之聲明與調查

一 證據之聲明

聲明證據，應表明應證事實。（民訴§285Ⅰ）譬如甲公司主張與乙公司買賣契約關係成立，因為甲公司已經誤將往來的電子郵件刪除，在乙公司電腦系統的備份中，應該有甲、乙二公司往來的電子郵件，以證明兩人之間契約關係存在。

二 證據之調查

法院於調查證據前，應將訴訟有關之爭點曉諭當事人。（民訴§296-1Ⅰ）為充實言詞辯論之內容，保障當事人之程序權，法院於調查證據前，應先將與該訴訟有關之爭點，曉諭當事人，使兩造知悉事件之爭點及證據與待證事實之關連後，始進行證據之調查。否則訴訟程序上，當事人常常論及一些毫無關係的內容。（如下列案例）

實務見解

本件被上訴人主張系爭小客車拍賣後，上訴人尚有130,730元之欠款未清償，上訴人應給付被上訴人130,730元等情，為上訴人所否認，並以上開情詞置辯。則本件兩造爭點厥為：上訴人是否積欠被上訴人130,730元？被上訴人之請求權是否已罹於時效而消滅？　　　　（臺灣臺北地方法院101年度簡上字第341號）

當事人辯論模擬示意圖

　　例如明明就是單純車禍衍生的損害賠償案件，法官應曉諭爭點在於肇事者有沒有過失行為，被害人之受傷是否與過失行為間有因果關係。如果沒有限定範圍，當事人可能扯到政治藍綠的無關議題，浪費雙方的時間。

　　當事人聲明之證據，法院應為調查。但就其聲明之證據中認為不必要者，不在此限。（民訴§286）

　　舉個例子。員工甲控告Ａ公司的負責人乙在公司以電子郵件對其性騷擾，員工甲向法院聲請，要求Ａ公司應該要提出相關電子郵件資料，法院應該請Ａ公司曉解有無備份檔案，以釐清本案事實。但是如果甲要求從Ａ公司成立到現在（10年）所有的電子郵件檔案，顯然並沒有必要性，只要討論契約內容的那一段期間，可能是3個月的範圍即可，其餘的部分法院就沒有調查的義務。

　　法院不能依當事人聲明之證據而得心證，為發現真實認為必要時，得依職權調查證據。（民訴§288Ⅰ）

　　規定是「得」而非「應」，所以可以調查，也可以不調查，端視法官的心證與裁量。

　　依前項規定為調查時，應令當事人有陳述意見之機會。
（民訴§288Ⅱ）

　　調查證據之結果，應曉諭當事人為辯論。（民訴§297Ⅰ）

　　找到證據後，到底這些證據代表了何種意義，只有當事人清楚。如前頁模擬示意圖中，雖然有匯款紀錄，被告主張這就是還錢的紀錄，但是原告卻有不同的解讀，主張這是另外一筆貨款，而非這筆借款的還款。

Note

5 人證

❶ 人證之聲明與作證義務

聲明人證，應表明證人及訊問之事項。（民訴§298 I）

除法律別有規定外，不問何人，於他人之訴訟，有為證人之義務。（民訴§302）

❷ 證人通知書之記載事項

通知證人，應於通知書記載下列各款事項：（民訴§299 I）

㈠證人及當事人。

㈡證人應到場之日、時及處所。

㈢證人不到場時應受之制裁。

㈣證人請求日費及旅費之權利。

㈤法院。

審判長如認證人非有準備不能為證言者，應於通知書記載訊問事項之概要。（民訴§299 II）

❸ 證人不到場之處罰

證人受合法之通知，無正當理由而不到場者，法院得以裁定處新臺幣3萬元以下罰鍰。（民訴§303 I）證人已受前項裁定，經再次通知，仍不到場者，得再處新臺幣6萬元以下罰鍰，並得拘提之。（民訴§303 II）

人證訊問示意圖

元首之詢問

〔頭目津貼案〕創下元首出庭作證的首例，前總統陳水扁直接去花蓮作證。（本案為刑事案件）

四 元首為證人之詢問

元首為證人者，應就其所在詢問之。（民訴§304）

五 得拒絕證言之事由

證人有下列各款情形之一者，得拒絕證言：（民訴§307 I）

(一)證人為當事人之配偶、前配偶、未婚配偶或四親等內之血親、三親等內之姻親或曾有此親屬關係者。

(二)證人所為證言，於證人或與證人有前款關係之人，足生財產上之直接損害者。

(三)證人所為證言，足致證人或與證人有第1款關係或有監護關係之人受刑事訴追或蒙恥辱者。

(四)證人就其職務上或業務上有秘密義務之事項受訊問者。

(五)證人非洩漏其技術上或職業上之秘密不能為證言者。

本條規定是指與當事人具備一定親屬關係、財產受損、導致家族或特定人蒙羞或被告、保密義務，或者是洩漏營業秘密（例如肯德基炸雞腿的配方）。

其中第4款之保密義務，因為現在企業在與員工訂定契約時，將公司大小事情，甚至於每天廁所打掃幾次，可能都認定為秘密，因此本款之秘密仍應限定其範圍。

六 不得拒絕證言之事由

證人有前（307）條第1項第1款或第2款情形者，關於下列各款事項，仍不得拒絕證言：（民訴§308 I）

(一)同居或曾同居人之出生、死亡、婚姻或其他身分上之事項。

㈡因親屬關係所生財產上之事項。

㈢為證人而知悉之法律行為之成立及其内容。

㈣為當事人之前權利人或代理人,而就相爭之法律關係所為之行為。

證人雖有前條第1項第4款情形,如其秘密之責任已經免除者,不得拒絕證言。(民訴§308Ⅱ)

證人不陳明拒絕之原因、事實而拒絕證言,或以拒絕為不當之裁定已確定而仍拒絕證言者,法院得以裁定處新臺幣3萬元以下罰鍰。(民訴§311)

七 證人之具結

證人具結,應於結文内記載當據實陳述,其於訊問後具結者,應於結文内記載係據實陳述,並均記載決無匿、飾、增、減,如有虛偽陳述,願受偽證之處罰等語。(民訴§313)

第311條(拒絕證言之處罰)之規定,於證人拒絕具結者準用之。(民訴§315)證人必須要表明為什麼不想擔保證言是真的,如果沒有說明,或者即便是說明,但法院認為拒絕具結是不恰當的,證人還是不具結,就必須要接受處罰。

拒絕證言與拒絕具結兩者有什麼不同?

很簡單,拒絕證言就是我不作證,白話一點是說不講話;拒絕具結,是說我拒絕保證等下的證詞是真的。

八 不得令具結

以未滿16歲或因精神障礙不解具結意義及其效果之人為證人者,不得令其具結。(民訴§314Ⅰ)

以下列各款之人為證人者，得不令其具結：（民訴§314Ⅱ）

(一)有第307條第1項第1～3款情形而不拒絕證言者。（當事人具備一定親屬關係、財產受損、導致家族或特定人蒙羞或被告）

(二)當事人之受僱人或同居人。

(三)就訴訟結果有直接利害關係者。

九 隔別訊問與對質

訊問證人，應與他證人隔別行之。但審判長認為必要時，得命與他證人或當事人對質。（民訴§316Ⅰ）原則上，透過分別詢問的方式，避免證人之間會有勾串的情況，雖然即便是分別詢問還是會有勾串發生之可能，但至少還是可以降低不少。

十 人別訊問

審判長對於證人，應先訊問其姓名、年齡、職業及住、居所；於必要時，並應訊問證人與當事人之關係及其他關於證言信用之事項。（民訴§317）

十一 法院之發問權

審判長因使證人之陳述明瞭完足，或推究證人得知事實之原因，得為必要之發問。（民訴§319Ⅰ）

十二 當事人之聲請發問及自行發問

當事人得聲請審判長對於證人為必要之發問，或向審判長陳明後自行發問。（民訴§320Ⅰ）前項之發問，亦得就證言信用之事項為之。（民訴§320Ⅱ）

前二項之發問，與應證事實無關、重複發問、誘導發問、侮辱證人或有其他不當情形，審判長得依聲請或依職權限制或禁止之。（民訴§320Ⅲ）關於發問之限制或禁止有異議者，法院應就其異議為裁定。（民訴§320Ⅳ）

卣 命當事人及旁聽人退庭訊問

法院如認證人在當事人前不能盡其陳述者，得於其陳述時命當事人退庭。但證人陳述畢後，審判長應命當事人入庭，告以陳述內容之要旨。（民訴§321Ⅰ）法院如認證人在特定旁聽人前不能盡其陳述者，得於其陳述時命該旁聽人退庭。（民訴§321Ⅰ）

當事人退庭

當事人在法庭上恐嚇證人不要亂講話。

旁聽人退庭

請旁聽者退席！

旁聽者在旁聽席上威嚇證人，使證人心生害怕。

相關考題　證人

關於證據調查程序，下列敘述何者正確？　(A)鑑定人得拘提　(B)處證人罰鍰之裁定，得為抗告　(C)當事人不得為證據方法　(D)以10歲之人為證人者，得令其具結 【97五等司特-民事訴訟法大意與刑事訴訟法大意】	(B)
下列何種情形，證人不得拒絕證言？　(A)證人為當事人之配偶，關於因親屬關係所生財產上之事項作證者　(B)證人所為證言，於證人或證人之配偶，足生財產上之直接損害者　(C)證人就其職務上或業務上有秘密義務之事項受訊問者　(D)證人非洩漏其技術上或職業上之秘密不能為證言者 【102司特五等-民事訴訟法大意與刑事訴訟法大意】	(A)

6 鑑定

一 鑑定

鑑定，是指具有特別知識的第三人，在訴訟程序上陳述關於特別法規或經驗定則的意見，法院並以其陳述之內容作為認定事實基礎之證據。除本目別有規定外，準用關於人證之規定。（民訴§324）

聲請鑑定，應表明鑑定之事項。（民訴§325）例如希望醫生到場說明特殊疾病可能影響當事人精神狀態。另外，有關「囑託鑑定」之規定，依據本法第340條第1項規定：「法院認為必要時，得囑託機關、團體或商請外國機關、團體為鑑定或審查鑑定意見。其須說明者，由該機關或團體所指定之人為之。」例如認為電腦曾經遭受到駭客入侵並植入木馬程式，可委請特定機關（如調查局資安鑑識實驗室）進行鑑定，究竟有無木馬程式潛藏於電腦中。此種透過特定機關團體之鑑定，除了本法第334（具結）、339條（鑑定證人）規定之外，準用鑑定人之規定。（民訴§340Ⅱ）

二 鑑定人

具有鑑定所需之特別學識經驗，或經機關委任有鑑定職務者，於他人之訴訟，有為鑑定人之義務。（民訴§328）法院常常會請專家到場進行鑑定，說明案情涉及之特殊事證或針對特定事項提出分析報告，例如醫師、法醫等。

鑑定人不得拘提。（民訴§329）假設鑑定人不願意對案情有所陳述，如果強行拘提之，也可能有所保留，無法達到鑑定之目的，所以

基於尊重鑑定人之立場，特別針對鑑定人規定不得以強制拘提的方式迫使其到場。

目 具結

鑑定人應於鑑定前具結，於結文內記載必為公正、誠實之鑑定，如有虛偽鑑定，願受偽證之處罰等語。（民訴§334）

四 鑑定資料之提供

鑑定所需資料在法院者，應告知鑑定人准其利用。法院於必要時，得依職權或依聲請命證人或當事人提供鑑定所需資料。

（民訴§337Ⅰ）

鑑定人因行鑑定，得聲請調取證物或訊問證人或當事人，經許可後，並得對於證人或當事人自行發問；當事人亦得提供意見。

（民訴§337Ⅱ）

五 鑑定證人

訊問依特別知識得知已往事實之人者，適用關於人證之規定。（民訴§339）類似於鑑定人，但實質上仍為證人，例如替被害人治病之醫生，就被害人喪失勞動能力之比例與程度，陳述其專業之意見。

相關考題

關於鑑定之敘述，下列何者正確？ (A)訊問依特別知識得知已往事實之人者，適用關於鑑定之規定 (B)鑑定人得為拘提 (C)受訴法院得命鑑定人具鑑定書陳述意見 (D)經當事人合意指定鑑定人之情形，即使法院認其人選顯不適當，仍應從其合意選任之 【104司特五等-民事訴訟法大意與刑事訴訟法】	(C)
關於民事訴訟法所規定之鑑定程序，下列敘述何者正確？ (A)鑑定人由當事人選任，不得由法院選任 (B)法院不得命鑑定人到場說明 (C)鑑定人不得拘提 (D)受訴法院不得命鑑定人具鑑定書陳述意見 【108司特五等-民事訴訟法大意與刑事訴訟法大意】	(C)

7 書證

一 書證之基本概念

　　書證，為證據調查方式之一，乃是法院於閱讀文書之後，將記載於文書內之意義內容作為證據資料，所為之證據調查。例如原告主張租賃契約之期限業已屆滿，被告應返還房子，證據就是雙方所簽訂的書面契約。

　　書證的程序規定繁多，例如規定原告可不可以提出租賃契約的影本？（民訴§352～353）如果被告質疑租賃契約是假的，該由何人舉證是真的？（民訴§357）明明是真的，卻還要質疑其真正，藉以拖延訴訟的處罰（民訴§357-1 I）；或者是書證在他造或第三人時，該如何聲請提出的程序？（民訴§346）這些都是有關書證的程序。

二 非原告持有之書證提出

　　書證是以文書的形式存在，例如和解書、股東會議紀錄、公家機關內部開會的決議、電信業者提供的通聯紀錄，都是屬於書證的一種。如果書證是他造或第三人所持有，而非原告所持有者，則可以聲請法院命對方或第三人提出。

　　聲明書證，應提出文書為之。（民訴§341）

　　但如果文書不在自己的手上，而是在對造那邊，就可以請對造提出。本法規定：聲明書證，係使用他造所執之文書者，應聲請法院命他造提出。（民訴§342 I）其規定乃賦予舉證當事人據以蒐集他造所持文書為證據之機會，得要求持有文書之他造開示與訴訟有關聯之書

證資料，以貫徹當事人間武器平等原則，保障其公平接近證據之證明權，並維持當事人在訴訟上公平公正競爭，俾促進訴訟及發現真實。

　　但是當事人要求對方提出，法院也不是就完全照准，還是必須符合一定之要件。本法規定：法院認應證之事實重要，且舉證人之聲請正當者，應以裁定命他造提出文書。（民訴§343）

　　為何會有這樣子的制度存在？

　　蓋因文書之持有人，通常不是當事人原告，就是在被告或第三人持有之狀態。如果是在當事人如原告持有之狀態，自然可能依據該證據對己是否有利之情況，作為是否提出之判斷。若是證據在他造持有之情況下，則他造也會考量提出對自身是否有利而決定是否要提出該證據。此種利己之考量，對於保障公平接近證據之權利有所妨礙，也難以發現真實，與訴訟目的有所違背，因此民事訴訟法有所謂文書提出義務之機制，尤其是證據偏在之情況（如環保、醫療訴訟），藉此對於舉證責任加以調整，以符合訴訟所欲達成之目的。

三 文書提出義務及程序

聲明書證，係使用他造所執之文書者，應聲請法院命他造提出。（民訴§342Ⅰ）前項聲請，應表明下列各款事項：（民訴§342Ⅱ）

(一)應命其提出之文書。

(二)依該文書應證之事實。

(三)文書之內容。

(四)文書為他造所執之事由。

(五)他造有提出文書義務之原因。

何謂「文書提出義務」？依據同法第344條第1項規定，包括「該當事人於訴訟程序中曾經引用者」、「他造依法律規定，得請求交付或閱覽者」、「為他造之利益而作者」、「商業帳簿」、「就與本件訴訟有關之事項所作者」等五種型態之文書，負有提出之義務。

四 法院之處置

法院認應證之事實重要，且舉證人之聲請正當者，應以裁定命他造提出文書。（民訴§343）當事人無正當理由不從提出文書之命者，法院得審酌情形認他造關於該文書之主張或依該文書應證之事實為真實。（民訴§345Ⅰ）

揆其規定乃賦予舉證當事人據以蒐集他造所持文書為證據之機會，得要求持有文書之他造開示與訴訟有關連之書證資料，以貫徹當事人間武器平等原則，保障其公平接近證據之證明權，並維持當事人在訴訟上公平公正競爭，俾促進訴訟及發現真實。此即所謂文書提出制度之概況與立法目的。

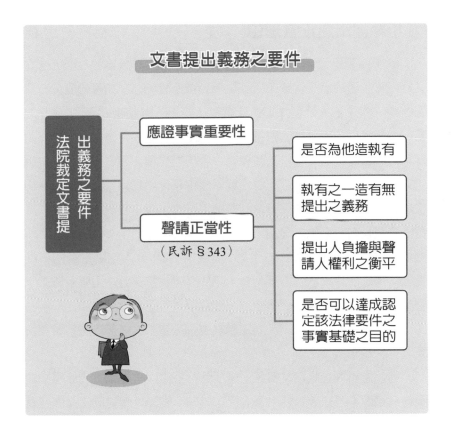

文書提出義務之要件

法院裁定文書提出義務之要件

應證事實重要性

聲請正當性
（民訴§343）

是否為他造執有

執有之一造有無提出之義務

提出人負擔與聲請人權利之衡平

是否可以達成認定該法律要件之事實基礎之目的

　　法院審理當事人所提出之聲請，除了須具備民事訴訟法第344條規定之情況外，其聲請內容必須符合兩個要件，第一，聲請內容必須具備「正當性」，第二，應證事實必須具備「重要性」，法院才得以裁定命他造提出。

五 拒絕提出之正當理由

依據民事訴訟法第344條第2項本文規定：「前項第5款所作之文書內容，涉及當事人或第三人之隱私或業務秘密，如予公開，有致該當事人或第三人受重大損害之虞者，當事人得拒絕提出」；除此之外，有論者認為還包括文書持有人具有證言拒絕權之事由者、公務員職務上秘密之文書、專供文書持有人利用之文書、有關刑事事件之訴訟文書或少年保護事件之紀錄，或就該等事件所扣押之文書。總之，權衡提出義務人之值得保護之利益與證明權，兩者孰輕孰重，是判斷提出義務者有無拒絕之理由。

依據民事訴訟法第345條第1項規定：「當事人無正當理由不從提出文書之命者，法院得審酌情形認他造關於該文書之主張或依該文書應證之事實為真實。」換言之，若當事人有正當理由，即便是不予提出，也不會導致法院認定該文書之主張或依該文書應證之事實為真實之不利結果。

例如當事人主張該文書業已過了保存期限，被聲請人因此將相關資料銷毀而不存在。實務上曾有見解認為「當事人有提出文書義務者為執有該文書者，上訴人辯稱出勤紀錄已過保存期限，被上訴人仍聲請命上訴人提出，自屬無據。」（臺灣高等法院96年勞上易字第9號民事判決）即採此一見解。

換言之，只要有正當理由足以證明文書業已不存在，即便法院裁定被聲請人應提出相關文書，亦有可能藉此作為拒絕提出之正當理由。

　　當事人請求之標的金額僅1萬元，但以國外經驗，由專家提出數位證據費用很高，假設提出相關書證費用高達500萬元，單由提出義務人負擔或部分移轉給聲請人，顯然均不符合比例，應可認為具有「正當理由」，否則單以滿足當事人之證明權，不管提出費用多高，都要將提出證據之障礙予以排除，顯然會造成失衡的結果，也未必能達成民事訴訟解決爭端之機制，反而讓民事訴訟程序成為一個製造爭端的機器。

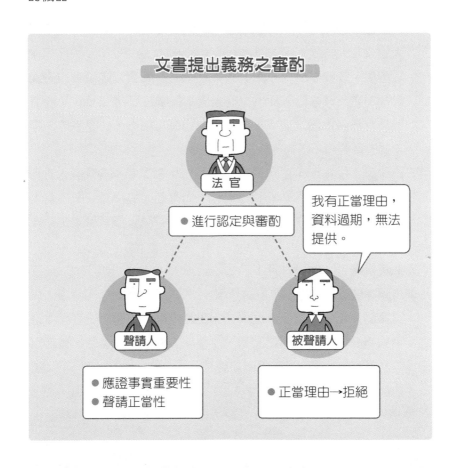

文書提出義務之審酌

法 官
● 進行認定與審酌

我有正當理由，資料過期，無法提供。

聲請人
● 應證事實重要性
● 聲請正當性

被聲請人
● 正當理由→拒絕

六 有提出義務之書證類型

下列各款文書，當事人有提出之義務：（民訴§344Ⅰ）

(一)該當事人於訴訟程序中曾經引用者。（民訴§344Ⅰ①）當事人既已引用其執有之文書，自應負提出之義務，其係作為證據而引用，或係闡明其主張而引用，均非所問。例如甲女提出電子郵件印出紙本200頁，證明他造乙男之電子郵件是偽造的，乙男即可依據本款要求甲女提出書證之原本。

(二)他造依法律規定，得請求交付或閱覽者。（民訴§344Ⅰ②）如共有物分割人得依據民法第826條第2項請求使用他分割人所保存之證書，或無限公司股東得依據公司法第48條規定，請求查閱公司財產文件帳簿表冊，或病人依據醫療法第71條規定，醫療機構應依其診治之病人要求，提供病歷複製本，必要時提供中文病歷摘要，不得無故拖延或拒絕。

(三)為他造之利益而作者。（民訴§344Ⅰ③）該文書係為聲請人之利益或聲請人與他人共同利益所作，而為他造所持有，則持有人有提出之義務。常見者如委任授權書，聲請人僅有影本，原本為他造所持有。

(四)商業帳簿。（民訴§344Ⅰ④）

(五)就與本件訴訟有關之事項所作者。（民訴§344Ⅰ⑤）：當事人就其實體及程序上之法律關係、爭點、攻擊或防禦方法等與本件訴訟有關之事項所作之文書，不問該文書在作成當時，有無以之為憑證之意思，均有提出之義務。

本款之文書內容，涉及當事人或第三人之隱私或業務秘密，如予公開，有致該當事人或第三人受重大損害之虞者，當事人得拒絕提

出。但法院為判斷其有無拒絕提出之正當理由，必要時，得命其提出，並以不公開之方式行之。（民訴§344 II）

七 他造違反提出義務之法律效果

如果當事人未依規定提出文書，其制裁規定為當事人無正當理由不從提出文書之命者，法院得審酌情況認他造關於該文書之主張或依該文書應證之事實為真實。（民訴§345 I）法院得依本法第222條之自由心證法則認舉證人關於該文書之性質、內容及文書成立真正之主張為真實，或認舉證人依該文書應證之事實為真實，俾對違反文書提出義務者發揮制裁之效果。

八 第三人違背文書提出義務之制裁

民事訴訟法第349條第1項規定：「第三人無正當理由不從提出文書之命者，法院得以裁定處新臺幣3萬元以下罰鍰；於必要時，並得以裁定命為強制處分。」此一強制處分之執行，準用強制執行法關於物之交付請求權執行之規定。（民訴§349 II）此項裁定，得為抗告；處罰鍰之裁定，抗告中應停止執行。（民訴§349 III）

由上述兩種不同制裁之方式，第三人不從文書提出之命者，係採取行政罰鍰之方式，或採取強制處分之方式，迫使第三人提出之，以配合民事訴訟程序之進行。蓋因第三人並非訴訟之當事人，所以並不能因為訴訟以外第三人違反法院提出之命，而導致訴訟當事人不利益之結果。因此，只有當訴訟當事人違反法院所命應提出文書之。

九 證據偏在舉證轉換規定之立法理由

　　本法第344條是所謂「證據偏在」舉證轉換之規定，讓持有這些書證的當事人負有提出的義務。此條規定之立法理由：「隨社會經濟狀況之變遷，公害、產品製造人責任及醫療事故損害賠償等類現代型紛爭與日俱增，於某訴訟中不乏因證據僅存在於當事人之一方，致他造當事人舉證困難之情事發生。故亦有擴大當事人文書提出義務範圍之必要，爰修正之。」

　　如環境污染訴訟案件，通常一造為製造污染之企業，另一造則為受污染所害之小市民，如何造成環境污染之過程與因素，小市民往往無法得悉；消費者保護訴訟案件，通常一造為產品生產者，另一造為消費者，產品生產過程均由企業所持有；醫療事故之訴訟案件，通常一造具備專業知識，且相關醫療過程均由醫院或醫師所單方持有；換言之，此次修正規範並非著眼於「現代訴訟」中的「現代」二字，亦即不分所謂的現代或傳統訴訟，只要「事證資料鄰接性」欠缺平等之狀態下，即應有主張民事訴訟法第342條以下之文書提出規範之適用；亦即修正目的應該著眼於文書資料取得之「幾不可能性」，導致雙方當事人訴訟上武器攻防之不對等，若對於文書資料具有「鄰接性」之當事人拒不提供資料，將導致處於取證弱勢之他造當事人無法蒐集應有之事證。

相關考題

關於第三人無正當理由不從提出文書之命之效果，下列敘述何者正確？　(A)法院一律不得以裁定對第三人命為強制處分　(B)法院得認依該文書應證之事實為真實　(C)法院得將依該文書應證事實之舉證責任轉由他造當事人負擔　(D)法院得以裁定對第三人處新臺幣3萬元以下罰鍰　　　【104司特五等-民事訴訟法大意與刑事訴訟法】	(D)
關於民事訴訟法所規定之書證程序，下列敘述何者正確？　(A)文書之真偽不得依核對筆跡或印跡證之　(B)外國之公文書經駐在該國之中華民國大使證明者，仍不推定其真正　(C)公文書應提出原本或經認證之繕本或影本　(D)私文書於任何情形均無須提出原本　　　【108司特五等-民事訴訟法大意與刑事訴訟法大意】	(C)

8 最佳證據法則與原本

一 最佳證據法則之概念

最佳證據法則，並非我國既有的制度，可參照國外立法，例如美國聯邦證據規則第1002條規定，指證明文件、紀錄或照片之內容，原則上應提出原本，例外情況才能賦予複本之證據證明力。而數位證據之印出物可否視之為原本，就成為數位證據充斥各種案件時的一項重大議題。

可預見的未來將是「雲端科技」的時代，原始的資料將存在不知何處的伺服器中，在取證過程中，必須透過遠端存取的方式，將資料透過映射（image：完整複製之意）過程，完整複製之電子檔案，或者只是將其內容列印出來，而未留存檔案。此時若仍堅守最佳證據法則，非原本之證據不能作為認定事實、適用法律的基礎，此種制度在實務運作上將會產生許多窒礙難行之處。

二 原本與擬制原本

原本，仍應為電磁紀錄本身，只是在實際採證過程中，有時候很難將最原始版本的電磁紀錄保存下來，只能透過映射（image）流程而取得之電磁紀錄，將之視為原本，此為第一須先確認之概念。

其次，則為呈現內容之印出物。依據民事訴訟法第363條第2項規定：「文書或前項物件，須以科技設備始能呈現其內容或提出原件有事實上之困難者，得僅提出呈現其內容之書面並證明其內容與原件

相符。」本規定並未明確肯定數位證據得為原本，也未規定印出物或類似物品為原件，僅係規定得以提出呈現其內容之印出物，並證明其內容與原件相符，惟其已賦予數位證據文件「擬制原本」之地位。

　　主要仍是因為數位資料呈現方式較為特殊，0101所組成之數位內容難以理解其意義，惟有透過書面印出物等輸出方式，才能快速、有效地達到理解數位資料內容之目的，以促進訴訟上之經濟。故除非透過法律之規範，將書面印出物等輸出物擬制成為原本，即所謂的「擬制原本」之概念，否則仍應僅有數位證據可稱之為原本。

　　民事訴訟法第363條第2項則未明確肯定電子文件得為原本，也未規定印出物或類似物品為原件，僅係規定得以提出呈現其內容之畫面，並證明其內容與原件相符。同法第352條第1項規定：「公文書應提出其原本或經認證之繕本或影本。」第2項規定：「私文書應提出其原本。但僅因文書之效力或解釋有爭執者，得提出繕本或影本。」指當事人只是對於實質內容認知上有所不同，並非對於形式上的真實性有所爭執，當然並不需要提出原本，只要提出繕本或影本即可；如果當事人間對於文書之真實性有爭執時，他造就必須要提出文

書之原本。

　　同法第353條第1項規定：「法院得命提出文書之原本。」第2項
規定：「不從前項之命提出原本或不能提出者，法院依其自由心證斷
定該文書繕本或影本之證據力。」

三 我國實務見解

　　透過民事、刑事以及行政判決系統進行查詢，有提到最佳證據法
則者甚少，僅下列兩個民事以及刑事之判決。較早出現於實務上之
見解，為臺灣臺北地方法院之判決，其內容為：「次按私文書應提出
原本。民事訴訟法第352條第2項前段定有明文。又筆跡鑑定包括筆
癖、筆鋒、落筆、運筆、收筆、組成比例、筆壓筆序之檢查，及字體
大小比例、特殊部首筆劃角度、弧度、字跡筆劃傾斜程度、筆劃粗細
之測量，而在以模倣方式偽造之筆跡，易形成一些不自然、不連貫
之書寫特徵；在以臨摹描寫方式所偽造筆跡，則會顯露遲滯、猶豫
的描寫特徵。以文書之影本為鑑定，因影印色彩之深淺、重覆影印
等因素，皆使原本所書寫之筆跡及特徵等有所變更，造成筆跡鑑定
過程不能精確判斷前述事項。是英美法院所稱最佳的證據（The Best
Evidence）即指文書原本而言，我國民事訴訟法雖無所謂「最佳證據」
一詞，但於前開法條已為相同意旨之揭示，則筆跡鑑定應以文書之原
本為當自明。」（臺灣臺北地方法院87年度簡上字第690號民事判決）
此一實務見解認為我國沒有最佳證據法則形式上之明文規定，而民事
訴訟法第352條第2項前段實質上就是所謂的最佳證據法則。但是，
即便我國有所謂最佳證據法則之規定，但擬製原本欠缺明確規範，
僅有民事訴訟法第363條第2項規定，本文認為已賦予數位證據文件
「準原本」之地位。

四 準文書之規範

我國向來就有所謂「準文書」之概念，依據民事訴訟法第363條第1項規定：「本目規定，於文書外之物件有與文書相同之效用者準用之。」其立法理由為：「文書外之物件，如紀念碑、界標等，雖無文字之記載，亦足以傳吾人之意思或思想，即與證書類似，若用以為證據方法，自宜準用關於書證之規定。」此等物件與文書有相同之效力，又準用文書之規定，稱為「準文書」。

所謂「與文書相同之效用者」，主要切入點在於準文書與文書均屬傳達人類意思或思想之作用。因此，如果數位證據具有此種作用，例如電子郵件係郵件製作人為傳達其意思所製作，只要符合文書的要件，在性質上當然可以認為是準文書。

同條第2項規定：「文書或前項物件，須以科技設備始能呈現其內容或提出原件有事實上之困難者，得僅提出呈現其內容之書面並證明其內容與原件相符。」本規定似乎是賦予持有人選擇權，得為下列之提出方式：

㈠得提出數位資料與呈現其內容之書面；
㈡僅提出呈現其內容之書面，但是必須要舉證證明其內容與原件相符合。

如何證明是真的，這是比較棘手的技術問題。

9 勘驗

一 基本概念

勘驗，是訴訟程序上一種調查證據之方法。勘驗人純粹以五官去感知物的存在和狀態的過程。例如法官親自檢視車禍所造成的損害，或者是檢視侵權光碟的內容。

二 勘驗之程序

聲請勘驗，應表明勘驗之標的物及應勘驗之事項。（民訴§364）有時候光看文字不準，例如車子遭到碰撞毀損，修車廠以汽車主結構被撞歪，開立修復金額為50萬元，肇事者認為不可能那麼高，應該只需要給付3萬元，質疑修車廠與被害人有勾結，雙方對此有爭執時，法院決定實際勘驗汽車遭撞的情況。

受訴法院、受命法官或受託法官於勘驗時得命鑑定人參與。
（民訴§365）

勘驗，於必要時，應以圖畫或照片附於筆錄；並得以錄音、錄影或其他有關物件附於卷宗。（民訴§366）勘驗之經過或結果，如有利用科技設備作成錄音或錄影者，或有其他有關物件者，以之附於卷宗，可使勘驗所得結果更臻明確。

三 準用規定

民事訴訟法第341條（聲明書證應提出文書）、第342條第1項、第343～345條、第346條第1項、第347～351條及第354條之規

勘驗示意圖

這片光碟侵害我的軟體著作權！

你的軟體著作很精采。

拿錯光碟片了。

定，於勘驗準用之。（民訴§367）

第341條：聲明書證應提出文書。

第342條第1項：聲請他造提出。

第343條：法院審酌是否提出之要件。

第344條：當事人提出義務。

第345條：失權效力。

第346條第1項：聲請第三人提出。

第347條：法院審酌第三人是否提出之要件。

第348條：關於第三人提出文書之義務，準用第306～310條、第344條第1項第2～5款及第2項之規定。

第349條：第三人不提出之處罰。

第350條：機關保管或公務員執掌之文書之提出。

第351條：第三人請求提出費用

第354條：使受命法官或受託法官就文書調查證據者，受訴法院得定其筆錄內應記載之事項及應添附之文書。

相關考題

關於民事訴訟法所規定之勘驗程序，下列敘述何者正確？　(A)受訴法院於勘驗時不得命鑑定人參與　(B)勘驗於必要時應以圖畫或照片附於筆錄　(C)在有提出勘驗標的物之範圍內，第三人違反法院之勘驗命令，法院得認為待證事實為真實　(D)在有提出勘驗標的物之範圍內，他造當事人違反法院之勘驗命令，法院不得認為關於該勘驗標的物之主張為真實	（B）

【108司特五等-民事訴訟法大意與刑事訴訟法大意】

10 當事人訊問

一 基本概念

法院認為必要時,得依職權訊問當事人。(民訴§367-1Ⅰ)就事實審理而言,因當事人本人通常為最知悉紛爭事實之人,故最有可能提供案情資料,以協助法官發現真實及促進訴訟,進而達到審理集中化之目標。故為使法院能迅速發現真實,應該法院得訊問當事人本人,並以其陳述作為證據。

二 當事人具結

本法第367-1條第1項情形,審判長得於訊問前或訊問後命當事人具結,並準用第312條第2項、第313條及第314條第1項之規定。(民訴§367-1Ⅱ)當事人無正當理由拒絕陳述或具結者,法院得審酌情形,判斷應證事實之真偽。(民訴§367-1Ⅲ)

三 到場義務

當事人經法院命其本人到場,無正當理由而不到場者,視為拒絕陳述。但命其到場之通知書係寄存送達或公示送達者,不在此限。(民訴§367-1Ⅳ)法院命當事人本人到場之通知書,應記載前項不到場及第3項拒絕陳述或具結之效果。(民訴§367-1Ⅴ)

前5項規定,於當事人之法定代理人準用之。(民訴§367-1Ⅵ)

四 當事人虛偽陳述之處罰

當事人依前條規定具結而為虛偽陳述者，往往誤導法院審理訴訟之方向，不僅使法院難以發現真實，且易使訴訟程序延滯，致浪費法院及雙方當事人之勞力、時間、費用，並損及司法公信力，故有予以適當制裁之必要。

依前條規定具結而故意為虛偽陳述，足以影響裁判之結果者，法院得以裁定處新臺幣3萬元以下之罰鍰。（民訴§367-2Ⅰ）前項裁定，得為抗告；抗告中應停止執行。（民訴§367-2Ⅱ）第1項之當事人或法定代理人於第二審言詞辯論終結前，承認其陳述為虛偽者，訴訟繫屬之法院得審酌情形撤銷原裁定。（民訴§367-2Ⅲ）

五 準用規定

關於訊問證人時，對現役軍人、在監所或拘禁處所之人之通知方法和對元首、不能到場證人及公務員之訊問方法等規定，於訊問當事人時亦應準用，所以訂定第367-3條規定。

本法第300條（現役軍人為證人）、第301條（在監所或其他拘禁處所之人為證人）、第304條（元首為證人）、第305條第1項（得就其所在訊問）、第5項（科技設備訊問）、第306條（公務員職務上應守秘密之事項）、第307條第1項第3～5款（受追訴或蒙恥辱、秘密義務、洩漏秘密）、第2項（得拒絕證言之告之）、第308條第2項（為當

事人之前權利人或代理人，而就相爭之法律關係所為之行為，如其秘密之責任已經免除者，不得拒絕證言）、第309條（陳明拒絕證言之原因事實）、第310條（拒絕證言當否之裁定）、第316條第1項（隔別訊問證人）、第318～322條之規定（連續陳述、審判長之發問、當事人之發問、當事人退庭、受命或受託法官有相同權限），於訊問當事人或其法定代理人時準用之。（民訴§367-3）

11 證據保全

━ 證據保全之概念

　　負有證據提出義務之當事人，是否可以將證據加以湮滅、隱匿？對於所有的證據是否均有保存之義務？為了避免日後有證據滅失或礙難使用之情況，故有證據保全制度。無論民事訴訟程序與刑事訴訟程序，均有證據保全之規定。

　　所謂證據保全，係指證據有滅失或礙難使用之虞，或經他造同意者，得向法院聲請保全；就確定事、物之現狀有法律上利益並有必要時，亦得聲請為鑑定、勘驗或保全書證。（民訴§368Ⅰ）

　　證據保全程序是一種符合法定要件時，與案件原本之證據調查程序相分離，預先由法院進行證據調查之程序，以保全證據，避免日後證據滅失或礙難使用等情況，致使無法基於證據主張一定案件事實之存在，而影響當事人之權益。

　　按民事訴訟法第368條於民國89年2月9日修正公布，增訂後段以擴大容許聲請保全證據之範圍，其立法目的在於促使主張權利之人，於提起訴訟前即得蒐集事證資料，以瞭解事實或物體之現狀，將有助於當事人研判紛爭之實際狀況，進而成立調解或和解，以消弭訴訟，達到預防訴訟之目的；此外亦得藉此賦予當事人於起訴前充分蒐集即整理事證資料之機會，而有助於法院於審理本案訴訟時發現真實及妥適進行訴訟，以達審理集中化之目的。

🔲 管轄法院

　　有關管轄法院方面，保全證據之聲請，在起訴後，向受訴法院為之；在起訴前，向受訊問人住居地或證物所在地之地方法院為之。（民訴§369Ⅰ）遇有急迫情形時，於起訴後，亦得向前項地方法院聲請保全證據。（民訴§369Ⅱ）

🔳 保全證據聲請應表明之事項

　　保全證據之聲請，應表明下列各款事項：（民訴§370Ⅰ）

㈠他造當事人，如不能指定他造當事人者，其不能指定之理由。

㈡應保全之證據。

㈢依該證據應證之事實。

㈣應保全證據之理由。

　　前項第1款及第4款之理由，應釋明之。（民訴§370Ⅱ）

保全證據之聲請，由受聲請之法院裁定之。（民訴§371Ⅰ）准許保全證據之裁定，應表明該證據及應證之事實。（民訴§371Ⅱ）駁回保全證據聲請之裁定，得為抗告，准許保全證據之裁定，不得聲明不服。（民訴§371Ⅲ）

四 訴訟繫屬後

(一)基本規定

證據有滅失或礙難使用之虞，或經他造同意者，得向法院聲請保全；就確定事、物之現狀有法律上利益並有必要時，亦得聲請為鑑定、勘驗或保全書證。（民訴§368Ⅰ）前項證據保全，應適用本節有關調查證據方法之規定。（民訴§368Ⅱ）此為證據保全依聲請類型之基本規定。

(二)本法第368條規定三種類型

1.證據有滅失或礙難使用之虞

所謂證據有滅失之虞，係指供為證據之材料本體，有消失之危險，例如證人病危、機關保管之文書已逾保管期限即將銷毀、有人欲故為隱匿毀壞或致不堪使用等是；至證據有礙難使用之虞，係指證據若不即為保全，將有不及調查使用之危險者而言，例如證人即將移民國外、證物持有人即將攜帶證物出國等是（最高法院97年度台抗字第191號民事裁定）。

2.經他造同意

3.就確定事、物之現狀有法律上利益並有必要

應係指避免相對人改變、竄改現狀，例如侵害專利權之行為人，東窗事發後，趕緊要改變產品設計，使得設計之內容不致於侵

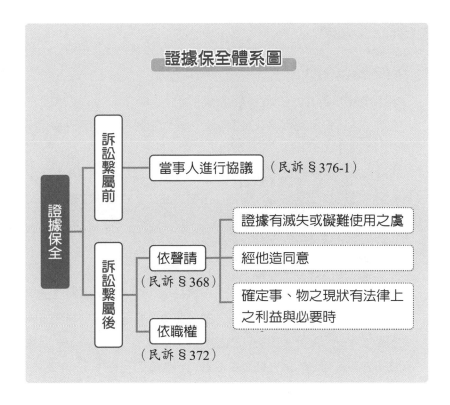

害專利權人所擁有之專利內容。又如於醫療糾紛，醫院之病歷表通常無滅失或礙難使用之虞，但為確定事實，避免遭篡改，即有聲請保全書證之必要。

(三)法院職權為保全證據

當事人向法院為證據保全之聲請後，法院依據同法第372條規定：「法院認為必要時，得於訴訟繫屬中，依職權為保全證據之裁定。」

五 訴訟繫屬前

(一)尚未繫屬之程序

本案尚未繫屬者,於保全證據程序期日到場之兩造,就訴訟標的、事實、證據或其他事項成立協議時,法院應將其協議記明筆錄。(民訴§376-1 Ⅰ)

前項協議係就訴訟標的成立者,法院並應將協議之法律關係及爭議情形記明筆錄。依其協議之內容,當事人應為一定之給付者,得為執行名義。(民訴§376-1 Ⅱ)協議成立者,應於10日內以筆錄正本送達於當事人。(民訴§376-1 Ⅲ)

第212～219條之規定,於前項筆錄準用之。(民訴§376-1 Ⅳ)

其立法理由認為,當事人於起訴前聲請保全證據者,得利用法院所調查之證據及所蒐集之事證資料,瞭解事實或物體之現狀,而研判紛爭之實際狀況,此時,如能就訴訟標的、事實、證據或其他事項達成協議,當事人間之紛爭可能因此而獲得解決或避免擴大。

(二)一定期間本案尚未繫屬

保全證據程序終結後逾30日,本案尚未繫屬者,法院得依利害關係人之聲請,以裁定解除因保全證據所為文書、物件之留置或為其他適當之處置。(民訴§376-2 Ⅰ)

立法理由認為當事人為蒐集事證資料,藉以瞭解事實或物體之現狀,以研判紛爭之實際狀況,進而斟酌是否提起訴訟,固得於起訴前向法院聲請保全證據。

(三)程序費用之負擔

　　前項期間內本案尚未繫屬者，法院得依利害關係人之聲請，命保全證據之聲請人負擔程序費用。（民訴§376-2 II）

　　所謂程序費用之範圍，法律並沒有明文規定。有論者認為係指相對人或其他利害關係人倘因實施保全證據而支出費用，法院得依利害關係人之聲請，命保全證據之聲請人負擔程序費用。若法院依第2項規定為命負擔程序費用之裁定後，當事人再提起本案訴訟者，此部分保全證據之費用，應不適用本法第376條之規定，即不作為訴訟費用之　部再定其負擔。

相關考題

關於保全證據，下列敘述何者錯誤？ (A)保全證據之聲請，在起訴後，向受訴法院為之 (B)法院認為必要時，得於訴訟繫屬中，依職權為保全證據之裁定 (C)保全證據程序之費用，除有特別規定外，應作為訴訟費用之一部分 (D)本案尚未繫屬者，兩造當事人於保全證據程序期日到場，就訴訟標的之成立協議，該協議與確定判決有同一效力 　【101司特五等-民事訴訟法大意與刑事訴訟法大意】	(D)
關於證據保全，下列敘述何者正確？ (A)證據若無滅失或礙難使用之虞，縱然經他造同意，亦不得向法院聲請保全 (B)保全證據之聲請，在起訴前或起訴後，均有可能向受訊問人住居地或證物所在地之地方法院為之 (C)保全證據之聲請，應表明應保全證據之理由，並證明之 (D)保全證據應由當事人聲請，法院不得依職權為之 　【108司特五等-民事訴訟法大意與刑事訴訟法大意】	(B)

第六篇

第一審程序

第一審程序，代表著正式開始由法院介入，雙方當事人在此
程序中進行攻擊與防禦。法院從當事人所提出之事證中，達成一
定之心證，做出最後的判決，以解決當事人間的紛爭。

1 起訴

一 基本概念

　　起訴是民事訴訟程序中最主要的程序，簡單來說，希望透過法院的公正審理，介入解決當事人間的法律訴訟爭議。

　　起訴時，聲請起訴的一方必須以訴狀的形式，載明「訴之聲明」，並且將事實及理由表明清楚，然後雙方經過言詞辯論的程序，將所有的證據呈現於法庭中，最後由法院依據相關事證做出最後的判決。

二 起訴狀內容

　　起訴，應以訴狀表明下列各款事項，提出於法院為之：（民訴§244 I）

　　㈠當事人及法定代理人。

　　㈡訴訟標的及其原因事實。

　　㈢應受判決事項之聲明。

　　訴狀內宜記載因定法院管轄及其適用程序所必要之事項。（民訴§244 II）民事訴訟法第265條所定準備言詞辯論之事項，宜於訴狀內記載之。（民訴§244 III）

　　民事訴訟法第244條第1項第3款之聲明，於請求金錢賠償損害之訴，原告得在第1項第2款之原因事實範圍內，僅表明其全部請求之最低金額，而於第一審言詞辯論終結前補充其聲明。其未補充者，

迴　避

糟糕！我的行李在機場不見了。

法官大人，我要控告機場運送行李時搞丟我的行李，要賠償我的損失才行。

審判長應告以得為補充。（民訴§244Ⅳ）前項情形，依其最低金額適用訴訟程序。（民訴§244Ⅴ）

相關考題　起訴狀之內容

依民事訴訟法規定，起訴時，下列何者非屬於起訴狀內應表明之事項？　(A)訴訟標的及其原因事實　(B)當事人及法定代理人　(C)聲請訴訟救助　(D)應受判決事項之聲明 【97五等司特-民事訴訟法大意與刑事訴訟法大意】	(C)

三 訴訟之種類

(一)請求將來給付之訴

請求將來給付之訴，以有預為請求之必要者為限，得提起之。（民訴§246）例如某甲所開之支票，還未屆清償期，但某甲已被列為拒絕往來，顯然有到期不履行之虞，即可提起之。

(二)確認之訴

確認法律關係之訴，非原告有即受確認判決之法律上利益者，不得提起之；確認證書真偽或為法律關係基礎事實存否之訴，亦同。（民訴§247Ⅰ）

前項確認法律關係基礎事實存否之訴，以原告不能提起他訴訟者為限。（民訴§247Ⅱ）

現行確認之訴之規定已經擴大其適用範圍及於「事實」，為了避免此一擴大導致恣意提告的濫訴結果，對於「事實」存否的部分，限於其為法律關係之基礎事實，並以原告不能提起他訴訟時，始得提起。（楊建華，《民事訴訟法要論》，第224頁）

前項情形，如得利用同一訴訟程序提起他訴訟者，審判長應闡明之；原告因而為訴之變更或追加時，不受民事訴訟法第255條第1項前段規定（訴狀送達後，原告不得將原訴變更或追加他訴）之限制。（民訴§247Ⅲ）

中間確認之訴，訴訟進行中，於某法律關係之成立與否有爭執，而其裁判應以該法律關係為據，並求對於被告確定其法律關係之判決者。（民訴§255Ⅰ⑥）

(三)形成之訴

　　所謂形成之訴，是指原告主張有形成權存在，請求法院以判決直接創設、變更或消滅當事人間法律關係之訴訟。例如分割共有物之訴，以起訴狀範例之內容說明，訴之聲明為「請求判決將坐落○○○號土地，其中面積○○平方公尺如附圖A黃色部分，分割為原告所有。其中面積○○平方公尺如附圖B紅色部分分割為被告所有（土地面積以實測為準）。」透過法院的判決，讓當事人共有一物之狀況，得以分割為各擁有該物的A、B部分。

　　形成之訴，可分成實體法與程序法之形成之訴。

　　實體法之形成之訴，包括撤銷婚姻之訴、離婚之訴、調整不動產租金之訴、分割共有物之訴等。

　　程序法之形成之訴，例如撤銷調解之訴、撤銷除權判決之訴、第三人撤銷訴訟之訴、再審之訴等。

四 確認之訴與形成之訴之區別

　　確認之訴，在確認現存之法律關係；形成之訴，則在變更現存之法律狀態。

實務見解　確認判決之法律上利益

　　所謂即受確認判決之法律上利益，係指法律關係之存否不明確，原告主觀上認其在法律上之地位有不安之狀態存在，且此種不安之狀態，能以確認判決將之除去者而言，若縱經法院判決確認，亦不能除去其不安之狀態者，即難認有受確認判決之法律上利益。

　　查本件被上訴人就上開漁筏依「補償發放要點」規定申領補償金，須審查小組審查符合，審查結果公告無異議，並完成漁筏點交手續後，始得領取，被上訴人是否符合規定尚未確定，迄未領取補償金，為原審所認定之事實，則被上訴人領取補償金附有審查小組審查符合規定及無人異議，並完成漁筏點交手續之停止條件。而被上訴人是否符合規定得領取補償金，既未經審查小組審查通過，其條件尚未成就，依民法第99條第1項規定之反面解釋，即屬未生效力。被上訴人就上開漁筏補償金之領取權既未生效，上訴人提起本件確認之訴，縱獲勝訴判決，亦不能使被上訴人領取補償金之條件成就，而除去其不安之狀態，自難認有受確認判決之法律上利益。被上訴人迄未領取補償金，亦無不當得利可言。原審因而為上訴人敗訴之判決，並無不合。

（91年度台上2508）

相關考題　確認之訴

關於確認之訴，下列敘述何者錯誤？　(A)非原告有即受確認判決之法律上利益者，不得提出　(B)不得為中間判決　(C)得提起確認證書真偽之訴　(D)確認法律關係基礎事實存否之訴，以原告不能提起他訴訟者為限	(B)

【98五等司特-民事訴訟法大意與刑事訴訟法大意】

相關考題　形成之訴

依據實務見解，關於民事訴訟之類型，下列敘述何者錯誤？　(A)分割共有物之訴為形成之訴　(B)原告主張已撤銷其與被告訂立之買賣契約，請求被告返還價金為形成之訴　(C)確認本票債權不存在之訴為確認之訴　(D)依民法第74條聲請法院撤銷法律行為之訴為形成之訴	(B)

【97五等司特-民事訴訟法大意與刑事訴訟法大意】

五 訴之合併

訴，有單一之訴與合併之訴之分。

一原告對於一被告，於同一訴訟程序中主張一訴訟標的，並為單一之聲明者，就稱之為單一之訴。例如甲借乙100萬元，兩人間有消費借貸關係，某乙到期不還，某甲遂起訴請求法院判決某乙應返還100萬元，其訴之聲明為「被告應給付原告新臺幣100萬元及自民國○○年○月○日起至清償日止，按週年利率百分之○計算之利息。」

訴之合併，分成主觀訴之合併以及客觀訴之合併兩種。

當事人有多數，為主觀訴之合併，亦即民事訴訟法第53條以下有關共同訴訟之規定。

客觀訴之合併，則是指一訴訟主張數項訴訟標的，至於有數個訴之聲明是否屬於客觀訴之合併，則有不同見解，有採肯定說。（楊建華，《民事訴訟法要論》，第251頁）民事訴訟法僅有程序上之規定，本法規定：「對於同一被告之數宗訴訟，除定有專屬管轄者外，得向就其中一訴訟有管轄權之法院合併提起之。但不得行同種訴訟程序者，不在此限。」（民訴§248）

六 一事不再理原則

當事人不得就已起訴之事件，於訴訟繫屬中，更行起訴。（民訴§253）所以不能因為覺得法院審理太久，就再起訴一次，想說換個法官會更好，這在本法上是不允許的。

七 速定言詞辯論期日

收到起訴狀之後，總不能擺在抽屜裡面。當事人會提出告訴，想必也是有許多痛苦的爭議，才會請法院做出公正的裁判，所以法院應

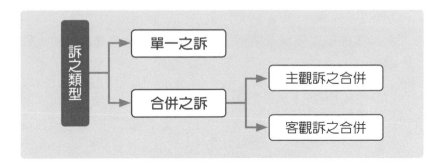

該儘快地審理案件，決定言詞辯論的期日。

　　法院收受訴狀後，審判長應速定言詞辯論期日。但應依前條之規定逕行駁回，或依第28條之規定移送他法院，或須行書狀先行程序者，不在此限。（民訴§250）

　　言詞辯論期日之通知書，應記載到場之日、時及處所。除向律師為送達者外，並應記載不到場時之法定效果。（民訴§252）

相關考題	起訴	
下列何者非民事訴訟程序之言詞辯論期日通知書應記載事項？　(A)到場之日、時　(B)到場之處所　(C)除向律師為送達者外，應記載不到場時之法定效果　(D)不得就已起訴之事件，更行起訴 【98五等司特-民事訴訟法大意與刑事訴訟法大意】		(D)

八 先形式後實體

　　法院在審理案件的時候，順序上是先「形式」，接著才是「實體」，程序上都沒有問題，最後才進入實體的審查；如同廣告台詞般，先講求不傷身體，再講求療效。

　　原告之訴，有下列各款情形之一，法院應以裁定駁回之。但其情形可以補正者，審判長應定期間先命補正：（民訴§249Ⅰ）

（一）訴訟事件不屬普通法院之審判權，不能依法移送。

（二）訴訟事件不屬受訴法院管轄而不能為第28條之裁定（移送管轄）。

（三）原告或被告無當事人能力。

（四）原告或被告無訴訟能力，未由法定代理人合法代理。

（五）由訴訟代理人起訴，而其代理權有欠缺。

（六）起訴不合程式或不備其他要件。

（七）當事人就已繫屬於不同審判權法院之事件更行起訴、起訴違背第253條、第263條第2項之規定，或其訴訟標的為確定判決效力所及。

（八）起訴基於惡意、不當目的或有重大過失，且事實上或法律上之主張欠缺合理依據。

相關考題 ▸ 裁定駁回

依據實務見解，下列民事訴訟中，何種情形法院應以裁定駁回原告之訴？ (A)當事人不適格 (B)法院無管轄權又不能移送 (C)不具備民事訴訟法第53條要件之共同訴訟 (D)不具備權利保護必要要件 【97五等司特-民事訴訟法大意與刑事訴訟法大意】	(B)
受訴法院對於原告的起訴，於下列何種情形應以判決予以駁回？ (A)當事人不適格 (B)該法院認該訴訟事件非屬普通法院之權限 (C)該法院無管轄權 (D)其訴訟標的為確定判決的效力所及 【98五等原住民庭務員-民事訴訟法大意與刑事訴訟法大意】	(A)
甲以乙為被告，向管轄法院起訴請求清償借款新臺幣 200 萬元；然乙已經在甲起訴前一個月因病去世。受訴法院應如何裁判？ (A)以判決駁回甲的起訴 (B)以裁定駁回甲的起訴 (C)依甲的聲請為一造辯論判決 (D)依職權以裁定命乙的繼承人承受訴訟 【107司特五等-民事訴訟法大意與刑事訴訟法大意】	(B)

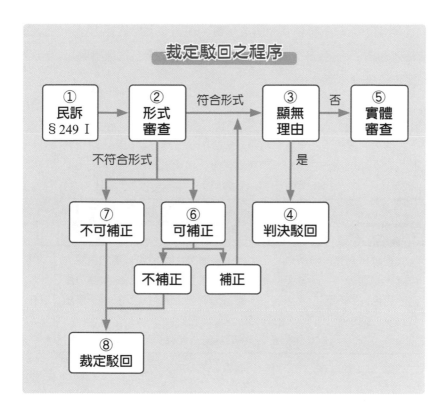

九 顯無理由，判決駁回

原告之訴，有下列各款情形之一者，法院得不經言詞辯論，逕以判決駁回之。但其情形可以補正者，審判長應定期間先命補正：（民訴 §249 Ⅱ）

一、當事人不適格或欠缺權利保護必要。

二、依其所訴之事實，在法律上顯無理由。

前二項情形，原告之訴因逾期未補正經裁判駁回後，不得再為補正。（民訴 §249 Ⅲ）

　　所謂原告之訴，依其所訴之事實，在法律上顯無理由者，係指依原告於訴狀內記載之事實觀之，在法律上顯然不能獲得勝訴之判決者而言（62年台上845）。

訴狀應記載事項

下列何者非民事訴訟訴狀應記載之事項？　(A)應受判決事項之聲明 (B)攻擊、防禦方法之提出　(C)訴訟標的　(D)當事人 【103司特五等-民事訴訟法大意與刑事訴訟法大意】	（B）

客觀訴之預備合併

關於客觀預備合併之敘述，下列何者正確？　(A)於第一審法院認先位請求有理由時，應就備位請求裁判　(B)備位請求之訴訟繫屬發生附停止條件　(C)備位請求之第一審審理附停止條件　(D)於第一審法院認先位請求無理由時，應就備位請求裁判 【103司特五等-民事訴訟法大意與刑事訴訟法大意】	（D）

相關考題　　聲明中僅表明全部請求之最低金額

關於民事訴訟應受判決事項之聲明，下列敘述何者正確？　(A)原告請求法院判命被告支付價金之情形，得於聲明中僅表明全部請求之最低金額　(B)原告請求法院判命被告返還借款之情形，原告不得於聲明中僅表明全部請求之最低金額　(C)多數共同利益之社員選定其公益社團法人進行非金錢損害賠償訴訟，原告於起訴時可於聲明中僅表明請求給付之總額　(D)適用通常訴訟程序之事件，原告於第二審須經被告知同意始得為應受判決事項聲明之擴張 　　　　【103司特五等-民事訴訟法大意與刑事訴訟法大意】	(B)

解析：

(A)(B)(C)民事訴訟法第244條第4項規定：「第1項第3款之聲明，於請求金錢賠償損害之訴，原告得在第1項第2款之原因事實範圍內，僅表明其全部請求之最低金額，而於第一審言詞辯論終結前補充其聲明。其未補充者，審判長應告以得為補充。」

(D)第二審不需被告同意亦可擴張。(民訴§255)第三審不得擴張。(民訴§446)

關於訴之聲明表明最低金額之敘述，下列何者正確？　(A)在金錢損害賠償訴訟，原告得於聲明僅表明全部請求之最低金額，但應於第二審言詞辯論終結前補充其金額　(B)在價金支付訴訟，原告得於聲明僅表明全部請求之最低金額，但法院須告知其得為補充　(C)在金錢損害賠償訴訟，原告得於聲明僅表明全部請求之最低金額，且依該最低金額適用其訴訟程序　(D)在價金支付訴訟，原告得於聲明僅表明全部請求之最低金額，但應於第一審言詞辯論終結前補充其金額　　　　【104司特五等-民事訴訟法大意與刑事訴訟法】	(C)

2 承當訴訟

➊ 基本概念

訴訟繫屬中為訴訟標的之法律關係，雖移轉於第三人，於訴訟無影響。（民訴§254 I）此即「當事人恆定原則」之規定。

前項情形，第三人經兩造同意，得聲請代當事人承當訴訟；僅他造不同意者，移轉之當事人或第三人得聲請法院以裁定許第三人承當訴訟。（民訴§254 II）前項裁定，得為抗告。（民訴§254 III）

第1項情形，第三人未參加或承當訴訟者，當事人得為訴訟之告知；當事人未為訴訟之告知者，法院知悉訴訟標的有移轉時，應即以書面將訴訟繫屬之事實通知第三人。（民訴§254 IV）

第1項所定受移轉之第三人如未參加或承當訴訟，為加強其程序保障，宜使其知悉訴訟繫屬之事實，自行決定是否參與訴訟。且為避免裁判矛盾，統一解決紛爭，以維訴訟經濟，應許兩造當事人均得為訴訟之告知，俾使本訴訟裁判對於第三人亦發生參加效力，並預防第三人提起撤銷訴訟，此為本項前段規定之理由；本條後段性質上為第67-1條之特別規定。

訴訟標的移轉給第三人，實務上相當常見。舉個例子，甲控告乙返還借款100萬元，但是甲打官司一陣子之後，心力交瘁，決定將這個債權賤價賣給討債公司，所以就以20萬元的代價賣給A公司。

A公司想要承當訴訟，原則上要雙方當事人都同意，但通常對造當事人不願同意，這時候移轉的當事人甲或者是第三人A公司，可以聲請法院以裁定允許A公司承當訴訟。

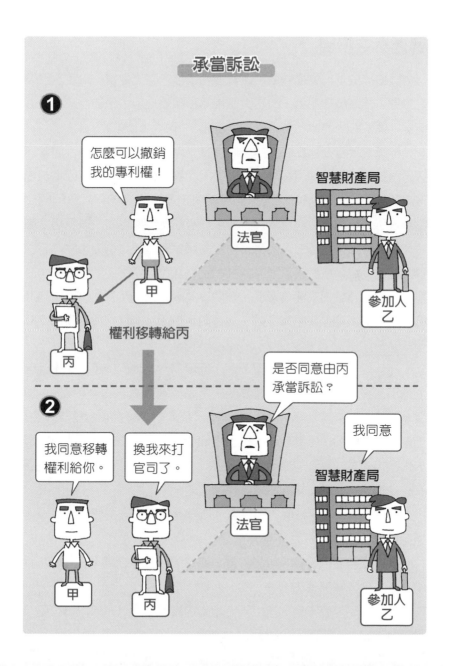

二 起訴之證明

訴訟標的基於物權關係,且其權利或標的物之取得、設定、喪失或變更,依法應登記者,於事實審言詞辯論終結前,原告得聲請受訴法院以裁定許可為訴訟繫屬事實之登記。(民訴§254 V)

本條規定旨在藉由將訴訟繫屬事實予以登記之公示方法,使第三人知悉訟爭情事,俾阻卻其因信賴登記而善意取得,及避免確定判決效力所及之第三人受不測之損害。其所定得聲請發給已起訴證明之當事人,係指原告;其訴訟標的宜限於基於物權關係者,以免過度影響被告及第三人之權益。又辦理訴訟繫屬事實登記之標的,除為訴訟標的之權利外,或有需就其請求標的物為登記之情形。而是否許可為登記,對兩造權益有相當影響,法院應為較縝密之審查,以裁定為准駁;其審查範圍及於事實認定,並得酌定擔保,自僅得於事實審言詞辯論終結前為聲請。

為什麼要發給已起訴的證明呢?簡單舉個土地的例子,如果這塊土地正在打官司,為了避免當事人一方將土地賣給第三人,第三人買受後可能主張善意受讓以阻斷既判力。所以,如果已經有登記這塊土地是正在打官司,因為登記,買受土地的當事人不能主張不知道當事人正在打官司,所以當然也不能主張「善意受讓」,藉此兼顧第三人交易之維護及訴訟當事人權益之保障。

第5項聲請,應釋明本案請求。法院為裁定前,得使兩造有陳述意見之機會。(民訴§254 VI)

為免原告濫行聲請,應令其就本案請求負釋明之責,已包括起訴須為合法且非顯無理由。

前項釋明如有不足,法院得定相當之擔保,命供擔保後為登記。其釋明完足者,亦同。(民訴§254 VII)

　　為擔保被告因不當登記可能所受損害，於原告已為釋明而不完足時，或其釋明已完足，法院均得命供相當之擔保後為登記；又本條之登記，並無禁止或限制被告處分登記標的之效力，法院應斟酌個案情節，妥適酌定是否命供擔保及擔保金額，所命擔保之數額，不得逾越同類事件中法官於假扣押、假處分時酌定之擔保金額。另原告已釋明本案請求完足時，法院非有必要，不宜另定擔保，附此指明。

　　第5項裁定應載明應受判決事項之聲明、訴訟標的及其原因事實。（民訴§254Ⅷ）

　　明定許可登記裁定應記載事項，由登記機關依此辦理登記，其內容較詳盡，俾第三人可資判斷是否為交易。

　　第5項裁定由原告持向該管登記機關申請登記。但被告及第三人已就第5項之權利或標的物申請移轉登記，經登記機關受理者，不在此限。（民訴§254Ⅸ）

　　原告向登記機關申請登記時，倘其登記標的已先由被告及第三人申請移轉登記，經登記機關受理，則嗣後不宜再藉此訴訟繫屬事實之登記，使該第三人成為非善意，亦無保護交易安全必要，登記機關即應不予辦理登記。

　　關於第5項聲請之裁定，當事人得為抗告。抗告法院為裁定前，應使當事人有陳述意見之機會。對於抗告法院之裁定，不得再為抗告。（民訴§254Ｘ）

　　明定當事人不服法院裁定之救濟方法，為保障其程序權，抗告法院為裁定前，應使其有陳述意見之機會。又為免程序延滯，對於抗告法院之裁定，不得再為抗告。至於就訴訟有法律上利害關係之第三人已參加訴訟者，得為所輔助之當事人提起抗告，乃屬當然，無待明文。

　　訴訟繫屬事實登記之原因消滅，或有其他情事變更情形，當事人或利害關係人得向受訴法院聲請撤銷許可登記之裁定。其本案已繫屬第三審者，向原裁定許可之法院聲請之。（民訴§254 XI）

　　原告為訴訟繫屬事實登記後，倘其登記之原因消滅（例如原告撤回其聲請或同意被告處分），或有其他情事變更情形（例如本案請求所據之權利嗣後消滅或變更，或經證明確不存在），應許當事人或利害關係人得聲請撤銷許可登記裁定。法院就此項聲請之審查範圍及於事實認定，宜由訴訟卷證所在之現繫屬法院為裁定；如本案訴訟已繫屬於第三審，則由原裁定許可之法院為之。

　　第6項後段及第10項規定，於前項聲請準用之。（民訴§254 XII）法院就第11項聲請為裁定及其救濟程序，宜準用第6項後段及第10項規定。

　　訴訟終結或第5項裁定經廢棄、撤銷確定後，當事人或利害關係人得聲請法院發給證明，持向該管登記機關申請塗銷訴訟繫屬事實之登記。（民訴§254 XIII）除訴訟終結外，法院許可登記裁定如經抗告廢棄，或依第11項撤銷確定，當事人或利害關係人亦得聲請法院發給證明，以申請塗銷登記。

相關考題　訴訟標的之闡明

下列何者，為關於訴訟標的之闡明？　(A)審判長向被告闡明，詢問其是否提出同時履行抗辯　(B)審判長向原告闡明應提出證據　(C)闡明原告表明請求所依據之理由　(D)被告為抵銷抗辯，審判長不確定被告是否有提起反訴之意思，闡明使被告表明 　　　　　　【111司特五等 - 民事訴訟法大意與刑事訴訟法大意】	(D)

相關考題

若訴訟繫屬中為訴訟標的之法律關係移轉於第三人，則下列敘述何者正確？　(A)第三人無須兩造同意，得聲請代當事人承當訴訟　(B)基於當事人恆定原則，法院縱然知悉訴訟標的有移轉，亦無須通知第三人　(C)若第三人無承當訴訟，第三人不受該確定判決之既判力拘束　(D)基於當事人恆定原則，於訴訟之進行無影響 　　　　　　【99第二次司法特考五等 - 民事訴訟法大意與刑事訴訟法大意】	(D)

解析：
民事訴訟法第254條第1項：「訴訟繫屬中為訴訟標的之法律關係，雖移轉於第三人，於訴訟無影響。」

民事訴訟法第254條第1項規定：「訴訟繫屬中為訴訟標的之法律關係，雖移轉於第三人，於訴訟無影響。」以上之規定，通常被稱為何種主義或原則？　(A)處分權主義　(B)當事人恆定原則　(C)當事人進行主義　(D)武器平等原則 　　　　　　【102司特五等 - 民事訴訟法大意與刑事訴訟法大意】	(B)

訴訟繫屬中為訴訟標的之法律關係，若移轉於第三人，下列敘述，何者錯誤？　(A)法院知悉訴訟標的有移轉者，應即以書面將訴訟繫屬之事實通知第三人　(B)訴訟繫屬中為訴訟標的之法律關係，雖移轉於第三人，於訴訟無影響　(C)第三人雖經兩造同意，仍不得聲請代當事人承當訴訟　(D)確定判決，除當事人外，對於訴訟繫屬後為當事人之繼受人者，亦有效力 　　　　　　【107司特五等 - 民事訴訟法大意與刑事訴訟法大意】	(C)

3 訴之變更或追加

一 基本概念

先舉個例子，乙答應要賣一瓶65年珍藏紀念酒給甲，但事後後悔，履約期已過許久，甲遲遲等不到這瓶酒，因為甲已經答應轉賣給丙，從中賺取差價5萬元，如果沒辦法交付，還要賠償違約金3萬元。情急之下，只好起訴請求乙履約；沒想到突來的一場地震，卻把該瓶酒震碎了，甲要賠償丙違約金，這筆帳應該要算在乙的頭上，所以甲變更起訴內容，轉而將訴訟標的改為損害賠償請求權，此即所謂的訴之變更。

至於訴之追加，也舉個例子，A車禍受傷，請求肇事者B支付一個月的醫藥費用，但事後因傷勢嚴重，持續支付醫療費，所以追加請求後續醫療費用。

二 原則不得為訴之變更或追加

訴狀送達後，原告不得將原訴變更或追加他訴。但有下列各款情形之一者，不在此限：（民訴§255 I）

㈠被告同意者。【同意之擬制：被告於訴之變更或追加無異議，而為本案之言詞辯論者，視為同意變更或追加。（民訴§255 II）】

㈡請求之基礎事實同一者。

㈢擴張或減縮應受判決事項之聲明者。

㈣因情事變更而以他項聲明代最初之聲明者。

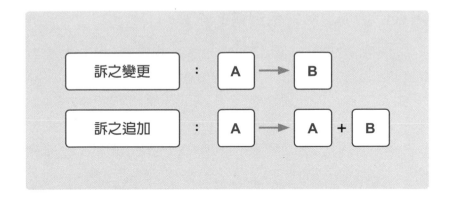

㈤該訴訟標的對於數人必須合一確定時，追加其原非當事人之人
　為當事人者。

㈥訴訟進行中，於某法律關係之成立與否有爭執，而其裁判應以
　該法律關係為據，並求對於被告確定其法律關係之判決者。

㈦不甚礙被告之防禦及訴訟之終結者。

　　法院因第255條第1項但書規定，而許訴之變更或追加，或以訴
為非變更或無追加之裁判，不得聲明不服。（民訴§258Ⅰ）

📕 非為訴之變更或追加

　　不變更訴訟標的，而補充或更正事實上或法律上之陳述者，非為
訴之變更或追加。（民訴§256）

四 訴之變更或追加之限制

　　訴之變更或追加，如新訴專屬他法院管轄或不得行同種之訴訟程
序者，不得為之。（民訴§257）

五 駁回追加之訴之裁定確定

因不備訴之追加要件而駁回其追加之裁定確定者，原告得於該裁定確定後10日內聲請法院就該追加之訴為審判。（民訴§258 II）

如果不符合訴之追加的要件，但也已經具備起訴的要件，考量當事人已經付出許多程序上的勞費，而且或許也取得中斷時效或遵守除斥期間等利益，所以即便駁回確定，還是認為符合一般起訴之合法要件。

相關考題 　訴之變更或追加

關於訴之變更或追加，以下之敘述，何者為非？　(A)原告之訴狀送達被告後，若請求之基礎事實同一者，原告仍可主張為訴之變更或追加　(B)原告之訴狀送達被告後，若訴訟標的對於數人必須合一確定者，原告仍可將原非當事人之人追加為當事人　(C)原告之訴狀送達被告後，若不變更訴訟標的，而僅係補充或更正事實上或法律上陳述者，原告仍可為之　(D)原告之訴狀送達被告後，當事人僅能於第一審中為訴之變更或追加，於第二審中，已無可能性為之	(D)

【99第二次司法特考五等 - 民事訴訟法大意與刑事訴訟法大意】

解析：
(A)(B)均為民事訴訟法第255條規定之條款。
(C)則為民事訴訟法第256條規定。
(D)民事訴訟法第446條第1項：「訴之變更或追加，非經他造同意，不得為之。但第255條第1項第2款至第6款情形，不在此限。」

相關考題　訴之變更或追加

關於民事訴訟第一審程序中訴之變更或追加，下列敘述何者錯誤？ (A)不變更訴訟標的，而補充或更正事實上或法律上之陳述者，非為訴之變更或追加　(B)訴狀送達後，原告不得將原訴變更或追加他訴，但有被告同意者，不在此限　(C)被告同意訴之變更或追加，須以明示之意思為之，無擬制同意之規定　(D)如新訴專屬他法院管轄或不得行同種之訴訟程序者，不得為之 【98五等司特-民事訴訟法大意與刑事訴訟法大意】	(C)
關於客觀訴之變更與追加之敘述，下列何者正確？　(A)於小額程序之第二審，如具請求基礎事實同一性，為貫徹訴訟經濟之要求，應容許客觀訴之變更與追加　(B)於簡易程序之第二審，如具請求基礎事實同一性且其變更或追加仍於簡易程序範圍內，應容許客觀訴之變更與追加　(C)於通常程序之第二審，為保護被告之審級利益，即使具請求基礎事實同一性，仍不應容許客觀訴之變更或追加　(D)於通常程序之第一審，如被告已為本案言詞辯論，為保護被告之利益，即使具請求基礎事實同一性，仍不應容許客觀訴之變更 【103司特五等-民事訴訟法大意與刑事訴訟法大意】	(B)

解析：
(A)民事訴訟法第436-27條：「當事人於第二審程序不得為訴之變更、追加或是提起反訴。」

下列何種情形完全禁止為客觀訴之變更與追加？　(A)通常訴訟事件之第二審　(B)簡易訴訟事件之第二審　(C)小額訴訟事件之第一審　(D)通常訴訟事件之第三審 【104司特五等-民事訴訟法大意與刑事訴訟法】	(D)
原告甲與被告乙間之訴訟，甲於言詞辯論中為訴之變更，乙異議。法院以變更合法而裁定准許甲之變更。下列敘述何者正確？　(A)乙對該裁定得上訴　(B)乙對該裁定不得聲明不服　(C)乙對該裁定得抗告　(D)乙對該裁定得聲明異議 【110司特五等-民事訴訟法大意與刑事訴訟法大意】	(B)

4 反訴

一 基本概念

被告於言詞辯論終結前,得在本訴繫屬之法院,對於原告及就訴訟標的必須合一確定之人提起反訴。(民訴§259)

簡單來說,你告我,我也告你,讓你也變成被告。例如甲告乙,要求乙返還A屋,乙則提起反訴,確認要求A屋非甲所有。(如右頁圖)

透過一個訴訟可以解決多個訴訟爭議,當然是比較有效率,而且又可以避免裁判上的矛盾。否則訴訟標的必須合一確定的情況,如果甲告乙返還A屋,法院認為A屋為甲所有,所以判決甲勝訴,但若乙提起反訴,確認要求A屋非甲所有,結果法院的另外一位法官又判乙勝訴,若法官不查,也直接判決A屋非甲所有,這樣子就會產生裁判上的矛盾。

二 反訴之限制

(一)專屬管轄或標的及防禦方法不相牽連

反訴之標的,如專屬他法院管轄,或與本訴之標的及其防禦方法不相牽連者,不得提起。(民訴§260 I)

例如甲告乙向其借貸100萬元不還,乙憤而提出不動產之返還請求權,請求返還侵占之A屋乙間,兩者沒什麼關係,防禦方法不相牽連。

(二)非同種訴訟程序

反訴，非與本訴得行同種之訴訟程序者，不得提起。（民訴§260Ⅱ）同種訴訟程序才可以提起，不同的訴訟程序，當然就難以提起。

(三)意圖延滯訴訟

當事人意圖延滯訴訟而提起反訴者，法院得駁回之。（民訴§260Ⅲ）

目 提出時機

訴之變更或追加及提起反訴，得於言詞辯論時為之。（民訴§261Ⅰ）於言詞辯論時所為訴之變更、追加或提起反訴，應記載於言詞辯論筆錄；如他造不在場，應將筆錄送達。（民訴§261Ⅱ）

關於反訴之提起，以下之敘述，何者為非？　(A)反訴僅限對於本訴之原告，不可對於原告以外之第三人為之　(B)反訴應向本訴繫屬之法院為之　(C)反訴非與本訴適用同種之訴訟程序者，不得提起　(D)反訴標的與本訴之標的或其防禦方法不相牽連者，不得提起 　　　　【99第二次司法特考五等-民事訴訟法大意與刑事訴訟法大意】	(A)

解析：

民事訴訟法第259條規定：「被告於言詞辯論終結前，得在本訴繫屬之法院，對於原告及就訴訟標的必須合一確定之人提起反訴。」

關於民事訴訟第一審程序中反訴之提起，下列敘述何者錯誤？　(A)提起反訴，得於言詞辯論時為之，應記載於言詞辯論筆錄；如他造不在場，應將筆錄送達　(B)反訴之標的，如與本訴之標的及其防禦方法不相牽連者，不得提起　(C)反訴得於言詞辯論終結後，法院判決前提起　(D)當事人意圖延滯訴訟而提起反訴者，法院得駁回之 　　　　　【98五等司特-民事訴訟法大意與刑事訴訟法大意】	(C)

5 訴之撤回

■ 基本概念

　　當事人提出訴訟之後，可能因為和解或其他因素而沒有繼續打官司的必要，這時候可以透過撤回訴訟的方式，來解決雙方當事人之間的訴訟關係。

　　原告於判決確定前，得撤回訴之全部或一部。但被告已為本案之言詞辯論者，應得其同意。（民訴§262 I）

　　畢竟他造當事人如果已經進行言詞辯論，說不定可以打贏官司，如果單方就可以撤回訴訟，則被告所花費的時間精力付諸流水，難以透過司法程序換得其應有的正義。

■ 以書狀為主

　　訴之撤回應以書狀為之。但於期日，得以言詞向法院或受命法官為之。（民訴§262 II）

　　原告撤回起訴，原則上應以書狀為之，惟於準備程序期日、言詞辯論期日、宣示判決期日及其他期日，原告到場，而以言詞向受訴法院或受命法官為之者，亦應准許。

　　以言詞所為訴之撤回，應記載於筆錄，如他造不在場，應將筆錄送達。（民訴§262 III）

三 擬制同意撤回

訴之撤回，被告於期日到場，未為同意與否之表示者，自該期日起；其未於期日到場或係以書狀撤回者，自前項筆錄或撤回書狀送達之日起，10日內未提出異議者，視為同意撤回。（民訴§262Ⅳ）為保障被告之權益，應許被告於10日內考慮是否同意訴之撤回。

四 效力

訴經撤回者，視同未起訴。但反訴不因本訴撤回而失效力。（民訴§263Ⅰ）於本案經終局判決後將訴撤回者，不得復提起同一之訴。（民訴§263Ⅱ）在效力上不可以再提起，否則如果一下子提起，一下子又撤回，實在是非常浪費司法資源，所以終局判決後要撤回，應該要想清楚，否則就不能再次利用法院進行訴訟程序。

本訴撤回後，反訴之撤回，不須得原告之同意。（民訴§264）

相關考題 訴之撤回

關於訴之撤回，以下之敘述，何者為非？ (A)原告將訴撤回者，視同未起訴，其未經終局判決者，仍可再行起訴 (B)於本案經終局判決後，原告將訴撤回者，視同未起訴 (C)於本案經終局判決後，原告將訴撤回者，不得再提起同一之訴 (D)於本案經終局判決後，原告將訴撤回者，原審之判決視同確定	(D)

【99第二次司法特考五等-民事訴訟法大意與刑事訴訟法大意】

- - - - - - - - - -

解析：

民事訴訟法第263條：「Ⅰ訴經撤回者，視同未起訴。但反訴不因本訴撤回而失效力。Ⅱ於本案經終局判決後將訴撤回者，不得復提起同一之訴。」

相關考題　訴之撤回

下列訴訟行為，何者得不以書狀、僅以言詞向法院為之？　(A)起訴之撤回　(B)參加訴訟　(C)提起上訴　(D)聲明承受訴訟 【98五等司特-民事訴訟法大意與刑事訴訟法大意】	(A)
關於訴之撤回，下列敘述何者正確？　(A)原告於終局判決後即不得撤回起訴　(B)原告撤回起訴時皆應得被告之同意　(C)本訴撤回後，反訴之撤回，不須得原告之同意　(D)於本案經言詞辯論終結後將訴撤回者，不得復提起同一之訴 【97五等司特-民事訴訟法大意與刑事訴訟法大意】	(C)
下列何者訴訟行為，應得民事訴訟之對造同意？　(A)被告已為本案言詞辯論後，原告於第一審判決前撤回起訴　(B)訴之變更或追加，其請求之基礎事實同一者　(C)上訴人於第二審終局判決前撤回上訴（被上訴人未為附帶上訴）　(D)被告在第一審提起反訴 【100五等司法特考-民事訴訟法與刑事訴訟法大意】	(A)
起訴有下列何種情形，依民事訴訟法規定，受訴法院應不命補正而以裁定駁回之？　(A)被告無訴訟能力，未由法定代理人合法代理　(B)起訴不合程式　(C)由訴訟代理人起訴，而其代理權有欠缺　(D)於本案經終局判決後將訴撤回，復提起同一之訴 【103司特五等-民事訴訟法大意與刑事訴訟法大意】	(D)

解析：
民事訴訟法第263條第2項規定：「於本案經終局判決後將訴撤回者，不得復提起同一之訴。」

在本案經第一審法院終局判決後，原告將訴撤回之情形，下列敘述何者正確？　(A)該判決因而確定發生既判力　(B)被告可再就該判決提起上訴　(C)原告可就該判決提起再審之訴　(D)原告不得再提起同一之訴 【108司特五等-民事訴訟法大意與刑事訴訟法大意】	(D)

相關考題　訴之撤回

甲起訴請求乙返還借款新臺幣（下同）500萬元，經第一審判決乙應給付甲200萬元，駁回甲其餘請求。甲、乙就其敗訴部分均聲明不服，提起上訴。嗣於第二審言詞辯論終結前，甲具狀表示兩造於訴訟外已達成和解，因此撤回其上訴。下列敘述何者正確？　(A)甲撤回上訴，縱然乙未撤回上訴，仍得請求退還甲於第二審所繳裁判費三分之二　(B)甲撤回其撤回上訴之意思表示時，第二審法院仍應繼續審理本件訴訟　(C)本件訴訟因甲具狀表示兩造達成和解，則和解成立，與確定判決有同一效力，本件全部第二審程序即為終結　(D)甲因撤回上訴，即喪失其上訴權，就第一審對其不利部分之判決，即無從以任何方式再聲明不服　　(A)

【110司特五等 - 民事訴訟法大意與刑事訴訟法大意】

解析：

(A)民事訴訟法第83條。

關於反訴，下列敘述何者正確？ (A)於第二審就主張抵銷之請求尚有餘額部分，為保護本訴原告之審級利益，均須另訴請求不得提起反訴 (B)於通常事件之第三審可提起反訴 (C)本訴撤回後，基於反訴之附隨性，亦視為撤回 (D)就本訴訟之前提法律關係不存在，於第二審提起消極確認訴訟，無須得本訴原告之同意即可提起反訴	(D)

【104司特五等-民事訴訟法大意與刑事訴訟法】

解析：

(A)民事訴訟法第446條第2項第3款：

提起反訴，非經他造同意，不得為之。但有下列各款情形之一者，不在此限：

一、於某法律關係之成立與否有爭執，而本訴裁判應以該法律關係為據，並請求確定其關係者。

二、就同一訴訟標的有提起反訴之利益者。

三、就主張抵銷之請求尚有餘額部分，有提起反訴之利益者。

(C)民事訴訟法第263條第1項：「訴經撤回者，視同未起訴。但反訴不因本訴撤回而失效力。」

甲與乙間之民事訴訟，經兩造言詞辯論後，甲以書狀撤回其起訴，乙就該撤回未表示任何意見。自何時起，視為乙同意甲撤回其起訴？ (A)甲向法院提出撤回書狀 (B)甲之撤回書狀送達乙 (C)審判長宣示言詞辯論終結 (D)甲之撤回書狀送達乙後經10日	(D)

【111司特五等-民事訴訟法大意與刑事訴訟法大意】

6 言詞辯論之準備

一 言詞辯論準備之基本概念

什麼是言詞辯論之準備？

簡單來說，法院會先進行一個整理資料的程序，確認雙方當事人爭辯的重點所在，也就是所謂的爭點。針對此一爭點，雙方當事人攻防的證據為何，有什麼支持其論點的主張，可以透過訴訟之先期程序，雙方把相關論點與證據攤開來，讓訴訟程序正式開始之後更有效率。也能避免正式開始時又提出一些新證據，而產生突襲性的攻擊防禦。

二 攻擊防禦陳述之提出

當事人因準備言詞辯論之必要，應以書狀記載其所用之攻擊或防禦方法，及對於他造之聲明並攻擊或防禦方法之陳述，提出於法院，並以繕本或影本直接通知他造。（民訴§265 I）他造就曾否受領前項書狀繕本或影本有爭議時，由提出書狀之當事人釋明之。（民訴§265 II）

(一)原告

原告準備言詞辯論之書狀，應記載下列各款事項：（民訴§266 I）

1. 請求所依據之事實及理由。
2. 證明應證事實所用之證據。如有多數證據者，應全部記載之。
3. 對他造主張之事實及證據為承認與否之陳述；如有爭執，其理由。

(二)被告

被告之答辯狀，應記載下列各款事項：（民訴§266 Ⅱ）

1. 答辯之事實及理由。
2. 第266條第1項第2～3款之事項。

目 書狀先行程序

法院應該協助雙方先以書狀進行溝通，針對爭點互相進行充分的說明，如果有沒有記載的部分，法院應為通知以達到提醒之目的。（民訴§267、268）

如果一開始就要當事人親自出席，則委請律師出席、當事人出席，所需要的時間與交通等成本恐怕過於龐大，所以先透過書面往返的方式，讓雙方當事人先瞭解彼此的訴求與依據，以免搞不清楚狀況下而前往法院開準備庭，也只是浪費時間而已。況且，文來文往的過程中，審酌勝訴敗訴的機率後，說不定連準備程序都不必進行，雙方就已經和解了。

四 簡化爭點

依前二條規定行書狀先行程序後，審判長或受命法官應速定言詞辯論期日或準備程序期日。（民訴§268-1 I）法院於前項期日，應使當事人整理並協議簡化爭點。（民訴§268-1 II）（如右頁圖）

五 受命法官行準備程序

行合議審判之訴訟事件，法院於必要時以庭員1人為受命法官，使行準備程序。（民訴§270 I）準備程序，以闡明訴訟關係為止。但另經法院命於準備程序調查證據者，不在此限。（民訴§270 II）

六 失權效

未於準備程序主張之事項，除有下列情形之一者外，於準備程序後行言詞辯論時，不得主張之：（民訴§276 I）

㈠法院應依職權調查之事項。

㈡該事項不甚延滯訴訟者。

㈢因不可歸責於當事人之事由不能於準備程序提出者。

㈣依其他情形顯失公平者。

前項第3款事由應釋明之。（民訴§276 II）

不論是民事或者是刑事訴訟程序，在實質的審理程序前，都有所謂的準備程序，能夠讓爭點集中，最短的時間內完成案件的審理。可是為了避免當事人隱藏一些事證，也為了避免準備程序被當事人忽視或架空，採取「失權效」的制度，也就是在準備程序中沒有提出的相關事證，實際審理程序中，除非有特別的原因，就不能再行提出了，以免發生所謂的突襲性效果。

協議簡化爭點

7 訴訟上和解

一 訴訟上和解之基本概念

訴訟上和解，是指雙方當事人針對訴訟標的爭議事項，為免訟累，在法院主導下各退一步以解決爭議問題，並終結訴訟程序之全部或一部。

法院不問訴訟程度如何，得隨時試行和解。受命法官或受託法官亦得為之。（民訴§377 I）第三人經法院之許可，得參加和解。法院認為必要時，亦得通知第三人參加。（民訴§377 II）

二 和解方案提出之聲請

當事人和解之意思已甚接近者，兩造得聲請法院、受命法官或受託法官於當事人表明之範圍內，定和解方案。（民訴§377-1 I）前項聲請，應以書狀表明法院得定和解方案之範圍及願遵守所定之和解方案。（民訴§377-1 II）

法院、受命法官或受託法官依第1項定和解方案時，應斟酌一切情形，依衡平法理為之；並應將所定和解方案，於期日告知當事人，記明筆錄，或將和解方案送達之。（民訴§377-1 III）

當事人已受前項告知或送達者，不得撤回第1項之聲請。（民訴§377-1 IV）兩造當事人於受第3項之告知或送達時，視為和解成立。（民訴§377-1 V）依前條第2項規定參加和解之第三人，亦得與兩造為第1項之聲請，並適用前4項之規定。（民訴§377-1 VI）

訴訟上和解

不好意思！
誤解！誤解！

和解就好。

法官

🔢 一般和解

　　如果當事人並非在法庭審理過程中進行和解，可能是私下談一下和解的條件，例如發生車禍事件，雙方在警察局談妥的賠償內容，也是有和解效力。只是這種和解所簽訂的和解契約，效力只是一種書證，如果對方毀約，還是要據此和解書另行起訴，效力並不大。但是訴訟上和解，其效力與確定判決有同一之效力。

四 有和解之望之一造到場有困難

當事人有和解之望，而一造到場有困難時，法院、受命法官或受託法官得依當事人一造之聲請或依職權提出和解方案。（民訴§377-2 I）前項聲請，宜表明法院得提出和解方案之範圍。（民訴§377-2 II）依第1項提出之和解方案，應送達於兩造，並限期命為是否接受之表示；如兩造於期限內表示接受時，視為已依該方案成立和解。（民訴§377-2 III）前項接受之表示，不得撤回。（民訴§377-2 IV）

因為當事人一造只是有困難而不到場，與一造辯論判決是當事人怠於行使訴訟上之權利而為剝奪，兩者有所不同，所以對於和解方案還是要送達於雙方當事人，而非一方提出就可以產生效力。

五 和解之程序

因試行和解或定和解方案，得命當事人或法定代理人本人到場。（民訴§378）試行和解而成立者，應作成和解筆錄。（民訴§379 I）

六 和解之效力

和解成立者，與確定判決有同一之效力。（民訴§380 I）和解有無效或得撤銷之原因者，當事人得請求繼續審判。（民訴§380 II）本法第500～502條及第506條之規定，於第2項情形準用之。（民訴§380 IV）第五編之一第三人撤銷訴訟程序之規定，於第1項情形準用之。（民訴380 V）因第1項和解之效力可能及於第三人，第三人之固有權益恐亦因該和解致受損害，而本條第2項有關繼續審判之請求，又限於和解之當事人始得提起，上開第三人則無適用餘地，為保障其固有權益及程序權，明定得準用第五編之一規定，於和解筆錄作

成後，提起撤銷訴訟，以為救濟。當事人就未聲明之事項或第三人參加和解成立者，得為執行名義。（民訴§380-1）

相關考題　訴訟上和解

關於訴訟上和解，以下之敘述，何者為非？　(A)法院不問訴訟程度如何，得隨時試行和解　(B)第三人經法院之許可者，得參加訴訟上和解　(C)和解成立者，法院仍應下判決，以宣示訴訟程序之終結　(D)和解成立者，與確定判決有同一之效力 　　　　　【99第二次司法特考五等-民事訴訟法大意與刑事訴訟法大意】	(C)

解析：
民事訴訟法第380條第1項：「和解成立者，與確定判決有同一之效力。」
同一效力：訴訟終結，有羈束力、確定力、既判力、執行力。

關於訴訟上和解，下列敘述何者錯誤？　(A)對於當事人未聲明事項為訴訟上和解時，該事項之和解成立有既判力　(B)訴訟上和解成立與確定判決有同一效力　(C)訴訟上和解有無效之原因，得請求法院繼續審判　(D)第三人經法院許可，得參與訴訟上和解 　　　　　　　【97五等司特-民事訴訟法大意與刑事訴訟法大意】	(A)
關於法院進行之訴訟上和解，以下之敘述，何者錯誤？　(A)不問訴訟程度如何，法院得隨時試行和解　(B)訴訟上和解僅限於當事人間，第三人不得亦無法參加和解　(C)當事人和解之意思已甚接近者，兩造得聲請法院、受命法官或受託法官，於當事人表明範圍內定和解方案　(D)訴訟上之和解成立者，與確定判決有同一效力，並得為強制執行之名義 　　　　　　　【101司特五等-民事訴訟法大意與刑事訴訟法大意】	(B)

相關考題　訴訟上和解

原告與被告在法院成立和解，下列敘述何者錯誤？　(A)該和解與確定判決有同一之效力　(B)如該和解有無效之原因，原告得請求繼續審判　(C)如該和解有得撤銷之原因，被告得提起撤銷和解之訴　(D)法院無庸就此訴訟為判決	(C)

【111司特五等－民事訴訟法大意與刑事訴訟法大意】

8 判決

一 終局判決

　　雙方證據呈現在法官面前，扮演包青天的法官，就必須要認定事實、適用法律，原則上於當事人聲明事項範圍內，做出一個適宜的裁判。

　　訴訟達於可為裁判之程度者，法院應為終局判決。（民訴§381 I）命合併辯論之數宗訴訟，其一達於可為裁判之程度者，應先為終局判決。但應適用第205條第3項之規定者，不在此限。（民訴§381 II）所謂第205條第3項規定：「第54條（主參加訴訟）所定之訴訟，應與本訴訟合併辯論及裁判之。但法院認為無合併之必要或應適用第184條（裁定停止訴訟）之規定者，不在此限。」

　　訴訟標的之一部或以一訴主張之數項標的，其一達於可為裁判之程度者，法院得為一部之終局判決；本訴或反訴達於可為裁判之程度者亦同。（民訴§382）除別有規定外，法院不得就當事人未聲明之事項為判決。（民訴§388）

二 一造辯論判決

　　指言詞辯論期日，當事人之一造不到場者，得依到場當事人之聲請，由其一造辯論而為判決；不到場之當事人，經再次通知而仍不到場者，並得依職權由一造辯論而為判決。（民訴§385 I）當事人於辯論期日到場不為辯論者，視同不到場。（民訴§387）當然這種判決對

於到場者或許會比較有利，但是實務上也常出現到場者聲請一造判決，但判決結果對到場者不利的情形。

第385條第1項規定，於訴訟標的對於共同訴訟之各人必須合一確定者，言詞辯論期日，共同訴訟人中一人到場時，亦適用之。（民訴§385Ⅱ）如以前已為辯論或證據調查或未到場人有準備書狀之陳述者，為前項判決時，應斟酌之；未到場人以前聲明證據，其必要者，並應調查之。（民訴§385Ⅲ）

如果是「簡易訴訟程序」，只要對方不來法院，法院得依職權為一造辯論判決。（民訴§433-3）

如果是「小額訴訟程序」，依法應行調解程序者，如果經過合法通知卻不到場調解，到場者不但可以向法院聲請立即進行辯論，法院也得依職權為一造辯論判決。（民訴§436-12Ⅰ）

一造辯論判決示意圖

法官大人，對方一直不來，請法院聽我講就好了，不必等對方到場。

好吧！既然對方放棄自己說明的權利，我就依你請求，判你勝訴，對方要還你100萬元。

三 中間判決

　　各種獨立之攻擊或防禦方法，達於可為裁判之程度者，法院得為中間判決。請求之原因及數額俱有爭執時，法院以其原因為正當者，亦同。（民訴§383Ⅰ）訴訟程序上之中間爭點，達於可為裁判之程度者，法院得先為裁定。（民訴§383Ⅱ）

四 延展辯論期日

　　有下列各款情形之一者，法院應以裁定駁回前（民訴§385）條聲請（一造辯論判決），並延展辯論期日：（民訴§386）

　㈠不到場之當事人未於相當時期受合法之通知者。

　㈡當事人之不到場，可認為係因天災或其他正當理由者。

　㈢到場之當事人於法院應依職權調查之事項，不能為必要之證明者。

　㈣到場之當事人所提出之聲明、事實或證據，未於相當時期通知他造者。

五 捨棄或認諾

　　當事人於言詞辯論時為訴訟標的之捨棄或認諾者，應本於其捨棄或認諾為該當事人敗訴之判決。（民訴§384）

項 目	意 義	效 力	備 註
自認	承認對造所主張不利於己之待證事實	無庸舉證	本法第279條 例外：如本法第574條第2項規定、第594條規定。
認諾	對於訴訟標的所為之承認行為	當事人敗訴之判決	本法第384條 例外：如本法第574條第1項規定、第594條規定。

相關考題　延展辯論期日

在通常訴訟程序，如被告有正當理由而遲誤言詞辯論期日，受訴法院應如何處置？　(A)裁定停止訴訟程序　(B)依職權為一造辯論判決　(C)延展言詞辯論期日　(D)依原告聲請為一造辯論判決 【98五等原住民庭務員 - 民事訴訟法大意與刑事訴訟法大意】	(C)

相關考題　捨棄、認諾、自認

當事人於民事訴訟程序中所為之認諾或自認，下列敘述何者錯誤？　(A)認諾乃就訴訟標的所為之承認行為　(B)自認乃承認對造所主張不利於己之待證事實　(C)不論自認或認諾，都會導致為此等訴訟行為之一造敗訴　(D)自認或認諾有拘束法院之效力 【98五等司特 - 民事訴訟法大意與刑事訴訟法大意】	(C)
下列何種訴訟行為不會導致訴訟程序之終結？　(A)訴之撤回　(B)訴訟標的之捨棄　(C)訴訟和解　(D)法院就本案為實體判決確定 【98五等司特 - 民事訴訟法大意與刑事訴訟法大意】	(B)
下列何種情形，法院不得為中間判決或裁定？　(A)獨立之攻擊防禦方法達於可為裁判之程度　(B)訴訟標的之一部達於可為裁判之程度　(C)請求之原因與數額俱有爭執，法院以其原因為正當者　(D)訴訟程序上之中間爭點達於可為裁判之程度 【101司特五等 - 民事訴訟法大意與刑事訴訟法大意】	(B)
原告甲起訴請求被告乙返還借款，主張乙向甲借款未還，但法院調查證據與事實之結果，認定應係丙而非乙，向甲借款未還，應如何裁判？　(A)以當事人顯不適格為由，裁定駁回之　(B)以實體法上無理由，判決駁回之　(C)逕將被告變更為丙，以實體上有理由，判決原告勝訴　(D)停止訴訟程序，請求司法院大法官進行解釋 【101司特五等 - 民事訴訟法大意與刑事訴訟法大意】	(B)

甲、乙、丙共有A地，因不能協議分割，甲乃列乙、丙為共同被告，向法院訴請裁判分割共有物。下列關於本件訴訟之敘述，何者錯誤？　(A)訴訟中乙死亡者，全部訴訟皆發生停止之效力　(B)乙對甲為認諾者，法院須判決乙、丙全部敗訴　(C)甲對乙為捨棄者，法院須判決乙、丙全部勝訴　(D)乙不服第一審判決，法定期間內提起上訴，其利益及於丙

【109司特五等-民事訴訟法大意與刑事訴訟法大意】

(B)

下列何種情形，法院應以裁定駁回一造言詞辯論之聲請，並延展辯論期日？　(A)不到場之當事人已於相當時期受合法通知　(B)到場之當事人所提出之聲明、事實或證據，已於相當時期通知他造　(C)到場當事人於法院應依職權調查之事項已為必要之證明　(D)當事人之不到場可認為係因天災

【111司特五等-民事訴訟法大意與刑事訴訟法大意】

(D)

9 假執行

一 宣告假執行之基本概念

　　與假執行相關的名詞相當多，如防止別人脫產的「假扣押」，可以凍結他人財產之移轉，只是不能拍賣財產。例如將債務人名貴的腳踏車扣住，不讓債務人私下將腳踏車賣掉，但是也不能透過法院程序把腳踏車賣掉，屬於一種暫時性的扣押狀態。

　　所謂「假執行」，「假」字類似「先」、「暫時」字。強制執行通常須等到確定判決後，有時候緩不濟急，因為第一審判決即便己方勝訴，但對方還可以提出上訴，離判決確定還有一段時間，為了避免訴訟拖延，導致起訴人的損害，所以透過假執行的程序，得先行強制執行以實現判決內容之程序。例如先將債務人的腳踏車賣掉，以換取現金。

二 假執行之種類

(一)當事人聲請

　　原告擔心被告跑掉，最後拿不到錢，所以向法院說明理由，請求法院在判決中同意假執行，如果沒有說明理由，也可以在提供一定的擔保後，趕緊查封被告的財產，然後再透過法院拍賣程序，把被告的財產賣掉換錢，讓債權能獲得滿足。

　　關於財產權之訴訟，原告釋明在判決確定前不為執行，恐受難於抵償或難於計算之損害者，法院應依其聲請，宣告假執行。（民訴§390Ⅰ）原告陳明在執行前可供擔保而聲請宣告假執行者，雖無前

項釋明，法院應定相當之擔保額，宣告供擔保後，得為假執行。（民訴§390 II）

　　如果法院同意原告假執行後，對方不想要被假執行，則必須要提供擔保，才能免為假執行。本法規定：被告釋明因假執行恐受不能回復之損害者，如係第389條情形，法院應依其聲請宣告不准假執行；如係（民訴§390）情形，應宣告駁回原告假執行之聲請。（民訴§391）

　　法院得宣告非經原告預供擔保，不得為假執行。（民訴§392 I）

　　法院得依聲請或依職權，宣告被告預供擔保，或將請求標的物提存而免為假執行。（民訴§392 II）

假執行的種類

假執行
├ 當事人聲請
└ 職權宣告

雖然還沒有勝訴，但怕日後不能執行造成嚴重損害，請法院准予假執行。

㈡職權宣告假執行

當事人或許會很奇怪，某些案件中，起訴時沒有主張假執行，為何勝訴判決的內容卻可以寫下列內容，以表示可以假執行：

> 本判決得假執行。但被告如以新臺幣○○萬元為原告預供擔保，得免為假執行。

實際上，這是法院依據法律規定，職權上一定要做的假執行宣告。其規定如下：

下列各款之判決，法院應依職權宣告假執行：（民訴§389 I）

1.本於被告認諾所為之判決。

2.（刪除）

3.就第427條第1項至第4項訴訟適用簡易程序所為被告敗訴之判決。

4.（刪除）

5.所命給付之金額或價額未逾新臺幣50萬元之判決。

㈢當事人該如何辦理？

當法院判決准予假執行時，接下來就有個問題了，當事人該怎麼辦呢？基本上，有兩種選擇：

1.如果當事人想在判決確定前進行強制執行，那就可以進行強制執行的程序。

2.如果要等到判決確定後再說，那就什麼都不必聲請假執行，因為還是有可能對方繼續上訴時，自己又敗訴了。

☰ 未為宣告或忽視聲請

　　法院應依職權宣告假執行而未為宣告，或忽視假執行或免為假執行之聲請者，準用第233條之規定（補充判決）。（民訴§394）

相關考題　假執行

何種情形下之判決，法院應依職權宣告假執行？　(A)本於被告認諾所為之判決　(B)本於被告自認所為之判決　(C)本於被告不爭執所為之判決　(D)本於原告捨棄所為之判決 【98五等原住民庭務員-民事訴訟法大意與刑事訴訟法大意】	(A)
以下何者並不屬於我國民事訴訟法第七編所規定之保全程序的一環？　(A)假執行　(B)假扣押　(C)假處分　(D)定暫時狀態之處分 【102司特五等-民事訴訟法大意與刑事訴訟法大意】	(A)
法院之判決，如忽視假執行之聲請，應如何救濟？　(A)法院得依職權為更正裁定　(B)法院得依職權為補充判決　(C)法院得依職權停止訴訟程序　(D)該判決視為無效 【101司特五等-民事訴訟法大意與刑事訴訟法大意】	(B)

10 判決確定與效力

■ 判決確定

「判決」，距離權利的實踐還有一段距離，要等到「判決確定」，才能夠真正地有權利聲請強制執行。所以，什麼時候判決確定是一件重要的事情。判決下來後，並未確定，當事人收到後，還會有一段期間可以考慮是否能接受判決的內容，如果不能接受，就必須要在上訴期間內提出上訴，如果雙方當事人都沒有上訴，判決就確定了。

判決，於上訴期間屆滿時確定。但於上訴期間內有合法之上訴者，阻其確定。（民訴§398 I）不得上訴之判決，於宣示時確定；不宣示者，於公告時確定。（民訴§398 II）

■ 判決確定證明書

當事人得聲請法院，付與判決確定證明書。（民訴§399 I）判決確定證明書，由第一審法院付與之。但卷宗在上級法院者，由上級法院付與之。（民訴§399 II）為什麼要聲請判決確定證明書呢？因為強制執行必須要依據判決確定證明書，代表法院的判決已經確定了，日後不會就同一事件，而有不同的法院見解。

如果取得確定證明書，並進行強制執行，最常見的情況是當事人已無財產可供執行，最後只能拿到一紙債權憑證，不定時可以向執行法院強制執行。但是這一紙債權憑證，通常等同於壁紙而已，可能當事人一輩子都沒有財產可供執行。

判決尚未確定前仍可上訴

我終於打贏官司，可以要回100萬元了。

很抱歉，對方又上訴了。

判決書

律師

三 既判力

除別有規定外，確定之終局判決就經裁判之訴訟標的，有既判力。（民訴§400 I）主張抵銷之請求，其成立與否經裁判者，以主張抵銷之額為限，有既判力。（民訴§400 II）

確定判決，除當事人外，對於訴訟繫屬後為當事人之繼受人者，及為當事人或其繼受人占有請求之標的物者，亦有效力。（民訴§401 I）對於為他人而為原告或被告者之確定判決，對於該他人亦有效力。（民訴§401 II）前二項之規定，於假執行之宣告準用之。（民訴§401 III）

四 外國法院確定判決之效力

外國法院之確定判決，有下列各款情形之一者，不認其效力：（民訴§402 I）

㈠依中華民國之法律，外國法院無管轄權者。

㈡敗訴之被告未應訴者。但開始訴訟之通知或命令已於相當時期在該國合法送達，或依中華民國法律上之協助送達者，不在此限。

㈢判決之內容或訴訟程序，有背中華民國之公共秩序或善良風俗者。

㈣無相互之承認者。

前項規定，於外國法院之確定裁定準用之。（民訴§402Ⅱ）

實務案例

旅居美國的賴姓男子與元配結婚45年，育有四女，後認識小三，為娶小三，向美國加州法院訴請與在臺髮妻離婚，加州法院判准離婚。之後賴男病逝，小三為爭奪在臺遺產，提起「確認外國離婚判決有效」之訴，臺中高分院認為賴男拋妻棄子24年，違反「公序良俗」，且美國加州要離婚很簡單，認定加州法院判決無效。

相關考題　**既判力**

下列何人非確定判決效力所及之人？　(A)當事人　(B)從參加人　(C)於訴訟繫屬後為當事人之一般繼受人者　(D)為當事人或其繼受人占有請求之標的物者 【98五等司特-民事訴訟法大意與刑事訴訟法大意】	(B)
民事訴訟法有關裁判之規定，下列敘述何者正確？　(A)宣示判決，不問當事人是否在場，均有效力　(B)裁判，除依本法應用裁定者外，以判決行之　(C)法官非參與為判決基礎之辯論者，仍得參與判決　(D)經言詞辯論之判決，應公告之 【97五等司特-民事訴訟法大意與刑事訴訟法大意】	(A)

解析：
(B)民事訴訟法第220條規定：「裁判，除依本法應用判決者外，以裁定行之。」
(C)民事訴訟法第221條第2項規定：「法官非參與為判決基礎之辯論者，不得參與判決。」

相關考題 | 既判力

依民事訴訟法規定，下列敘述何者錯誤？ (A)當事人不得就已起訴之事件，於訴訟繫屬中，更行起訴 (B)除別有規定外，確定之終局判決就經裁判之訴訟標的，有既判力 (C)被告於訴訟中提出抵銷之抗辯，惟該訴訟因原告之訴不合法經法院駁回，被告抵銷之抗辯仍生既判力 (D)訴訟繫屬中為訴訟標的之法律關係，雖移轉於第三人，於訴訟無影響 【97五等司特-民事訴訟法大意與刑事訴訟法大意】	(C)
訴訟繫屬後占有訴訟請求之標的物之下列人中，何者非確定判決之既判力效力所及？ (A)承租人 (B)保管人 (C)受任人 (D)受寄人 【100五等司法特考-民事訴訟法與刑事訴訟法大意】	(A)
關於民事訴訟訴訟標的之敘述，下列何者正確？ (A)原告於通常訴訟程序起訴時無須表明訴訟標的 (B)本案確定判決之既判力不會及於原告未表明之訴訟標的 (C)法院就原告未表明之訴訟標的判決 (D)原告於準備書狀應記載訴訟標的 【103司特五等-民事訴訟法大意與刑事訴訟法大意】	(B)
甲為A屋之所有人，主張乙無權占有A屋，依民法第767條之請求權，列乙為被告請求返還A屋，訴訟繫屬中乙將該占有移轉給惡意之丙，而甲獲得勝訴判決確定後不幸病亡，繼承人為其子丁。下列敘述何者正確？ (A)丙與丁均受該判決既判力所及，丁得據該判決為執行名義對丙強制執行 (B)訴訟繫屬中乙將該占有移轉給惡意之丙時，乙即喪失當事人適格，該判決違法 (C)丁是甲之概括繼受人，受該判決既判力所及，丙非乙之概括繼受人，不受該判決既判力所及 (D)丙與丁均非當事人，均不受該判決既判力所及 【108司特五等-民事訴訟法大意與刑事訴訟法大意】	(A)

11 調解程序

一 調解之基本概念

本來當事人間的爭議準備經過訴訟程序方能加以解決，但對於一些特定之案件，可以事先由法院調停排解，會有專責的調解委員協助解決當事人的爭議，降低訟累，此即調解制度。

二 強制調解案件

下列事件，除有第406條第1項各款所定情形之一者外，於起訴前，應經法院調解：（民訴§403Ⅰ）

㈠不動產所有人或地上權人或其他利用不動產之人相互間因相鄰關係發生爭執者。

㈡因定不動產之界線或設置界標發生爭執者。

㈢不動產共有人間因共有物之管理、處分或分割發生爭執者。

㈣建築物區分所有人或利用人相互間因建築物或其共同部分之管理發生爭執者。

㈤因增加或減免不動產之租金或地租發生爭執者。

㈥因定地上權之期間、範圍、地租發生爭執者。

㈦因道路交通事故或醫療糾紛發生爭執者。

㈧雇用人與受雇人間因僱傭契約發生爭執者。

㈨合夥人間或隱名合夥人與出名營業人間因合夥發生爭執者。

㈩配偶、直系親屬、四親等內之旁系血親、三親等內之旁系姻親、家長或家屬相互間因財產權發生爭執者。

㈡其他因財產權發生爭執，其標的之金額或價額在新臺幣50萬元
以下者。

前項第11款所定數額，司法院得因情勢需要，以命令減至新臺
幣25萬元或增至75萬元。（民訴§403Ⅱ）有起訴前應先經法院調解
之合意，而當事人逕行起訴者，經他造抗辯後，視其起訴為調解之聲
請。但已為本案之言詞辯論者，不得再為抗辯。（民訴§404Ⅱ）

☰ 任意調解

不合於第（403）條規定之事件，當事人亦得於起訴前，聲請調
解。（民訴§404Ⅰ）

四 調解程序

調解，依當事人之聲請行之。（民訴§405Ⅰ）前項聲請，應表明
為調解標的之法律關係及爭議之情形。有文書為證據者，並應提出其
原本或影本。（民訴§405Ⅱ）

法院認調解之聲請有下列各款情形之一者，得逕以裁定駁回之：（民訴§406Ⅰ）

㈠依法律關係之性質，當事人之狀況或其他情事可認為不能調解或顯無調解必要或調解顯無成立之望者。

㈡經其他法定調解機關調解未成立者。

㈢因票據發生爭執者。

㈣係提起反訴者。

㈤送達於他造之通知書，應為公示送達或於外國為送達者。

㈥金融機構因消費借貸契約或信用卡契約有所請求者。

前項裁定，不得聲明不服。（民訴§406Ⅱ）

當事人無正當理由不於調解期日到場者，法院得以裁定處新臺幣3,000元以下之罰鍰；其有代理人到場而本人無正當理由不從前條之命者亦同。（民訴§409Ⅰ）前項裁定得為抗告，抗告中應停止執行。（民訴§409Ⅱ）

五 簡易庭法官審理

調解程序，由簡易庭法官行之。但依第420-1條第1項移付調解事件，得由原法院、受命法官或受託法官行之。（民訴§406-1Ⅰ）

調解由法官選任調解委員1～3人先行調解，俟至相當程度有成立之望或其他必要情形時，再報請法官到場。但兩造當事人合意或法官認為適當時，亦得逕由法官行之。（民訴§406-1Ⅱ）

當事人對於前項調解委員人選有異議或兩造合意選任其他適當之人者，法官得另行選任或依其合意選任之。（民訴§406-1Ⅲ）

六 調解成立與效力

調解經當事人合意而成立；調解成立者，與訴訟上和解有同一之效力。（民訴§416Ⅰ）

調解有無效或得撤銷之原因者，當事人得向原法院提起宣告調解無效或撤銷調解之訴。（民訴§416Ⅱ）前項情形，原調解事件之聲請人，得就原調解事件合併起訴或提起反訴，請求法院於宣告調解無效或撤銷調解時合併裁判之。並視為自聲請調解時，已經起訴。（民訴§416Ⅲ）

第500～502條及第506條之規定，於第2項情形準用之。（民訴§416Ⅳ）調解不成立者，法院應付與當事人證明書。（民訴§416Ⅴ）

第五編之一第三人撤銷訴訟程序之規定，於第1項情形準用之。（民訴416Ⅵ）因第1項調解之效力可能及於第三人，第三人之固有權益恐因該調解致受損害，而本條第2項有關宣告調解無效或撤銷調解之訴，又限於調解之當事人始得提起，上開第三人則無適用餘地，為保障其固有權益及程序權，明定準用第五編之一規定，使得提起第三人撤銷訴訟，以為救濟。

七 調解內容不得採為裁判之基礎

調解程序中，調解委員或法官所為之勸導及當事人所為之陳述或讓步，於調解不成立後之本案訴訟，不得採為裁判之基礎。（民訴§422）

八 調解不成立之程序

當事人兩造於期日到場而調解不成立者，法院得依一造當事人之聲請，按該事件應適用之訴訟程序，命即為訴訟之辯論。但他造聲請延展期日者，應許可之。（民訴§419Ⅰ）前項情形，視為調解之聲請人自聲請時已經起訴。（民訴§419Ⅱ）

　　當事人聲請調解而不成立,如聲請人於調解不成立證明書送達後10日之不變期間內起訴者,視為自聲請調解時,已經起訴;其於送達前起訴者,亦同。(民訴§419Ⅲ)

　　以起訴視為調解之聲請或因債務人對於支付命令提出異議而視為調解之聲請者,如調解不成立,除調解當事人聲請延展期日外,法院應按該事件應適用之訴訟程序,命即為訴訟之辯論,並仍自原起訴或支付命令聲請時,發生訴訟繫屬之效力。(民訴§419Ⅳ)

九 合意移付調解事件

　　第一審訴訟繫屬中,得經兩造合意將事件移付調解。(民訴§420-1Ⅰ)前項情形,訴訟程序停止進行。調解成立時,訴訟終結。調解不成立時,訴訟程序繼續進行。(民訴§420-1Ⅱ)

　　依第1項規定移付調解而成立者,原告得於調解成立之日起3個月內聲請退還已繳裁判費三分之二。(民訴§420-1Ⅲ)

　　為了鼓勵調解成立,透過訴訟費用之減免,讓當事人更有調解成立之動機,法官也常常會提醒當事人如果調解成立,可以退回一定比例的訴訟費用。

　　第2項調解有無效或得撤銷之原因者,準用第380條第2項規定;請求人並應繳納前項退還之裁判費。(民訴420-1Ⅳ)

　　訴訟繫屬中經兩造合意移付調解而成立者,如有無效或得撤銷之原因,宜使利用原訴訟程序繼續審判,以保護程序利益及維護程序經濟,故明定準用第380條第2項之規定,當事人得請求依原訴訟程序繼續審判,為請求之當事人並應繳納依本條第3項規定已退還之裁判費。

相關考題　調解案件

下列何項事件，於起訴前，無須經法院調解？　(A)價值千萬元之土地共有人相互間，因回復共有物之請求發生爭執者　(B)僱用人與受僱人間因僱傭契約發生爭執者　(C)因道路交通事故或醫療糾紛發生爭執者　(D)因定不動產之界線或設置界標發生爭執者 【98五等司特-民事訴訟法大意與刑事訴訟法大意】	(A)
下列何者不屬於強制調解事件？　(A)調解租金之訴　(B)撤銷股東會決議之訴　(C)因醫療糾紛發生爭執者　(D)離婚之訴 【100五等司法特考-民事訴訟法與刑事訴訟法大意】	(B)
下列關於民事訴訟法上調解程序之敘述，何者正確？　(A)民事訴訟法所規定，起訴前應經法院調解之事件，可由雙方當事人合意，不經調解而直接起訴　(B)非屬民事訴訟法所規定，起訴前應經法院調解之事件，當事人只能依其他法規聲請調解，不得聲請法院調解　(C)調解程序中，調解委員或法官所為之勸導及當事人所為之陳述或讓步，於調解不成立後之本案訴訟，不得採為裁判之基礎　(D)當事人於期日不到場者，法官得視為調解不成立或另定調解期日。因此，當事人無正當理由不於調解期日到場者，法院不得處以罰鍰 【102司特五等-民事訴訟法大意與刑事訴訟法大意】	(C)
關於調解程序之規定，下列敘述，何者錯誤？　(A)於法院調解成立者，與訴訟上和解有同一之效力　(B)有起訴前應先經法院調解之合意，而當事人逕行起訴者，經他造抗辯後，仍不得進行調解　(C)第一審訴訟繫屬中，經兩造合意後，得將事件移付調解　(D)因財產權發生爭執，其標的之金額或價額在新臺幣50萬元以下者，於起訴前，應經法院調解 【107司特五等-民事訴訟法大意與刑事訴訟法大意】	(B)

下列關於調解程序之敘述，何者錯誤？　(A)第一審訴訟繫屬中，得經兩造合意將事件移付調解　(B)移付調解之案件，其訴訟程序停止進行　(C)調解成立時，訴訟終結；調解不成立時，訴訟程序繼續進行　(D)調解程序中，當事人所為之陳述或讓步，於調解不成立後之本案訴訟，法官得採為裁判之基礎 　　　　　【98五等司特-民事訴訟法大意與刑事訴訟法大意】	(D)
關於訴訟中移付調解，下列敘述何者正確？　(A)調解程序中，調解委員所為之勸導，使當事人成立相互讓步之方案，應成為本案訴訟之爭點簡化協議　(B)調解程序中，法官所為之勸導及當事人所為之陳述或讓步，於調解不成立後之本案訴訟，不得採為裁判之基礎　(C)第二審訴訟繫屬中，法院於必要時，應依職權將事件移付調解　(D)訴訟繫屬中由法官依職權移付調解者，以2次為限。但經當事人合意者，不在此限 　　　　　【111司特五等-民事訴訟法大意與刑事訴訟法大意】	(B)
關於家事事件法之調解程序，下列敘述何者錯誤？　(A)當事人就分割遺產事件於法院成立調解時，與確定判決有同一之效力　(B)當事人於法院成立離婚之調解者，法院應依職權通知該管戶政機關辦理登記，否則不生離婚之效力　(C)法院得於家事事件之審理程序進行中依職權移付調解　(D)當事人兩造得合意聲請將相牽連之民事事件合併於家事事件而為調解乙、刑事訴訟法部分 　　　　　【111司特五等-民事訴訟法大意與刑事訴訟法大意】	(B)

相關考題 調解程序

關於法院調解,下列敘述何者正確? (A)本於票據有所請求而涉訟者,其訴訟標的價額逾新臺幣(下同)50萬元者,於起訴前應經法院調解 (B)建築物區分所有人相互間因建築物或其共同部分之管理發生爭執者,於起訴前應經法院調解 (C)配偶或直系血親相互間因財產權發生爭執,其訴訟標的價額逾50萬元者,於起訴前毋庸經法院調解 (D)因道路交通事故發生爭執,其訴訟標的價額逾50萬元,於起訴前毋庸經法院調解 【110司特五等-民事訴訟法大意與刑事訴訟法大意】	(B)
關於訴訟繫屬中經兩造合意移付調解之事件,下列敘述,何者錯誤? (A)第一審訴訟繫屬中,得經兩造合意將事件移付調解 (B)訴訟繫屬中經兩造合意移付調解,訴訟程序停止進行 (C)訴訟繫屬中經兩造合意移付調解事件,得由原法院、受命法官或受託法官行之 (D)在第二審程序不得以兩造合意移付調解 【109司特五等-民事訴訟法大意與刑事訴訟法大意】	(D)
有關法院調解不成立,下列敘述何者正確? (A)以起訴視為調解之聲請者,如調解不成立,調解程序終結,原告應另行起訴 (B)第一審受訴法院移付調解而調解不成立者,調解程序終結,原停止之訴訟程序應另行起訴 (C)若債務人對支付命令提出異議,而視為調解之聲請者,於調解不成立時,調解程序終結,債權人應另行起訴 (D)當事人兩造於調解期日到場而調解不成立者,其中一造得聲請法院將調解程序轉換為訴訟程序 【108司特五等-民事訴訟法大意與刑事訴訟法大意】	(D)

解析:
參照民訴第419條之規定。

12 簡易訴訟程序

■ 適用《簡易程序》還是《小額程序》

為了避免訴訟程序過於冗長，對於某些輕微的特定案件，得採行簡易程序或小額程序，以求儘快解決當事人間的法律紛爭。原則上，可透過下列關鍵因素，來判斷適合哪一種訴訟程序：

(一)以金額決定

如果金（價）額50萬元以下（司法院可能會依據情勢需要，以命令減至25萬元，或增至75萬元），案情較為輕微，則適用簡易程序（民訴§427Ⅰ、Ⅶ）。

(二)以案件類型決定

如果請求的金（價）額超過50萬元，還是可以看看是否符合下列情形，依舊可以適用簡易程序：（民訴§427Ⅱ）

01	因建築物或其他工作物定期租賃或定期借貸關係所生之爭執涉訟者
02	僱用人與受僱人間，因僱傭契約涉訟，其僱傭期間在1年以下者
03	旅客與旅館主人、飲食店主人或運送人間，因食宿、運送費或因寄存行李、財物涉訟者
04	因請求保護占有涉訟者
05	因定不動產之界線或設置界標涉訟者
06	本於票據有所請求而涉訟者

07	本於合會有所請求而涉訟者
08	因請求利息、紅利、租金、退職金或其他定期給付涉訟者
09	因動產租賃或使用借貸關係所生之爭執涉訟者
10	因前述01、02、03、06、07、08、09所定請求之保證關係涉訟者
11	本於道路交通事故有所請求而涉訟者。
12	適用刑事簡易訴訟程序案件之附帶民事訴訟，經裁定移送民事庭者

但是若案情複雜，或者是請求的金（價）額超過第427條第1項所定額數十倍以上者（500萬元）者，當事人可以向法院聲請，以裁定改用通常訴訟程序，並由原法官繼續審理。（民訴§427Ⅴ）

(三)雙方合意

即使不符合前述50萬元以下的金（價）額或特殊要件的情況，得以當事人之合意，適用簡易程序，其合意應以文書證之。（民訴§427Ⅲ）不合於第427條第1項及第2項之訴訟，法院適用簡易程序，當事人不抗辯而為本案之言詞辯論者，視為已有前項之合意。（民訴§427Ⅳ）

二 言詞辯論

當事人於其聲明或主張之事實或證據，以認為他造非有準備不能陳述者為限，應於期日前提出準備書狀或答辯狀，並以繕本或影本直接通知他造；其以言詞為陳述者，由法院書記官作成筆錄，送達於他造。（民訴§431）民事訴訟法第265條第1項、第267條第1項規定，通常訴訟程序之當事人提出準備書狀或答辯狀應以繕本或影本直

接通知他造，毋庸提出於法院送達他造當事人。考量簡易訴訟事件簡便及迅速之程序目的，自無使當事人提出書狀於法院，再由法院送達他造之必要。

　　當事人兩造於法院通常開庭之日，得不待通知，自行到場，為訴訟之言詞辯論。（民訴§432 I）前項情形，其起訴應記載於言詞辯論筆錄，並認當事人已有第427條第3項適用簡易程序之合意。（民訴§432 II）簡易訴訟程序事件，法院應以一次期日辯論終結為原則。（民訴§433-1）言詞辯論期日，當事人之一造不到場者，法院得依職權由一造辯論而為判決。（民訴§433-3）

三 獨任法官

　　簡易訴訟程序在獨任法官前行之。（民訴§436 I）

四 上訴及抗告

　　對於簡易程序之第一審裁判，得上訴或抗告於管轄之地方法院，其審判以合議行之。（民訴§436-1 I）當事人於前項上訴程序，為訴之變更、追加或提起反訴，致應適用通常訴訟程序者，不得為之。（民訴§436-1 II）對於依第427條第5項規定改用通常訴訟程序所為之裁判，得上訴或抗告於管轄之高等法院。（民訴§436-1 IV）

　　對於簡易訴訟程序之第二審裁判，其上訴利益逾第466條所定之額數者，當事人僅得以其適用法規顯有錯誤為理由，逕向最高法院提起上訴或抗告。（民訴§436-2 I）

　　對於簡易訴訟程序之第二審裁判，提起第三審上訴或抗告，須經原裁判法院之許可。（民訴§436-3 I）前項許可，以訴訟事件所涉及之法律見解具有原則上之重要性者為限。（民訴§436-3 II）第1項之上訴或抗告，為裁判之原法院認為應行許可者，應添具意見書，敘明

合於前項規定之理由，逕將卷宗送最高法院；認為不應許可者，應以裁定駁回其上訴或抗告。（民訴§436-3Ⅲ）前項裁定，得逕向最高法院抗告。（民訴§436-3Ⅳ）

相關考題　簡易訴訟程序

下列關於簡易訴訟程序之敘述，何者正確？　(A)關於財產權之訴訟，其標的之金額或價額在新臺幣50萬元以下者，適用簡易訴訟程序　(B)起訴必須以書狀為之；其他期日外之聲明或陳述，概得以言詞為之　(C)簡易訴訟程序中若有訴之變更、追加或提起反訴，仍一律適用簡易程序　(D)簡易訴訟程序於上訴程序，不得為訴之變更、追加或提起反訴 【102司特五等-民事訴訟法大意與刑事訴訟法大意】	(A)
關於民事簡易訴訟程序之規定，以下之敘述何者錯誤？　(A)財產權之訴訟，其標的之金額或價額在新臺幣50萬元以下者，應適用簡易程序　(B)本於票據所請求而涉訟者，應適用簡易程序　(C)關於婚姻事件，若經當事人合意者，得適用簡易程序　(D)本應適用簡易程序之事件，得在一定條件下，依當事人聲請，由法院以裁定改用通常訴訟程序 【98五等原住民庭務員-民事訴訟法大意與刑事訴訟法大意】	(C)
以下何種民事紛爭事件，並不適用民事訴訟法所規定之簡易訴訟程序？　(A)標的金額或價額在新臺幣50萬元以下之財產權紛爭事件　(B)本於票據請求100萬元票款的事件　(C)請求給付貨款1,000萬元，經雙方當事人合意適用簡易訴訟程序之事件　(D)夫妻請求裁判離婚的事件 【99第二次司法特考五等-民事訴訟法大意與刑事訴訟法大意】	(D)

依民事訴訟法規定，於當事人無合意之前提下，下列何者不屬於「不問其標的金額或價額一律適用簡易程序」之情形？　(A)因建築物或其他工作物定期租賃或定期借貸關係所生之爭執涉訟者　(B)本於票據有所請求而涉訟者　(C)本於消費借貸關係有所請求而涉訟者　(D)因請求利息、紅利、租金、贍養費、退職金或其他定期給付涉訟者　　　　　　【97五等司特-民事訴訟法大意與刑事訴訟法大意】	(C)
甲起訴請求乙給付租金新臺幣200萬元，關於其訴訟程序，下列敘述何者錯誤？　(A)應適用簡易訴訟程序　(B)應由地方法院獨任法官審理　(C)得向高等法院提起第二審上訴　(D)得以適用法規顯有錯誤為理由，向最高法院提起第三審上訴　　　　　　　　【100五等司法特考-民事訴訟法與刑事訴訟法大意】	(C)
關於簡易訴訟程序，下列敘述，何者錯誤？　(A)對於簡易訴訟程序之第二審裁判，提起第三審上訴或抗告，須經原裁判法院之許可　(B)當事人於上訴程序，不得為訴之變更、追加　(C)言詞辯論期日，當事人之一造不到場者，法院得依職權由一造辯論而為判決　(D)第二審程序以合議審判　　　　　　　　　【107司特五等-民事訴訟法大意與刑事訴訟法大意】	(B)
適用簡易訴訟程序事件之第一審程序，對下列何者之通知得不以通知書為之？　(A)原告　(B)被告　(C)原告之訴訟代理人　(D)鑑定人　　　　　　　　　　　　　　　【110司特五等-民事訴訟法大意與刑事訴訟法大意】	(D)
下列訴訟，何者並不適用民事訴訟法之簡易訴訟程序？　(A)請求返還不當得利新臺幣100萬元　(B)請求給付票款新臺幣100萬元　(C)請求給付租金新臺幣100萬元　(D)請求給付合會會款新臺幣100萬元　　　　　　　　　【109司特五等-民事訴訟法大意與刑事訴訟法大意】	(A)

相關考題　簡易訴訟程序

關於簡易訴訟程序，下列敘述何者錯誤？　(A)第一審在獨任法官前行之　(B)對於第二審之裁判提起第三審上訴須經原裁判法院之許可　(C)第二審裁判於任何情形均不得向最高法院提起上訴　(D)對於第一審裁判得上訴管轄之地方法院，其審判以合議行之 【108司特五等-民事訴訟法大意與刑事訴訟法大意】	(C)

解析：
參照民訴第436條、第436-1條、第436-2條與第436-3條之規定。

適用下列何種訴訟程序之事件，提起第三審上訴應經原裁判法院許可？　(A)適用通常訴訟程序之清償借款事件　(B)適用小額訴訟程序之給付貨款事件　(C)適用簡易訴訟程序之給付票款事件　(D)適用通常訴訟程序之勞動事件 【111司特五等-民事訴訟法大意與刑事訴訟法大意】	(C)

13 小額訴訟程序

■ 小額訴訟之概念

為了追求真實的發現，有必要花費很高額的訴訟成本嗎？

例如當事人因為欠錢與否，打起了官司。爭議的欠款也不過5千元，但是當事人間沒有任何證據可以佐證，但據說兩人洽談借錢的當天，有街頭的錄影機錄下畫面，只是因為時間久遠被刪除了，如果要將刪除的畫面還原，必須花費20萬元，這種成本的支出，只是為了追求5千元的真實發現，划算嗎？

所以現行法令針對一定金額以下的小額訴訟，犧牲掉一些真實發現，以更低廉的成本來達成解決當事人紛爭，此即小額訴訟之概念。

■ 小額訴訟程序之金（價）額

關於請求給付金錢或其他代替物或有價證券之訴訟，其標的金額或價額在新臺幣10萬元以下者，適用本章所定之小額程序。（民訴§436-8 I）法院認適用小額程序為不適當者，得依職權以裁定改用簡易程序，並由原法官繼續審理。（民訴§436-8 II）前項裁定，不得聲明不服。（民訴§436-8 III）第1項之訴訟，其標的金額或價額在新臺幣50萬元以下者，得以當事人之合意適用小額程序，其合意應以文書證之。（民訴§436-8 IV）

■ 一造辯論判決

民事訴訟法第436-8條所定事件，依法應行調解程序者，如當事人一造於調解期日5日前，經合法通知無正當理由而不於調解期日到場，法院得依到場當事人之聲請，命即為訴訟之辯論，並得依職權由其一造辯論而為判決。（民訴§436-12 I）調解期日通知書，並應記載前項不到場之效果。（民訴§436-12 II）

四 不調查證據之情況

　　有下列各款情形之一者，法院得不調查證據，而審酌一切情況，認定事實，為公平之裁判：（民訴§436-14）

　㈠經兩造同意者。

　㈡調查證據所需時間、費用與當事人之請求顯不相當者。（如上圖）

五 變更、追加或提起反訴

　　當事人為訴之變更、追加或提起反訴，除當事人合意繼續適用小額程序並經法院認為適當者外，僅得於第436-8條第1項之範圍內為之。（民訴§436-15）當事人於第二審程序不得為訴之變更、追加或提起反訴。（民訴§436-27）

六 一部請求之禁止

　　當事人不得為適用小額程序而為一部請求。但已向法院陳明就其餘額不另起訴請求者，不在此限。（民訴§436-16）

七 小額訴訟之判決

(一)職權宣告假執行

法院為被告敗訴之判決時，應依職權宣告假執行。（民訴§436-20）

(二)被告自動清償免為部分給付之判決

法院命被告為給付時，如經原告同意，得為被告於一定期限內自動清償者，免除部分給付之判決。（民訴§436-21）例如法院表示若被告在102年5月5日前能返還3萬元，剩下的2萬元就不必還了。

(三)得為被告不履行義務時，應加給原告金額之判決

法院依被告之意願而為分期給付或緩期清償之判決者，得於判決內定被告逾期不履行時應加給原告之金額。但其金額不得逾判決所命原給付金額或價額的三分之一。（民訴§436-22）

八 上訴或抗告之程序

對於小額程序之第一審裁判，得上訴或抗告於管轄之地方法院，其審判以合議行之。（民訴§436-24 I）對於前項第一審裁判之上訴或抗告，非以其違背法令為理由，不得為之。（民訴§436-24 II）上訴狀內應記載上訴理由，表明下列各款事項：（民訴§436-25）

(一)原判決所違背之法令及其具體內容。

(二)依訴訟資料可認為原判決有違背法令之具體事實。

九 程序之轉換

應適用通常訴訟程序或簡易訴訟程序事件，而第一審法院行小額程序者，第二審法院得廢棄原判決，將該事件發回原法院。但第436-8條第4項（合意小額）之事件，當事人已表示無異議或知其違

背或可得而知其違背，並無異議而為本案辯論者，不在此限。（民訴§436-26Ⅰ）簡單來說，本應享有更繁雜的程序，法院可以更有機會做出正確的判決，但卻誤採過於簡單的小額訴訟程序，對於當事人保護較為不周，原則上應該要廢棄原判決，將該事件發回原法院。

前項情形，應予當事人陳述意見之機會，如兩造同意由第二審法院繼續適用小額程序者，應自為裁判。（民訴§436-26Ⅱ）第1項之判決，得不經言詞辯論為之。（民訴§436-26Ⅲ）

➕ 第二審程序不得提出新攻擊或防禦方法

當事人於第二審程序不得提出新攻擊或防禦方法。但因原法院違背法令致未能提出者，不在此限。（民訴§436-28）

⊕ 不經言詞辯論之情形

小額程序之第二審判決，有下列情形之一者，得不經言詞辯論為之：（民訴§436-29）

㈠經兩造同意者。

㈡依上訴意旨足認上訴為無理由者。

⊞ 第二審裁判不得上訴或抗告

對於小額程序之第二審裁判，不得上訴或抗告。（民訴§436-30）

⊟ 再審提起之限制

對於小額程序之第一審裁判，提起上訴或抗告，經以上訴或抗告無理由為駁回之裁判者，不得更以同一理由提起再審之訴或聲請再審。（民訴§436-31）

下列關於小額訴訟程序之敘述，何者正確？　(A)訴訟標的金額或價額在新臺幣30萬元以下者，適用小額程序　(B)當事人不得以合意適用小額程序　(C)當事人不得為適用小額程序而為一部請求。但已向法院陳明就其餘額不另起訴請求者，不在此限　(D)法院為被告敗訴之判決時，應依當事人之聲請宣告假執行 【98五等司特-民事訴訟法大意與刑事訴訟法大意】	(C)
有關小額訴訟程序，下列敘述何者正確？　(A)小額訴訟程序不適用合意管轄之規定　(B)對於小額程序之第一審裁判，不得上訴或抗告　(C)當事人不得為訴之變更、追加或提起反訴　(D)小額訴訟程序適用於訴訟標的金額在新臺幣10萬元以下之案件 【97五等司特-民事訴訟法大意與刑事訴訟法大意】	(D)
下列關於小額訴訟程序之敘述，何者正確？　(A)關於請求給付金錢或其他代替物或有價證券之訴訟，其標的金額或價額在新臺幣20萬元以下者，適用小額訴訟程序　(B)法院認適用小額訴訟程序為不適當者，得依職權以裁定改用簡易程序，並由原法官繼續審理　(C)小額訴訟程序，得於夜間或星期日或其他休息日行之。當事人不得提出異議　(D)小額訴訟程序之當事人，得向法院陳明先為一部請求，其他餘額保留於日後另行起訴 【102司特五等-民事訴訟法大意與刑事訴訟法大意】	(B)

解析：(C)當事人可以提出異議。（民訴§436-11 I）
　　　(D)民事訴訟法第436-16條。

關於小額訴訟程序，下列敘述，何者錯誤？　(A)關於請求給付金錢或其他代替物或有價證券之訴訟，其標的金額或價額在新臺幣20萬元以下者，適用本章所定之小額程序　(B)當事人不得為適用小額程序而為一部請求。但已向法院陳明就其餘額不另起訴請求者，不在此限　(C)依小額程序起訴者，得使用表格化訴狀　(D)經兩造同意者或調查證據所需時間、費用與當事人之請求顯不相當者，法院得不調查證據，而審酌一切情況，認定事實，為公平之裁判 【107司特五等-民事訴訟法大意與刑事訴訟法大意】	(A)

相關考題　小額訴訟

關於小額訴訟程序，下列敘述何者錯誤？　(A)當事人一造為法人，以預定用於同類契約之條款，就關於一定法律關係而生之訴訟，與為自然人之他造簽訂書面合意定第一審管轄法院，法院不得據以定管轄法院　(B)得於夜間進行訴訟程序　(C)經兩造同意得不調查證據　(D)當事人無論是否向法院陳明就其餘額不另起訴請求，均得為適用小額訴訟程序而為一部請求 【111司特五等-民事訴訟法大意與刑事訴訟法大意】	(D)
當事人於小額事件第一審判決送達後，提起第二審上訴，未於上訴狀載明上訴理由者，應於下列何期間內提出上訴理由？　(A)提起上訴後 7 日內　(B)上訴狀繕本送達被上訴人後 7 日內　(C)提起上訴後 10 日內　(D)提起上訴後 20 日內 【110司特五等-民事訴訟法大意與刑事訴訟法大意】	(D)
下列關於小額程序之敘述，何者錯誤？　(A)當事人於第二審程序，不得為訴之變更、追加　(B)當事人於第二審程序，除因原法院違反法令致未能提出者外，不得提出新攻擊或防禦方法　(C)對於第一審裁判，僅得以其違背法令為理由而為上訴或抗告　(D)對於第二審裁判，僅得以其當然違背法令為理由而為上訴或抗告 【109司特五等-民事訴訟法大意與刑事訴訟法大意】	(D)
關於小額訴訟程序，下列敘述何者錯誤？　(A)其第二審之裁判不得上訴或抗告　(B)當事人於第二審程序原則上不得提出新攻擊或防禦方法　(C)當事人於第二審得為訴之變更或追加　(D)其第二審之判決經兩造同意得不經言詞辯論 【108司特五等-民事訴訟法大意與刑事訴訟法大意】	(C)

解析：參照民訴第436-27條之規定。

第七篇

上訴審、抗告、再審等救濟程序

　　敗訴的人往往會認為一審法院法官有偏見，與他造有關係，所以自己敗訴是因為司法不公；當然也還有很多的原因，讓當事人想要上訴。不可否認，司法確實是有可能發生錯誤，而此種錯誤的機率，無論多麼努力都難以縮減至零。因此，為了要保障當事人憲法所賦予的訴訟權，給予其上訴、抗告、再審之權利，讓其有機會能夠修正原審錯誤的判決內容。

1

第二審程序

一 上訴之基本概念

什麼是上訴？你滿意一審法院的判決嗎？你是不是懷疑第一審判決的正確性？如果第一審法院判決對你不利的話，該如何救濟呢？當你有這些情況時，就要透過上訴的程序，說不定第二審判決的結果會變成對自己有利喔！

上訴的程序，跟第一審的程序實際上差不多，原則上相關事證儘量在第一審提出，不要拖到第二審獲得敗訴判決時，才驚覺事態嚴重，後悔莫及。因為想要進入到第三審，限制將會更多。

二 上訴期間

第一審法院判決後，如果結果不利於己，就必須在法定的上訴期間內，依法提起上訴。特別要注意的一點，提起上訴，應於第一審判決送達後20日之不變期間內為之。但宣示或公告後送達前之上訴，亦有效力。（民訴§440）從判決「送達」後的20天內，必須要提起上訴，否則就不能再提起了。這20天的計算也要特別注意，一不小心上訴期間就過去了，到時候無法上訴，可就無語問蒼天。

假設是家人收到判決書再轉交給你，那麼送達日是從家人收到時起算，而不是轉交給你時起算。如果家人忘記了，或者是家人遠在南部，工作一時忙碌無法去拿判決書，20天很容易就過去。另外，如果是以郵寄的方式寄送上訴狀到法院，也要特別注意並非以郵戳日期為準，而是以實際送達法院的日期為準。

認識審級的制度

	通常訴訟	簡易訴訟	小額訴訟
一 審↓	地方法院	地方法院簡易庭（獨任法官）	地方法院簡易庭
二 審↓	高等法院	地方法院合議庭	地方法院合議庭（法律審）
三 審	最高法院	最高法院	X

對於第一審之終局判決，除別有規定外，得上訴於管轄第二審之法院。（民訴§437）

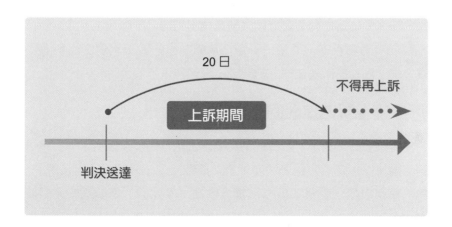

上訴之不變期間

提起第二審上訴，最遲應於第一審判決送達後多少日之不變期間內為之？　(A)20日　(B)25日　(C)30日　(D)15日 【98五等司特-民事訴訟法大意與刑事訴訟法大意】	(A)

四 上訴方式

提起上訴，應以上訴狀表明下列各款事項，提出於原第一審法院為之：（民訴§441 I）

(一)當事人及法定代理人。

(二)第一審判決及對於該判決上訴之陳述。

(三)對於第一審判決不服之程度，及應如何廢棄或變更之聲明。

(四)上訴理由。

上訴理由應表明下列各款事項：（民訴§441 II）

(一)應廢棄或變更原判決之理由。

(二)關於前款理由之事實及證據。

第一審若獲得敗訴的結果，若想在第二審獲得較有利的判決結果，往往要提出更有利之法律見解或找出對自己更有利之證據，光喊不服是沒有意義的；不過，不懂法律的當事人要提出理由恐怕很困難，東扯西扯都不是法律上的要件，恐怕也只是浪費時間而已。

五 原審上訴裁定駁回

提起上訴，並不是直接送到第二審法院，而是先送到第一審轉送第二審法院，如右頁範例下方所寫「此致〇〇法院轉送〇〇法院」。第一審可以就一些基本的事項加以審核，例如逾上訴期間或係對於不得上訴之判決而上訴者，原第一審法院應以裁定駁回之。（民訴§442 I）上訴不合程式或有其他不合法之情形而可以補正者，原第一審法院應定期間命其補正，如不於期間內補正，應以裁定駁回之。（民訴§442 II）上訴狀未具上訴理由者，不適用前項之規定。（民訴§442 III）

民事上訴狀（參考格式）

上訴人：○○○　　（個人資料）
被上訴人：○○○　　（個人資料）

爲不服○○○○○○法院○○年度○○字第○○○號○○○事件的判決，謹於法定期間內提起上訴，並敘述上訴之聲明及理由如下：

上訴之聲明
一、……。
二、……。
三、……。

上訴理由
一、（請敘明事實及理由）……。
二、……。
三、……。

此　　致
○○○○○○法院轉送
○○○○○○法院　公鑒

證物名稱及件數：

　　　　　　　　具狀人：○○○　　簽名蓋章　[印]
　　　　　　　　撰狀人：○○○　　簽名蓋章　[印]

中　華　民　國　　○○　　年　　○○　　月　　○○　　日

六 第二審裁定駁回

上訴不合法者，第二審法院應以裁定駁回之。但其情形可以補正者，審判長應定期間先命補正。（民訴§444 I）這也是形式上的審查，可是一般人比較不懂法律，難免缺東缺西的，只要可以補齊程序，當然還是該給當事人補正的機會。

上訴不合法之情形，已經原第一審法院定期間命其補正而未補正者，得不行前項但書之程序。（民訴§444 II）

本（444）條第1項及第442條第1項、第2項情形，上訴基於惡意或不當目的者，第二審法院或原第一審法院得各處上訴人、法定代理人、訴訟代理人新臺幣12萬元以下之罰鍰。（民訴§444 III）防止濫行上訴造成司法資源之浪費，上訴人基於惡意或不當目的提起不合法之上訴者，應予制裁。又上訴人濫行提起上訴，倘實質上係由其法定代理人、訴訟代理人所為，或共同參與，法院斟酌個案情節，應得對其等各自或一併處以罰鍰；至因疏忽逾期提起上訴，或逾期未繳上訴裁判費等單純上訴不合法之情形，因欠缺主觀意圖，即非本項之規範對象，自不待言。

第249-1條第3項、第4項、第6項及第7項之規定，於前項情形準用之。（民訴§444 IV）

七 未表明上訴理由

上訴狀內未表明上訴理由者，審判長得定相當期間命上訴人提出理由書。（民訴§444-1 I）

上訴人提出理由書後，除應依前條規定駁回者外，第二審法院應速將上訴理由書送達被上訴人。（民訴§444-1 II）

　　審判長得定相當期間命被上訴人提出答辯狀，及命上訴人就答辯狀提出書面意見。（民訴§444-1Ⅲ）

　　當事人逾第1項及前項所定期間提出書狀者，法院得命該當事人以書狀說明其理由。（民訴§444-1Ⅳ）

　　當事人未依第1項提出上訴理由書或未依前項規定說明者，第二審法院得準用第447條之規定（不得提出新攻擊或防禦方法），或於判決時依全辯論意旨斟酌之。（民訴§444-1Ⅴ）

　　提起第二審上訴，應於上訴狀內表明上訴理由。惟為使法院及他造當事人得於期日前儘早掌握上訴資料，進而整理爭點，以充分準備言詞辯論，第二審法院審判長得定相當期間命上訴人提出理由書，以利適用。

八　言詞辯論

　　言詞辯論，應於上訴聲明之範圍內為之。（民訴§445Ⅰ）簡單來說，上訴聲明就是指對於原審判決不滿意的部分提起上訴，當然只能針對上訴聲明的部分，在法庭上透過言詞辯論把道理講清楚。

　　當事人應陳述第一審言詞辯論之要領。但審判長得令書記官朗讀第一審判決、筆錄或其他卷內文書代之。（民訴§445Ⅱ）

九　訴之變更或追加

　　訴之變更或追加，非經他造同意，不得為之。但第255條第1項第2～6款情形，不在此限。（民訴§446Ⅰ）

十　反訴

　　提起反訴，非經他造同意，不得為之。但有下列各款情形之一

者，不在此限：（民訴§446Ⅱ）

㈠於某法律關係之成立與否有爭執，而本訴裁判應以該法律關係為據，並請求確定其關係者。

㈡就同一訴訟標的有提起反訴之利益者。

㈢就主張抵銷之請求尚有餘額部分，有提起反訴之利益者。

⼟ 新攻擊防禦方法之限制　　原則不能

當事人不得提出新攻擊或防禦方法。但有下列情形之一者，不在此限：（民訴§447Ⅰ）

㈠因第一審法院違背法令致未能提出者。

㈡事實發生於第一審法院言詞辯論終結後者。

㈢對於在第一審已提出之攻擊或防禦方法為補充者。

㈣事實於法院已顯著或為其職務上所已知或應依職權調查證據者。

㈤其他非可歸責於當事人之事由，致未能於第一審提出者。

㈥如不許其提出顯失公平者。

前項但書各款事由，當事人應釋明之。（民訴§447Ⅱ）例如某甲控告某乙欠其100萬元，但當年的借據卻因為家中遭竊而找不到，所以第一審一直無法提出該借據作為證據，直到上訴第二審之後，剛好抓到竊嫌，也起出被偷走的借據，因為不可歸責於某甲，所以依據前項第5款規定，依舊可以提出之。

違反前二項之規定者，第二審法院應駁回之。（民訴§447Ⅲ）延續前段之案例，如果某甲是故意隱藏借據不提出，拖延到第二審才提出來，使得某乙訴訟上的審級利益受到侵害，法院即得以違反本條規定加以駁回之。

🔟 第一審訴訟行為之效力

在第一審所為之訴訟行為，於第二審亦有效力。（民訴§448）已經聲請過的證據、已經提出的攻擊防禦方法等，既然在第一審已經做過，第二審當然就不必浪費時間重新提出了。

🔟 上訴無理由之駁回

第二審法院認上訴為無理由者，應為駁回之判決。（民訴§449 I）如果當事人根本就是亂上訴，沒有理由也隨便上訴，這對於他造當事人的時間、金錢都有一定程度的傷害，而且司法資源也受到不必要的浪費。上訴基於惡意、不當目的或有重大過失，且事實上或法律上之主張欠缺合理依據者，第二審法院得各處上訴人、法定代理人、訴訟代理人新臺幣12萬元以下之罰鍰。（民訴§449-1 I）防止濫行上訴造成司法資源之浪費，於上訴無理由情形，如上訴人基於惡意、不當目的或因重大過失提起上訴，且事實上或法律上之主張欠缺合理依據者，例如為騷擾對造、法院，或延滯、阻礙對造行使權利；抑或一般人施以普通注意即可知所提上訴無依據，而有重大過失等，堪認係屬濫訴，應予制裁。又上訴人濫行提起上訴，倘實質上係由其法定代理人、訴訟代理人所為，或共同參與，法院斟酌個案情節，應得對其等各自或一併施罰，並提高罰鍰數額。

第249-1條第2項至第7項之規定，於前項情形準用之。（民訴§449-1 II）法院為前項裁罰，被上訴人因應訴所生之日費、旅費及委任律師為訴訟代理人之酬金，應納入訴訟費用，裁罰之方式及其程序規定，均準用對於濫行起訴之裁罰相關規定。

原判決依其理由雖屬不當，而依其他理由認為正當者，應以上訴為無理由。（民訴§449Ⅱ）二審認為原審做出判決的理由並不恰當，可是第二審覺得採行其他理由，到最後還是會做出此一判決之結果，仍要認為上訴人所提為無理由。

齿 上訴有理由

第二審法院認上訴為有理由者，應於上訴聲明之範圍內，為廢棄或變更原判決之判決。（民訴§450）

第一審之訴訟程序有重大之瑕疵者，第二審法院得廢棄原判決，而將該事件發回原法院。但以因維持審級制度認為必要時為限。（民訴§451Ⅰ）前項情形，應予當事人陳述意見之機會，如兩造同意願由第二審法院就該事件為裁判者，應自為判決。（民訴§451Ⅱ）依第1項之規定廢棄原判決者，其第一審訴訟程序有瑕疵之部分，視為亦經廢棄。（民訴§451Ⅲ）

圭 不得廢棄原判決之情形

應適用簡易訴訟程序之事件，第二審法院不得以第一審法院行通常訴訟程序而廢棄原判決。（民訴§451-1Ⅰ）前項情形，應適用簡易訴訟事件第二審程序之規定。（民訴§451-1Ⅱ）可以複雜，因為程序複雜（通常訴訟程序），對當事人較有保障，所以不得廢棄原判決。

第二審法院不得以第一審法院無管轄權而廢棄原判決。但違背專屬管轄之規定者，不在此限。（民訴§452Ⅰ）因第一審法院無管轄權而廢棄原判決者，應以判決將該事件移送於管轄法院。（民訴§452Ⅱ）

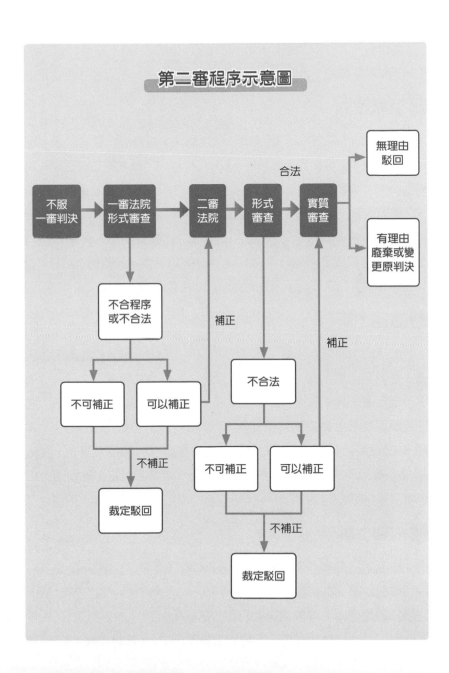

第二審程序示意圖

第451條第1項及前（452）條第2項之判決，得不經言詞辯論為之。（民訴§453）

📗 假執行

關於財產權之訴訟，第二審法院之判決，維持第一審判決者，應於其範圍內，依聲請宣告假執行。（民訴§457 I）既然第二審已經判決勝訴，未來當事人可能勝訴的機率相當高，為免打官司確定還要一段時間，影響當事人權利，所以可以讓當事人聲請宣告假（暫時）執行。

前項宣告假執行，如有必要，亦得以職權為之。（民訴§457 II）對第二審法院關於假執行之裁判，不得聲明不服。但依第395條第2項及第3項所為之裁判，不在此限。（民訴§458）

📗 撤回上訴

上訴人於終局判決前，得將上訴撤回。但被上訴人已為附帶上訴者，應得其同意。（民訴§459 I）訴訟標的對於共同訴訟之各人必須合一確定者，其中一人或數人於提起上訴後撤回上訴時，法院應即通知視為已提起上訴之共同訴訟人，命其於10日內表示是否撤回，逾期未為表示者，視為亦撤回上訴。（民訴§459 II）撤回上訴者，喪失其上訴權。（民訴§459 III）第262條第2～4項之規定，於撤回上訴準用之。（民訴§459 IV）

📗 附帶上訴

被上訴人於言詞辯論終結前，得為附帶上訴。但經第三審法院發回或發交後，不得為之。（民訴§460 I）附帶上訴，雖在被上訴人之上訴期間已滿，或曾捨棄上訴權或撤回上訴後，亦得為之。（民訴§460 II）第261條之規定，於附帶上訴準用之。（民訴§460 III）

　　上訴經撤回或因不合法而被駁回者，附帶上訴失其效力。但附帶上訴備上訴之要件者，視為獨立之上訴。（民訴§461）

相關考題　上訴之不變期間

對於民事判決提起上訴，應於如何之不變期間內為之？　(A)判決宣示後10日之不變期間內為之　(B)判決送達後10日之不變期間內為之　(C)判決宣示後20日之不變期間內為之　(D)判決送達後20日之不變期間內為之 【98五等原住民庭務員-民事訴訟法大意與刑事訴訟法大意】	(D)

相關考題　撤回上訴

關於撤回上訴，以下之敘述，何者錯誤？　(A)上訴人在終局判決以前，原則上得將上訴撤回　(B)上訴人撤回上訴者，無論被上訴人是否已為附帶上訴，均需得其同意而為之　(C)上訴經撤回者，附帶上訴亦失其效力，但附帶上訴具備上訴要件者，視為獨立之上訴　(D)上訴人撤回上訴者，喪失上訴權 【101司特五等-民事訴訟法大意與刑事訴訟法大意】	(B)
甲主張債務人乙將其土地低價出售給丙，係詐害其債權之行為，故以乙、丙為共同被告，請求法院撤銷其買賣行為。第一審判決准予撤銷，乙單獨提起上訴，嗣後乙又單獨具狀向法院聲明撤回上訴。下列敘述何者錯誤？　(A)乙丙間買賣行為之效力必須合一確定，此為必要共同訴訟　(B)乙上訴由形式上觀之乃有利於共同訴訟人，效力及於丙　(C)乙撤回上訴不利於共同訴訟人，唯有丙明示同意，方能發生撤回之效力　(D)甲必須以乙、丙為共同被告，當事人適格之要件始無欠缺　【108司特五等-民事訴訟法大意與刑事訴訟法大意】	(C)

甲乙開車均有不慎，互撞而造成彼此損傷。甲訴請乙賠償新臺幣（下同）200萬元。第一審法院判決乙應賠償甲30萬元，駁回其餘部分。甲就敗訴之170萬元部分合法上訴於第二審，乙則未提起上訴。第二審法院審理甲的上訴時，下列敘述何者正確？ (A)乙未提起上訴，故乙敗訴部分，於乙之上訴期間屆滿時確定 (B)乙未提起上訴，故乙不可於第二審，就甲撞傷乙之損害提起反訴 (C)乙可以於言詞辯論終結前，提起附帶上訴 (D)乙為保護自己權益，可於第二審任意提出新攻擊防禦方法　(C)

【102司特五等－民事訴訟法大意與刑事訴訟法大意】

依現行民事訴訟法之規定，關於附帶上訴與擴張上訴聲明，下列敘述何者正確？ (A)第三審得擴張上訴聲明 (B)經第三審法院發回更審後得為附帶上訴 (C)第二審言詞辯論終結前得為附帶上訴 (D)第三審得為附帶上訴 【104司特五等－民事訴訟法大意與刑事訴訟法】　(C)

下列關於民事訴訟第二審程序的敘述，何者正確？ (A)上訴權不得拋棄 (B)於第二審程序中，不得為訴之變更或追加 (C)於第二審程序中提起反訴，一定須經他造同意 (D)於第二審程序中，原則上當事人不得提出新攻擊或防禦方法　(D)

【98五等司特－民事訴訟法大意與刑事訴訟法大意】

關於第二審程序，下列敘述何者錯誤？ (A)當事人得在言詞辯論終結前，隨時提出新攻擊或防禦方法 (B)第二審法院得以第一審法院違背專屬管轄而廢棄原判決 (C)上訴人於終局判決前，得將上訴撤回 (D)在第一審所為的訴訟行為，於第二審亦有效力　(A)

【98五等原住民庭務員－民事訴訟法大意與刑事訴訟法大意】

相關考題　　新攻擊防禦方法之提出

關於第二審上訴程序，下列敘述何者正確？　(A)於第二審為訴之追加或變更，若不甚礙他造當事人防禦及訴訟終結時，不須他造同意　(B)非可歸責於當事人之事由，致未能於第一審提出之新攻擊或防禦方法，仍得於第二審提出　(C)在第一審所為之訴訟行為，於第二審不生效力　(D)原判決之理由確實不當，縱因其他理由認為判決正當者，仍應以上訴為有理由　　　　　　【97五等司特-民事訴訟法大意與刑事訴訟法大意】	(B)
下列何種新攻擊防禦方法，在第二審不得提出？　(A)因第一審法院違背法令，致未能提出者　(B)當事人在第一審疏忽未提出者　(C)事實發生於第一審法院言詞辯論終結後者　(D)如不許其提出顯失公平者　　　　　　【100五等司法特考-民事訴訟法與刑事訴訟法大意】	(B)
關於第二審程序，下列敘述何者與民事訴訟法規定不符？　(A)原則上得提出新攻擊或防禦方法　(B)在第一審所為之訴訟行為，於第二審亦有效力　(C)經他造同意，得為訴之變更或追加　(D)經他造同意，得提起反訴　　　　　　【103司特五等-民事訴訟法大意與刑事訴訟法大意】	(A)
關於第二審程序之敘述，下列何者正確？　(A)當事人得於第一審判決宣示、公告或送達前，捨棄上訴權　(B)上訴狀未具上訴理由者，應以裁定駁回上訴　(C)訴之變更或追加，非經他造同意，不得為之　(D)被上訴人已為附帶上訴者，上訴人撤回上訴應得其同意　　　　　　【104司特五等-民事訴訟法大意與刑事訴訟法】	(D)
關於民事訴訟第二審上訴之規定，下列敘述，何者錯誤？　(A)言詞辯論，應於上訴聲明之範圍內為之　(B)除法律別有規定外，當事人得於第二審提出新攻擊或防禦方法　(C)上訴狀內未表明上訴理由者，審判長得定相當期間命上訴人提出理由書　(D)提起上訴，應於第一審判決送達後20日之不變期間內為之　　　　　　【107司特五等-民事訴訟法大意與刑事訴訟法大意】	(B)

相關考題　上訴未附帶理由

提起第二審上訴而上訴狀內未記載下列何事項，依民事訴訟法規定，原審法院不須命補正？　(A)當事人及法定代理人　(B)第一審判決及對於該判決上訴之陳述　(C)對於第一審判決不服之程度，及應如何廢棄或變更之聲明　(D)上訴理由	(D)

【103司特五等-民事訴訟法大意與刑事訴訟法大意】

解析：

上訴人未遵期提出上訴理由書之情形，法院僅得命該當事人以書狀說明理由，其未說明者，亦僅生不得提出新攻擊或防禦方法之失權效果，或於判決時作為形成心證之全辯論意旨之一部分加以斟酌，法院尚不得以其上訴不合法為由，駁回其上訴。(最高法院89年台抗字第573號民事裁定)

相關考題　整合型考題

關於第二審上訴程序，以下之敘述，何者為非？　(A)提起第二審上訴者，應為第一審中受不利益判決之當事人　(B)提起第二審上訴者，應於第一審判決送達後20日之不變期間內為之　(C)提起第二審上訴者，應以上訴狀表明上訴理由，未表明者，審判長得定相當期間命其補正　(D)第二審上訴當事人進行言詞辯論的範圍，不以上訴聲明不服的範圍為限	(D)

【99第二次司法特考五等-民事訴訟法大意與刑事訴訟法大意】

解析：

民事訴訟法第438條：「前條判決前之裁判，牽涉該判決者，並受第二審法院之審判。但依本法不得聲明不服或得以抗告聲明不服者，不在此限。」

相關考題　上訴

甲對乙提起返還不當得利之本訴，乙對甲提出租金債權之抵銷抗辯，法院認為本訴部分乙之抵銷抗辯有理由，判決甲敗訴。關於此訴訟案件，下列敘述何者正確？　(A)乙提起之抗辯應認為是反訴　(B)乙獲得勝訴判決，法院不得允許乙提起上訴　(C)甲乙均應清償對彼此之債務，因此無上訴利益，法院不得允許雙方互相提起上訴　(D)甲乙均有可能得到更有利之判決，因此均有上訴利益，雙方均有可能提起上訴　【108司特五等-民事訴訟法大意與刑事訴訟法大意】	(D)
下列關於民事通常訴訟第二審上訴之敘述，何者錯誤？　(A)經他造同意後，得為訴之變更追加　(B)僅一造上訴而他造未上訴或附帶上訴時，必受不利益變更禁止原則之保障　(C)第二審法院認原判決訴訟程序重大瑕疵時，得廢棄原判決而將案件發回原法院　(D)第二審法院為判決時，不受上訴聲明範圍之拘束　【109司特五等-民事訴訟法大意與刑事訴訟法大意】	(D)

下列關於民事訴訟第二審程序之敘述，何者正確？　(A)於第一審未提出之攻擊防禦方法，得於第二審程序中自由提出，法院須斟酌之　(B)被上訴人於言詞辯論終結前，得為附帶上訴。但經第三審法院發回或發交後，不得為之　(C)在第一審所為之訴訟行為，於第二審均失其效力　(D)上訴之不變期間為30日

(B)

【99第二次司法特考五等－民事訴訟法大意與刑事訴訟法大意】

解析：
(A)除非符合特定之情況，否則第二審原則上不能提出新的攻擊防禦方法。（民訴§447Ⅰ）
(B)民事訴訟法第460條第1項：「被上訴人於言詞辯論終結前，得為附帶上訴。但經第三審法院發回或發交後，不得為之。」
(C)民事訴訟法第448條：「在第一審所為之訴訟行為，於第二審亦有效力。」
(D)民事訴訟法第440條：「提起上訴，應於第一審判決送達後20日之不變期間內為之。但宣示或公告後送達前之上訴，亦有效力。」

關於民事訴訟之附帶上訴，下列敘述何者錯誤？　(A)得由被上訴人在第二審言詞辯論終結前提起　(B)第二審之被上訴人於上訴期間屆滿後，仍得提起附帶上訴　(C)經第三審法院發回更審後，被上訴人仍得提起附帶上訴　(D)第三審之被上訴人不得為附帶上訴

(C)

【100五等司法特考－民事訴訟法與刑事訴訟法大意】

下列何種情形不得提起附帶上訴？　(A)撤回上訴後　(B)上訴期間屆滿後　(C)捨棄上訴權後　(D)事件經第三審法院發回後

(D)

【103司特五等－民事訴訟法大意與刑事訴訟法大意】

下列關於民事通常訴訟第二審上訴之敘述，何者錯誤？　(A)經他造同意後，得為訴之變更追加　(B)僅一造上訴而他造未上訴或附帶上訴時，必受不利益變更禁止原則之保障　(C)第二審法院認原判決訴訟程序重大瑕疵時，得廢棄原判決而將案件發回原法院　(D)第二審法院為判決時，不受上訴聲明範圍之拘束

(D)

【109司特五等－民事訴訟法大意與刑事訴訟法大意】

2 第三審程序

■ 上訴第三審之概念

簡單來說，不服第一審判決，可以上訴第二審；如果第二審判決後還是不服，部分特定案件，例如金額較大者，是可以上訴第三審。所以，不討論發回更審、再審的情況，一個較為重大的案件，可以有三次的審判機會。本法規定：對於第二審之終局判決，除別有規定外，得上訴於管轄第三審之法院。（民訴§464）

對於第一審判決，或其一部未經向第二審法院上訴，或附帶上訴之當事人，對於維持該判決之第二審判決，不得上訴。（民訴§465）

對於財產權訴訟之第二審判決，如因上訴所得受之利益，不逾新臺幣100萬元者，不得上訴。（民訴§466 I）對於第427條訴訟，如依通常訴訟程序所為之第二審判決，仍得上訴於第三審法院。其因上訴所得受之利益不逾新臺幣100萬元者，適用前項規定。（民訴§466 II）前二項所定數額，司法院得因情勢需要，以命令減至新臺幣50萬元，或增至150萬元。（民訴§466 III）目前為150萬元。計算上訴利益，準用關於計算訴訟標的價額之規定。（民訴§466 IV）

■ 飛躍上訴

當事人對於第一審法院依通常訴訟程序所為之終局判決，就其確定之事實認為無誤者，得合意逕向第三審法院上訴。（民訴§466-4 I）前項合意，應以文書證之，並連同上訴狀提出於原第一審法院。（民訴§466-4 II）

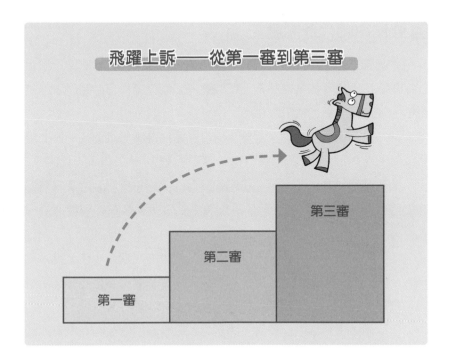

審級過多，曠日費時，為了讓公正的法院能有效地解決當事人之間的紛爭，如果事實很確定，雙方並不須要針對事實的部分再進行攻防，雙方當事人只是針對法律的部分有所意見，則可以雙方合意向第三審提起上訴，放棄一個審級的審級利益，以換取更快速解決問題的結果。

相關考題	財產權訴訟之第三審上訴標的	
依據民事訴訟法之規定與司法院之命令，目前對於財產權訴訟之第二審判決，其上訴所得受之利益，不逾新臺幣多少元者，不得提起第三審上訴？ (A)100萬元 (B)150萬元 (C)200萬元 (D)250萬元　　　　　　　　【98五等司特-民事訴訟法大意與刑事訴訟法大意】		(B)

三 強制律師代理制度

上訴第三審必須要指出原判決違背法令之處,一般非法律背景者往往難以指出違背法令之所在。所以透過強制律師代理的制度,以避免當事人濫行上訴的情況發生。

對於第二審判決上訴,上訴人應委任律師為訴訟代理人。但上訴人或其法定代理人具有律師資格者,不在此限。(民訴§466-1 I)

第三審因為是法律審,並不審理事實的部分,所以上訴第三審一定要由律師擔任「訴訟代理人」。簡單來說,一定要花錢聘請律師代為打官司。

上訴人之配偶、三親等內之血親、二親等內之姻親,或上訴人為法人、中央或地方機關時,其所屬專任人員具有律師資格並經法院認為適當者,亦得為第三審訴訟代理人。(民訴§466-1 II)

所以如果沒有錢委任律師,還是可以看看親朋好友中有沒有律師資格,只要經過法院認定適當的情況下,都可以作為第三審訴訟代理人。

第1項但書及第2項情形,應於提起上訴或委任時釋明之。(民訴§466-1 III)上訴人未依第1項、第2項規定委任訴訟代理人,或雖依第2項委任,法院認為不適當者,第二審法院應定期先命補正。逾期未補正亦未依第466-2條為聲請者,第二審法院應以上訴不合法裁定駁回之。(民訴§466-1 IV)

第二審法院就先進行形式上的審理,連律師都沒有委任或法院認為不適當的情況,也未補正,在形式審理上,第二審就要加以裁定駁回,根本不能進入第三審進行實質審理。

訴訟代理人之審查示意圖

第二審法院會先就訴訟代理人是否適當來審查，審查通過後，才會進入第三審。

四 不得上訴第三審之案件

上訴第三審法院，非以原判決違背法令為理由，不得為之。（民訴§467）至於什麼是判決違背法令呢？依據本法規定：判決不適用法規或適用不當者，為違背法令。（民訴§468）

可是這樣子描述依舊很抽象，本法另有具體的「例示」規範：有下列各款情形之一者，其判決當然為違背法令：（民訴§469）

㈠判決法院之組織不合法。

㈡依法律或裁判應迴避之法官參與裁判。

㈢法院於審判權之有無辨別不當或違背專屬管轄之規定。但當事人未於事實審爭執，或法律別有規定者，不在此限。

㈣當事人於訴訟未經合法代理。

㈤違背言詞辯論公開之規定。

㈥判決不備理由或理由矛盾。

上述第3款之立法理由：

一、法院對於所受理之無審判權事件，誤認為有審判權而為判決，或違背專屬管轄之規定，其判決當然為違背法令。但普通法院受移送，如經最高行政法院裁判確定，或經最高行政法院依法院組織法第7-5條第1項後段規定指定，或當事人就普通法院無審判權之事件，依第182-1條第1項第2款規定，合意由普通法院裁判，普通法院依法即為有審判權之法院，則其所為判決，自非無審判權之違法判決。

二、第182-1條第1項第2款規定當事人得合意由普通法院裁判，係尊重當事人基於程序主體地位，所享有之程序選擇權，寓有審判權相對化之內涵；又判決違背專屬管轄規定究屬例外情形，無害重

大之公益；倘當事人於事實審未爭執審判權歸屬或管轄專屬，基於程序安定、訴訟誠信及司法資源有限性，應毋庸廢棄原判決。另依第182-1條第4項規定，移送未經最高行政法院裁判確定，普通法院所為裁判，上級審法院不得以其無審判權而廢棄之；商業事件審理法第4條第5項規定，受商業法院移送之法院所為裁判，上級法院不得以其違背專屬管轄為由廢棄原裁判；均屬法律別有規定者，應從之。

　　如果不是上列「例示」事項，還是有些情況是違背法令，但要能上訴第三審，程序上會比較嚴謹，也就是要經過「許可」，依據本法規定：以前條所列各款外之事由提起第三審上訴者，須經第三審法院之許可。（民訴§469-1 I）前項許可，以從事法之續造、確保裁判之一致性或其他所涉及之法律見解具有原則上重要性者為限。（民訴§469-1 II）

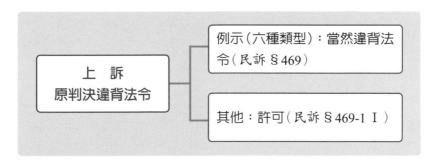

五 上訴狀內容

　　提起上訴，應以上訴狀提出於原判決法院為之。（民訴§470 I）

　　上訴狀內應記載上訴理由，表明下列各款事項：（民訴§470 II）

㈠原判決所違背之法令及其具體內容。

㈡依訴訟資料合於該違背法令之具體事實。

㈢依第469-1條規定提起上訴者（非民訴§469例示事由上訴），具
體敘述為從事法之續造、確保裁判之一致性或其他所涉及之法
律見解具有原則上重要性之理由。

上訴狀內，宜記載因上訴所得受之利益。（民訴§470Ⅲ）

六 提起上訴之程序

被上訴人得於上訴狀或前項理由書送達後15日內，提出答
辯狀於原第二審法院。（民訴§471Ⅱ）

第二審法院送交訴訟卷宗於第三審法院，應於收到答辯狀或
前項期間已滿後為之。（民訴§471Ⅲ）

判決宣示後送達前提起上訴者，第1項之期間（20日）自判決
送達後起算。（民訴§471Ⅳ）

上訴狀內未表明上訴理由者，上訴人應於提起上訴後20日內，
提出理由書於原第二審法院；未提出者，毋庸命其補正，由原第二審
法院以裁定駁回之。（民訴§471Ⅰ）簡單來說，因為上訴理由可能要
慢慢斟酌，所以可以先提出個訴狀，單純表示要上訴，理由於20日
內後補。

七 追加書狀

被上訴人在第三審未判決前，得提出答辯狀及其追加書狀於第三
審法院。上訴人亦得提出上訴理由追加書狀。（民訴§472Ⅰ）

第三審法院以認為有必要時為限，得將前項書狀送達於他造。
（民訴§472Ⅱ）

八 變更或擴張、附帶上訴之限制

上訴之聲明，不得變更或擴張之。（民訴§473Ⅰ）

被上訴人，不得為附帶上訴。（民訴§473Ⅱ）

九 言詞辯論為原則

第三審之判決，應經言詞辯論為之。但法院認為不必要時，不在此限。（民訴§474Ⅰ）

第三審法院行言詞辯論時，應由兩造委任律師代理為之。（民訴§474Ⅱ）

被上訴人委任訴訟代理人時，準用第466-1條第1～3項（強制律師代理）、第466-2條第1項（無資力）及第466-3條（律師之酬金可作為訴訟費用之一部）之規定。（民訴§474Ⅲ）

　　雖然體系上是以言詞辯論為原則，例外才是書面審理，但是實務運作上則是相反，言詞辯論的情況非常少，除非是相當重大的案件，才會進行言詞辯論，否則通常就是書面審理。

✚ 調查範圍

　　第三審法院應於上訴聲明之範圍內，依上訴理由調查之。但法院應依職權調查之事項，或有統一法令見解之必要者，不在此限。（民訴§475）

✚ 判決基礎之事實範圍

　　第三審法院，應以原判決確定之事實為判決基礎。（民訴§476 I）言詞辯論筆錄記載當事人陳述之事實，第三審法院得斟酌之。（民訴§476 II）以違背訴訟程序之規定為上訴理由時，所舉違背之事實及以違背法令確定事實、遺漏事實或認作主張事實為上訴理由時，所舉之該事實，第三審法院亦得斟酌之。（民訴§476 III）

✚ 上訴有理由

　　審理總要有個結果，當事人上訴第三審到底有沒有理由，法院該如何進行下一個程序，都是相當重要的。有理由，什麼情況是自己改判？什麼情況又是廢棄原判決呢？

　　第三審法院認上訴為有理由者，就該部分應廢棄原判決。（民訴§477 I）因違背訴訟程序之規定廢棄原判決者，其違背之訴訟程序部分，視為亦經廢棄。（民訴§477 II）所以本法規定原則上是要廢棄原判決。

　　除第469條第1～5款之情形外，原判決違背法令而不影響裁判之結果者，不得廢棄原判決。（民訴§477-1）

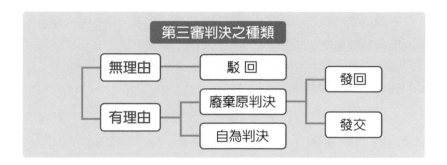

　　第三審法院就第466-4條所定之上訴（飛躍上訴），不得以原判決確定事實違背法令為理由廢棄該判決。（民訴§477-2）

⑬ 自為判決之類型

　　第三審法院廢棄原判決，而有下列各款情形之一者，應自為判決：（民訴§478 I）

　　㈠因基於確定之事實或依法得斟酌之事實，不適用法規或適用不當廢棄原判決，而事件已可依該事實為裁判者。

　　㈡原判決就訴或上訴不合法之事件誤為實體裁判者。

　　㈢法院應依職權調查之事項，第三審得自行確定事實而為判斷者。

　　㈣原判決未本於當事人之捨棄或認諾為裁判者。

　　㈤其他無發回或發交使重為辯論之必要者。

⑭ 發回、發交

　　除有前項情形外（自為判決），第三審法院於必要時，得將該事件發回原法院或發交其他同級法院。（民訴§478 II）前項發回或發交判決，就應調查之事項，應詳予指示。（民訴§478 III）受發回或發交之法院，應以第三審法院所為廢棄理由之法律上判斷為其判決基礎。（民訴§478 IV）

為發回或發交之判決者，第三審法院應速將判決正本附入卷宗，送交受發回或發交之法院。（民訴§480）

十五 準用第二審程序規定

除本章別有規定外，前章（第二審程序）之規定，於第三審程序準用之。（民訴§481）

相關考題　上訴第三審

以下何者，不能構成上訴民事第三審事由？　(A)原審法院逾期宣示判決　(B)原審法院判決適用法規不當　(C)原審法院判決理由矛盾　(D)原審法院舉證負擔分配錯誤 【101員級鐵路人員-法學知識與英文】	(A)
第二審法院判決有下列何種情形者，非當然違背法令？　(A)判決法院之組織不合法者　(B)違背言詞辯論公開之規定者　(C)判決不備理由或理由矛盾者　(D)證據取捨，認定事實有疑義者 【100五等司法特考-民事訴訟法與刑事訴訟法大意】	(D)
關於第三審程序，以下之敘述，何者為非？　(A)關於財產權之第二審判決，方可上訴第三審，身分權之訴訟，不可上訴第三審　(B)上訴第三審法院，非以原判決違背法令為理由，不得為之　(C)上訴第三審法院，上訴人應委任律師為訴訟代理人　(D)當事人對於第一審法院依照通常程序所作的判決，就其確定之事實認為無誤者，得合意逕向第三審法院提起飛躍上訴 【99第二次司法特考五等-民事訴訟法大意與刑事訴訟法大意】	(A)

解析：(D)民事訴訟法第466-4條第1項：「當事人對於第一審法院依通常訴訟程序所為之終局判決，就其確定之事實認為無誤者，得合意逕向第三審法院上訴。」

相關考題　上訴第三審

以下關於民事第三審程序之敘述，何者錯誤？　(A)對於財產權訴訟之第二審判決提起第三審上訴者，須因上訴所得受之利益，超過新臺幣150萬元者才能提起　(B)提起第三審上訴者，上訴人應委任律師為訴訟代理人，但上訴人或其法定代理人具有律師資格者，不在此限　(C)上訴第三審，非以原判決違背法令為理由，不得提起。判決若不適用法規或適用不當者，係屬違背法令，可以之為理由，提起第三審上訴　(D)提起第三審上訴以後，上訴人對於上訴之聲明仍可變更或擴張，以擴大當事人應受確定裁判的範圍與實益 【102司特五等-民事訴訟法大意與刑事訴訟法大意】	(D)
下列關於民事訴訟第三審程序的敘述，何者錯誤？　(A)上訴之聲明，不得變更或擴張之　(B)對於第二審判決上訴，上訴人原則上應委任律師為訴訟代理人　(C)行簡易訴訟程序之案件，不得上訴於第三審　(D)上訴第三審法院，非以原判決違背法令為理由，不得為之 【98五等司特-民事訴訟法大意與刑事訴訟法大意】	(C)
關於第三審程序，依民事訴訟法規定，下列敘述何者錯誤？　(A)第三審為法律審，第三審法院應以第二審判決確定之事實為判決基礎　(B)第三審為法律審，第三審法院不得調查任何事實　(C)當事人在第三審不許為訴之變更、追加或提起反訴　(D)第三審原則上應行言詞辯論　【97五等司特-民事訴訟法大意與刑事訴訟法大意】	(B)
關於民事訴訟之第三審上訴，下列敘述何者錯誤？　(A)採律師強制代理制度　(B)須以原判決違背法令為理由，始得提起　(C)上訴人至遲應於提起上訴後20日內提出上訴理由　(D)如上訴人未於法定期間內提出上訴理由，法院應先命補正而未據補正後，始得以裁定駁回其上訴　【100五等司法特考-民事訴訟法與刑事訴訟法大意】	(D)

相關考題　上訴第三審

甲委任乙律師為訴訟代理人提起第三審上訴，未於上訴狀內表明上訴理由，亦未於提起上訴後20日內，提出理由書於原第二審法院。下列何者符合民事訴訟法規定？　(A)原第二審法院應以無理由判決駁回上訴　(B)第三審法院應定期間命其補提上訴理由書　(C)原第二審法院應以裁定駁回上訴　(D)原第二審法院應定期間命其補正上訴理由書　【103司特五等-民事訴訟法大意與刑事訴訟法大意】	(C)
下列何種原第二審判決違背法令之理由上訴於第三審時，須經第三審法院之許可？　(A)違背闡明之義務　(B)違背言詞辯論公開之規定　(C)違背專屬管轄之規定　(D)判決不備理由或理由矛盾　【104司特五等-民事訴訟法大意與刑事訴訟法】	(A)

解析：民事訴訟法第469-1條第1項。

關於民事訴訟第三審上訴程序，下列敘述，何者錯誤？　(A)上訴狀內，應記載上訴理由，表明法定事項　(B)上訴第三審法院，限以原判決違背法令為理由　(C)提起第三審上訴者，一律須經第三審法院的許可　(D)第三審律師的酬金，為訴訟費用的一部　【107司特五等-民事訴訟法大意與刑事訴訟法大意】	(C)

3 抗告程序

一 基本概念

　　判決，主要是針對實體的事項，對於判決不服，當事人可以提起上訴；裁定，則主要是針對程序上的事項，對於裁定不服，則可以提起抗告。本法規定：對於裁定，得為抗告。但別有不許抗告之規定者，不在此限。（民訴§482）

二 不得抗告之類型

(一)訴訟程序進行中所為之裁定，除別有規定外，不得抗告。
　　（民訴§483）

(二)不得上訴於第三審法院之事件，其第二審法院所為裁定，不得
　　抗告。（民訴§484 I 本文）案子較為輕微而無法上訴第三審，裁
　　定也應該不可以向第三審提起抗告。

　　但下列裁定，得向原法院提出異議：（民訴§484 I 但書）

　　1. 命法院書記官、執達員、法定代理人、訴訟代理人負擔訴訟
　　　 費用之裁定。

　　2. 對證人、鑑定人、通譯或執有文書、勘驗物之第三人處以罰
　　　 鍰之裁定。

　　3. 駁回拒絕證言、拒絕鑑定、拒絕通譯之裁定。

　　4. 強制提出文書、勘驗物之裁定。

　　前(1)項異議，準用對於法院同種裁定抗告之規定。（民訴
§484 II）

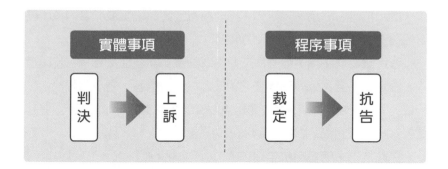

受訴法院就異議所為之裁定，不得聲明不服。（民訴§484Ⅲ）

㈢受命法官或受託法官之裁定，不得抗告。（民訴§485Ⅰ本文）

　　但其裁定如係受訴法院所為而依法得為抗告者，得向受訴法院提出異議。（民訴§485Ⅰ但書）

　　前項異議，準用對於法院同種裁定抗告之規定。（民訴§485Ⅱ）

　　受訴法院就異議所為之裁定，得依本編之規定抗告。（民訴§485Ⅲ）

　　訴訟繫屬於第三審法院者，其受命法官或受託法官所為之裁定，得向第三審法院提出異議。不得上訴於第三審法院之事件，第二審法院受命法官或受託法官所為之裁定，得向受訴法院提出異議。（民訴§485Ⅳ）

㈣本法第491條第2項裁定，不得抗告。（民訴§491Ⅲ）

🎱 抗告之程序

　　抗告，除別有規定外，由直接上級法院裁定。（民訴§486Ⅰ）抗告法院之裁定，以抗告不合法而駁回者，不得再為抗告。但得向原法院提出異議。（民訴§486Ⅱ）前項異議，準用第484條第2項及第3項之規定。（民訴§486Ⅲ）

提起抗告，除別有規定外，應向為裁定之原法院或原審判長所屬法院提出抗告狀為之。（民訴§488Ⅰ）

適用簡易或小額訴訟程序之事件或關於訴訟救助提起抗告及由證人、鑑定人、通譯或執有證物之第三人提起抗告者，得以言詞為之。但依第436-2條第1項規定（逾第466條所定之數額：150萬元）提起抗告者，不在此限。（民訴§488Ⅱ）

提起抗告，應表明抗告理由。（民訴§488Ⅲ）

四 再抗告之限制

除前二項之情形外，對於抗告法院之裁定再為抗告，僅得以其適用法規顯有錯誤為理由。（民訴§486Ⅳ）第436-6條之規定，於前項之抗告準用之。（民訴§486Ⅴ）

五 抗告之不變期間

提起抗告，應於裁定送達後10日之不變期間內為之。但送達前之抗告，亦有效力。（民訴§487）

六 抗告之裁定

(一)原審法院或審判長

原法院或審判長認抗告為有理由者，應撤銷或變更原裁定。（民訴§490Ⅰ）但是通常原法院不會認為抗告有理由，因為這就好像是自己承認錯誤。

原法院或審判長未以抗告不合法駁回抗告，亦未依前項規定為裁定者，應速將抗告事件送交抗告法院；如認為必要時，應送交訴訟卷宗，並得添具意見書。（民訴§490Ⅱ）

(二)抗告法院之裁定

抗告法院認抗告為有理由者，應廢棄或變更原裁定；非有必要，不得命原法院或審判長更為裁定。(民訴§492)

七 抗告之效力

抗告，除別有規定外，無停止執行之效力。(民訴§491 I)原法院或審判長或抗告法院得在抗告事件裁定前，停止原裁定之執行或為其他必要處分。(民訴§491 II)

八 視為提起抗告與提出異議

依本編規定，應為抗告而誤為異議者，視為已提起抗告；應提出異議而誤為抗告者，視為已提出異議。(民訴§495)

九 準用規定

抗告，除本編別有規定外，準用第三編第一章(第二審程序)之規定。(民訴§495-1 I)

第436-2條第1項之逕向最高法院抗告、第486條第4項之再為抗告，準用第三編第二章(第三審程序)之規定。(民訴§495-1 II)

相關考題 抗告

關於抗告，下列敘述何者正確？ (A)抗告法院之裁定，以抗告不合法而駁回者，得再為抗告 (B)提起抗告，應於裁定送達後10日之不變期間內為之。但送達前之抗告，亦有效力 (C)原法院或審判長認抗告為有理由者，應送交抗告法院撤銷或變更原裁定 (D)抗告，除別有規定外，應停止原裁定之執行	(B)
【97五等司特-民事訴訟法大意與刑事訴訟法大意】	

下列關於抗告程序之敘述，何者錯誤？　(A)對於裁定，得為抗告。但別有不許抗告之規定者，不在此限　(B)訴訟程序進行中所為之裁定，除別有規定外，不得抗告　(C)提起抗告，除別有規定外，生停止執行之效力　(D)提起抗告，應於裁定送達後10日之不變期間內為之　【102司特五等-民事訴訟法大意與刑事訴訟法大意】　(C)

下列關於裁定與抗告的敘述，何者符合民事訴訟法規定？　(A)提起抗告，應於裁定宣示後20日之不變期間內為之　(B)不得上訴於第三審法院之事件，其第二審法院所為裁定，不得抗告　(C)受命法官之裁定，得向其所屬法院為抗告　(D)抗告，由原法院為裁定　【103司特五等-民事訴訟法大意與刑事訴訟法大意】　(B)

下列何種裁定得為抗告？　(A)為達成調解目的之必要，法院依當事人之聲請，裁定禁止他造處分標的之物　(B)證人受合法之通知，無正當理由而不到場者，法院裁定處罰鍰　(C)不得上訴於第三審法院之事件，其第二審法院所為之裁定　(D)受命法官或受託法官之裁定　【104司特五等-民事訴訟法大意與刑事訴訟法】　(B)

解析：
(A)民事訴訟法第409-1條第2項。
(B)民事訴訟法第303條第4項。
(C)民事訴訟法第484條第2項。
(D)民事訴訟法第485條第1項。

關於民事訴訟上的抗告，下列敘述，何者正確？　(A)是對尚未確定的裁定表示不服之救濟方法　(B)受有20日的不變期間之限制　(C)得對受命法官或受託法官之裁定為之　(D)由原裁判法院為裁定　【107司特五等-民事訴訟法大意與刑事訴訟法大意】　(A)

相關考題　抗告

甲起訴請求乙遷讓返還甲所有之A屋，經第一審法院裁定：①核定訴訟標的價額為新臺幣（下同）150萬元；②甲應於收受該裁定之翌日起7日內繳納第一審裁判費2萬元，逾期駁回起訴。甲不服該裁定，全部提起抗告。下列敘述何者正確？　(A)第一審法院關於核定訴訟標的價額之裁定，為訴訟程序進行中所為之裁定，不得抗告　(B)第一審法院關於命甲繳納第一審裁判費之裁定，事涉甲起訴合法與否，影響甲之程序基本權，應得抗告　(C)如抗告法院駁回甲關於第一審法院核定訴訟標的價額裁定之抗告，甲得以其適用法規顯有錯誤為理由，再為抗告　(D)如抗告法院以不合法為由，駁回甲關於第一審法院命甲繳納第一審裁判費部分裁定之抗告，甲不得再為抗告　　　　　　　【111司特五等-民事訴訟法大意與刑事訴訟法大意】	(D)
關於抗告程序，下列敘述何者正確？　(A)均不得提出新攻擊防禦方法　(B)抗告法院為裁定前應行言詞辯論程序　(C)抗告法院認抗告為有理由者，應將原裁定廢棄，發回原法院更為裁定　(D)對於准為假扣押之裁定提起抗告，抗告法院為裁定前，應使債權人及債務人有陳述意見之機會　　　　　　　【110司特五等-民事訴訟法大意與刑事訴訟法大意】	(D)
下列關於抗告之敘述，何者錯誤？　(A)訴訟程序進行中所為之裁定，除別有規定外，不得抗告　(B)抗告，除別有規定外，應停止原裁定之執行　(C)抗告，除別有規定外，由直接上級法院裁定　(D)於裁定送達前之抗告，亦有效力　　　　　　　【109司特五等-民事訴訟法大意與刑事訴訟法大意】	(B)

4 再審程序

➊ 再審之基本概念

　　上面分別介紹了三審的制度，最後法院會有個終局確定的判決。通常雙方的法律關係因此而確定。可是，對於這個確定判決，你可能還是不服氣，難道就沒有機會挽救了嗎？

　　實際上當然還有機會，就是「再審」的制度，再審並非是再多一個上級審，而是就最後一個審級重新再來的概念。為了避免過度寬鬆而成為第四審級的疑慮，可以聲請再審的情況並不多，基本上有右頁13種情形。畢竟一個法院的判決結果可以任意地被推翻，會造成訴訟上的不安定、人民對於法院之不信賴感，因此如果經過一定審級的審理後，判決結果就應該加以尊重，必須在少數的情況下才可以提起再審。

➋ 再審之類型

　　右頁之第7～10款情形，以宣告有罪之判決或處罰鍰之裁定已確定，或因證據不足以外之理由，而不能為有罪之確定判決或罰鍰之確定裁定者為限，得提起再審之訴。（民訴§496 Ⅱ）

　　除了右頁類型之外，依第466條不得上訴於第三審法院之事件（不逾150萬元之案件），除前條規定外，其經第二審確定之判決，如就足影響於判決之重要證物，漏未斟酌，或當事人有正當理由不到場，法院為一造辯論判決者，亦得提起再審之訴。（民訴§497）為判決基礎之裁判，如有前二條（496、497）所定之情形者，得據以對於該判決提起再審之訴。（民訴§498）

有下列各款情形之一者，得以再審之訴對於確定終局判決聲明不服。但當事人已依上訴主張其事由或知其事由而不為主張者，不在此限：（民訴§496 I）

01	適用法規顯有錯誤者。
02	判決理由與主文顯有矛盾者。
03	判決法院之組織不合法者。
04	依法律或裁判應迴避之法官參與裁判者。
05	當事人於訴訟未經合法代理者。
06	當事人知他造之住居所，指為所在不明而與涉訟者。但他造已承認其訴訟程序者，不在此限。
07	參與裁判之法官關於該訴訟違背職務犯刑事上之罪者，或關於該訴訟違背職務受懲戒處分，足以影響原判決者。
08	當事人之代理人或他造或其代理人關於該訴訟有刑事上應罰之行為，影響於判決者。
09	為判決基礎之證物係偽造或變造者。
10	證人、鑑定人、通譯、當事人或法定代理人經具結後，就為判決基礎之證言、鑑定、通譯或有關事項為虛偽陳述者。
11	為判決基礎之民事、刑事、行政訴訟判決及其他裁判或行政處分，依其後之確定裁判或行政處分已變更者。
12	當事人發現就同一訴訟標的在前已有確定判決或和解、調解或得使用該判決或和解、調解者。
13	當事人發現未經斟酌之證物或得使用該證物者。但以如經斟酌可受較有利益之裁判者為限。

三 再審之限制

第二審法院就該事件已為本案判決者，對於第一審法院之判決不得提起再審之訴。（民訴§496Ⅲ）

再審之訴，法院認無再審理由，判決駁回後，不得以同一事由，對於原確定判決或駁回再審之訴之確定判決，更行提起再審之訴。（民訴§498-1）也就是一個理由只能一次。

四 再審之管轄

再審之訴，專屬為判決之原法院管轄。（民訴§499Ⅰ）

對於審級不同之法院就同一事件所為之判決，提起再審之訴者，專屬上級法院合併管轄。但對於第二審法院之判決，係本於第496條第1項第9～13款事由，聲明不服者，專屬原第二審法院管轄。（民訴§499Ⅱ）第9款「基礎證物偽、變造」、第10款「具結之人虛偽陳述」、第11款「基礎裁判已變更」、第12款「已有或得使用之判決、和解、調解」、第13款「未經斟酌或得使用之證物」。

五 再審期間

再審之訴，應於30日之不變期間內提起。（民訴§500Ⅰ）

前項期間（30日之不變期間），應自判決確定時起算，判決於送達前確定者，自送達時起算；其再審之理由發生或知悉在後者，均自知悉時起算。但自判決確定後已逾5年者，不得提起。（民訴§500Ⅱ）

以第496條第1項第5款、第6款或第12款情形為再審之理由者，不適用前項但書之規定。（民訴§500Ⅲ）也就是說不適用5年不得提起之規定，包括第5款「未經合法代理」、第6款「知他造住居所，卻指為不明」及第12款「已有或得使用之判決、和解、調解」。

六 再審之訴狀

再審之訴，應以訴狀表明下列各款事項，提出於管轄法院為之：（民訴§501Ⅰ）

(一)當事人及法定代理人。

(二)聲明不服之判決及提起再審之訴之陳述。

(三)應於如何程度廢棄原判決及就本案如何判決之聲明。

(四)再審理由及關於再審理由並遵守不變期間之證據。

再審訴狀內，宜記載準備本案言詞辯論之事項，並添具確定終局判決繕本或影本。（民訴§501Ⅱ）

七 再審之審理

再審之訴不合法者，法院應以裁定駁回之。（民訴§502Ⅰ）

再審之訴顯無再審理由者，得不經言詞辯論，以判決駁回之。（民訴§502Ⅱ）

本案之辯論及裁判，以聲明不服之部分為限。（民訴§503）

再審之訴，雖有再審理由，法院如認原判決為正當者，應以判決駁回之。（民訴§504）

八 再審程序之準用

除本編別有規定外，再審之訴訟程序，準用關於各該審級訴訟程序之規定。（民訴§505）第395條第2項之規定，於再審之訴準用之。（民訴§505-1）

民事訴訟法第395條第2項規定：「法院廢棄或變更宣告假執行之本案判決者，應依被告之聲明，將其因假執行或因免假執行所為給付及所受損害，於判決內命原告返還及賠償，被告未聲明者，應告以得為聲明。」

九 再審對第三人之效力

再審之訴之判決，於第三人以善意取得之權利無影響。
（民訴§506）

十 裁定之再審

裁定已經確定，而有第496條第1項或第497條（再審之要件）之
情形者，得準用本編之規定，聲請再審。（民訴§507）

相關考題　再審期間

下列關於再審期間之敘述，何者錯誤？　(A)再審之訴，應於20日之不變期間內提起　(B)再審之不變期間，自判決確定時起算，判決於送達前確定者，自送達時起算；其再審之理由發生或知悉在後者，均自知悉時起算　(C)再審之理由發生或知悉在後者，自判決確定後已逾5年者，不得提起再審　(D)確定終局裁判適用法律或命令所持見解，經司法院大法官解釋認為違背法令時，當事人如據以為再審之理由者，其不變期間，應自該解釋公布當日起算【102司特五等-民事訴訟法大意與刑事訴訟法大意】	(A)
下列那一種期間，不屬於民事訴訟法規定之不變期間？　(A)上訴期間　(B)抗告期間　(C)就審期間　(D)再審期間【103司特五等-民事訴訟法大意與刑事訴訟法大意】	(C)
下列何種法定期間，並非不變期間？　(A)上訴期間　(B)抗告期間　(C)再審期間　(D)遲誤不變期間而聲請回復原狀之期間【101司特五等-民事訴訟法大意與刑事訴訟法大意】	(D)
關於再審期間，下列敘述何者正確？　(A)為不變期間　(B)為通常法定期間　(C)為裁定期間　(D)如有重大理由，法院得以裁定伸長或縮短之【111司特五等-民事訴訟法大意與刑事訴訟法大意】	(A)

相關考題　　再審事由

以下何者，不構成民事訴訟法上的再審事由？　(A)發現有未經審酌的人證　(B)適用法規顯有錯誤　(C)證物係變造或偽造　(D)發現有未經審酌的物證　　　　　　　　【101員級鐵路人員-法學知識與英文】	(A)
關於再審之敘述，下列何者正確？　(A)以「判決法院之組織不合法」為再審之理由者，縱判決確定後已逾5年，仍得提起再審　(B)經再審之訴重新判決後，得對抗第三人善意取得之權利　(C)再審之訴顯無再審理由者，得不經言詞辯論，以裁定駁回之　(D)再審之訴，雖有再審理由，法院如認原判決為正當者，應以判決駁回之　　　　　　　　【104司特五等-民事訴訟法大意與刑事訴訟法】	(D)

解析：
(A)民事訴訟法第500條。
(B)民事訴訟法第506條。
(C)判決。（民訴§504）

關於再審之規定，下列敘述，何者正確？　(A)為判決基礎之證物係偽造或變造者，為再審之理由之一　(B)再審之訴，非專屬為判決之原法院管轄　(C)再審之訴乃係對於未確定終局判決聲明不服　(D)再審之訴，應於20日之不變期間內提起。前項期間，自判決確定時起算，判決於送達前確定者，自送達時起算　　　　　　　　【107司特五等-民事訴訟法大意與刑事訴訟法大意】	(A)
甲、乙間請求債務不履行損害賠償訴訟，甲受第一審敗訴判決確定後，向管轄法院提起再審之訴。下列敘述，何者正確？　(A)甲應於20日之不變期間內提起　(B)甲所提的再審之訴，由直接上級法院管轄　(C)雖有再審理由，再審法院如認原判決為正當者，應以判決駁回之　(D)再審之訴顯無再審理由者，得逕以裁定駁回之　　　　　　　　【107司特五等-民事訴訟法大意與刑事訴訟法大意】	(C)

相關考題　再審事由

再審原告依民事訴訟法第 496 條第 1 項第 13 款規定，以發現未經斟酌之證物為由，就第三審確定判決向第三審法院提起再審之訴，第三審法院應如何處理？　(A)應為實體裁判　(B)應以不合法裁定駁回　(C)應裁定移送於原第二審法院　(D)視再審被告是否抗辯無管轄權再為准駁之裁判【110 司特五等 - 民事訴訟法大意與刑事訴訟法大意】	(C)
依民事訴訟法規定，下列何者非再審之事由？　(A)當事人於訴訟未經合法代理　(B)當事人發現有未經斟酌之證物，如經斟酌可受較有利之裁判　(C)當事人發現未經訊問之新證人，如經斟酌可受較有利之裁判　(D)判決法院之組織不合法【109 司特五等 - 民事訴訟法大意與刑事訴訟法大意】	(C)

相關考題　再　審

民事終局判決確定後，發現其判決「適用法規顯有錯誤」，得循如何之程序尋求救濟？　(A)提起上訴　(B)提起抗告　(C)聲請再審　(D)提起再審之訴【98 五等原住民庭務員 - 民事訴訟法大意與刑事訴訟法大意】	(D)
關於民事訴訟再審之訴，下列敘述何者錯誤？　(A)係對於確定終局判決聲明不服所提起之訴訟　(B)專屬於為確定判決之原法院管轄　(C)應於 20 日之不變期間內提起　(D)應以訴狀表明再審理由及關於再審理由並遵守不變期間之證據【100 五等司法特考 - 民事訴訟法與刑事訴訟法大意】	(C)

相關考題　**再　審**

下列關於再審之敘述，何者正確？　(A)對於第三審法院之判決，以「為判決基礎之證物係偽造或變造者」為理由提起再審者，專屬原第二審法院管轄　(B)再審之不變期間為20日，自判決確定時起算；其再審之理由發生或知悉在後者，均自知悉時起算　(C)以「當事人於訴訟未經合法代理」為理由提起再審，其再審之理由知悉在後者，若自判決確定後已逾5年者，不得提起　(D)再審之提出得以言詞為之

(A)

【99第二次司法特考五等-民事訴訟法大意與刑事訴訟法大意】

解析：

(A)民事訴訟法第499條第2項：「對於審級不同之法院就同一事件所為之判決，提起再審之訴者，專屬上級法院合併管轄。但對於第三審法院之判決，係本於第496條第1項第9款至第13款事由，聲明不服者，專屬原第二審法院管轄。」

(B)民事訴訟法第500條第1項：「再審之訴，應於30日之不變期間內提起。」

(C)民事訴訟法第500條第3項：「以第496條第1項第5款（當事人於訴訟未經合法代理者）、第6款（當事人知他造之住居所，指為所在不明而與涉訟者。但他造已承認其訴訟程序者，不在此限。）或第12款（當事人發現就同一訴訟標的在前已有確定判決或和解、調解或得用該判決或和解、調解者。）情形為再審之理由者，不適用前項但書之規定（但自判決確定後已逾5年者，不得提起。）。」

(D)民事訴訟法第501條規定，再審之訴，應以訴狀為之。

5 第三人撤銷訴訟程序

一 基本概念

　　甲與乙之間，因為某輛車子的所有權產生爭議，乙央求國小同學丙幫忙打個假的訴訟，主張該車的所有權為丙，乙當然不會用心的抗辯，使得法院判決該車的所有權屬於丙所有，這時候對第三人甲的權益就有所影響。

　　本法規定：有法律上利害關係之第三人，非因可歸責於己之事由而未參加訴訟，致不能提出足以影響判決結果之攻擊或防禦方法者，得以兩造為共同被告對於確定終局判決提起撤銷之訴，請求撤銷對其不利部分之判決。但應循其他法定程序請求救濟者，不在此限。（民訴§507-1）

　　本條與第67-1條要合併使用，訴訟進行的時候，可以通知第三人來參加訴訟，可是也未必都能如願地參加訴訟，所以事後再給予第三人撤銷訴訟的權利，以建立調和「紛爭解決一次性」及「程序保障」目的之機制。

二 管轄

　　第三人撤銷之訴，專屬為判決之原法院管轄。（民訴§507-2 I）

　　對於審級不同之法院就同一事件所為之判決合併提起第三人撤銷之訴，或僅對上級法院所為之判決提起第三人撤銷之訴者，專屬原第二審法院管轄。其未經第二審法院判決者，專屬原第一審法院管轄。（民訴§507-2 II）

☰ 第三人撤銷之訴無停止執行之效力

　　第三人撤銷之訴無停止原確定判決執行之效力。但法院因必要情形或依聲請定相當並確實之擔保，得於撤銷之訴聲明之範圍內對第三人不利部分以裁定停止原確定判決之效力。（民訴§507-3 Ⅰ）

　　關於前項裁定，得為抗告。（民訴§507-3 Ⅱ）

四 法院之判決

　　法院認第三人撤銷之訴為有理由者，應撤銷原確定終局判決對該第三人不利之部分，並依第三人之聲明，於必要時，在撤銷之範圍內為變更原判決之判決。（民訴§507-4 Ⅰ）

　　前項情形，原判決於原當事人間仍不失其效力。但訴訟標的對於原判決當事人及提起撤銷之訴之第三人必須合一確定者，不在此限。（民訴§507-4 Ⅱ）

五 準用規定

本法第500條第1項、第2項（不變期間）、第501條至第503條（訴狀、不合法無理由之駁回、裁判範圍）、第505條（準用各審級規定）、第506條（善意第三人）之規定，於第三人撤銷之訴準用之。（民訴§507-5）

相關考題

以下關於第三人撤銷訴訟之敘述，何者錯誤？　(A)有法律上利害關係之第三人，得以原確定終局判決之兩造當事人為共同被告，就判決中對其不利之部分提起　(B)第三人撤銷之訴，雖然名為撤銷訴訟，但性質上卻屬給付之訴，係在請求原確定終局判決之法院應作成新判決內容，藉以取代原先判決內容　(C)第三人撤銷之訴，專屬判決之原法院管轄，若對審級不同之法院就同一事件所為之判決合併提起者，專屬原第二審法院管轄，其未經第二審法院判決者，專屬原第一審法院管轄　(D)第三人撤銷之訴，無停止原確定判決執行之效力，但法院因必要情形或依聲請後定相當並確實擔保，得於撤銷之訴聲明範圍內，以裁定停止原確定判決之效力 【102司特五等-民事訴訟法大意與刑事訴訟法大意】	(B)
關於第三人撤銷訴訟程序之規定，下列敘述，何者錯誤？　(A)第三人撤銷之訴無停止原確定判決執行之效力　(B)法院認第三人撤銷之訴為有理由者，應撤銷原確定終局判決對該第三人不利之部分　(C)若應循其他法定程序請求救濟者，亦得提起第三人撤銷訴訟　(D)有法律上利害關係之第三人，非因可歸責於己之事由而未參加訴訟，得以兩造為共同被告，對於確定終局判決提起撤銷之訴 【107司特五等-民事訴訟法大意與刑事訴訟法大意】	(C)

相關考題

關於第三人撤銷之訴之原告適格，下列敘述何者正確？ (A)前訴訟程序之原告 (B)前訴訟程序之被告 (C)前訴訟程序之參加人 (D)未參加前訴訟而有法律上利害關係之第三人 【111司特五等-民事訴訟法大意與刑事訴訟法大意】	(D)
關於第三人撤銷訴訟之裁判，下列敘述何者正確？ (A)原告起訴不合法者，法院得不經言詞辯論，逕以判決駁回其訴 (B)原告起訴依其所述事實顯無理由者，法院得不經言詞辯論，逕以判決駁回其訴 (C)原告起訴如無不合法或顯無理由之情形，法院應就原確定判決之全部範圍為辯論及裁判 (D)法院認第三人撤銷之訴為有理由者，均應將原確定判決全部撤銷 【110司特五等-民事訴訟法大意與刑事訴訟法大意】	(B)
關於第三人撤銷之訴，下列敘述何者錯誤？ (A)第三人撤銷之訴原則上有停止原確定判決執行之效力 (B)已經被告知訴訟之第三人，不得提起第三人撤銷之訴 (C)法院認第三人撤銷之訴為有理由者，應撤銷原確定終局判決對該第三人不利之部分 (D)第三人撤銷之訴，專屬為判決之原法院管轄乙、刑事訴訟法部分 【108司特五等-民事訴訟法大意與刑事訴訟法大意】	(A)

解析：參照民訴第507-3條之規定。

第八篇

特殊程序

特殊程序,包括督促程序、保全程序、民法自助行為之訴訟程序、公示催告程序以及人事訴訟程序,出題的機率也都相當高,尤其是保全程序以及人事訴訟程序,更是命題的重點所在。

1 督促程序

■ 一 支付命令的意義

什麼是支付命令？

對於沒有打過民事官司的民眾而言，這應該是一個很陌生的名詞。一般人總是認為打官司就等同於起訴，但是起訴曠日費時，常常打了好幾年，判決還無法確定，當事人必須承受長期的訴訟虐待。

其實，法律還提供一些管道，讓民眾能迅速地確定當事人間的法律關係，支付命令就是其中一種。本法規定：債權人之請求，以給付金錢或其他代替物或有價證券之一定數量為標的者，得聲請法院依督促程序發支付命令。（民訴§508Ⅰ）簡單來說，債權人可以向法院聲請核發支付命令給他造當事人，只要債務人對於支付命令未於法定期間合法提出異議者，支付命令得為執行名義。（民訴§521Ⅰ）

前項情形，為裁定之法院應付與裁定確定證明書。（民訴§521Ⅱ）

債務人主張支付命令上所載債權不存在而提起確認之訴者，法院依債務人聲請，得許其提供相當並確實之擔保，停止強制執行。（民訴§521Ⅲ）

參酌德國及日本之督促程序制度，未於法定期間內提出異議之支付命令僅為得據以聲請假執行裁定，仍不具有既判力。原法賦予確定之支付命令與確定判決具有同一效力，雖有便利債權人行使權利之優點，但對於債務人之訴訟權保障仍有不足之處。為平衡督促程序節省勞費與儘早確定權利義務關係之立法目的，及債務人必要訴訟權保障之需求，確定之支付命令雖不宜賦予既判力，惟仍得為執行名義。

二　支付命令的優點

(一)快速讓法律關係確定

相較於一般民事訴訟必須花費較長的時間，支付命令可以讓當事人間的法律關係快速確定，免於冗長的訴訟程序。

(二)程序簡便

聲請狀的內容並不複雜，也不需要寫什麼大道理，除了請求的標的及數量外，寫出請求的事實原因即可。法院收到聲請後，也不必開庭通知到庭，就可以直接為支付命令的裁定。

(三)訴訟費用低廉

訴訟費用只需要1,000元，相較於一般訴訟程序的費用，動輒上萬元的情況，當然便宜許多，也是一個值得嘗試的訴訟程序。

三　支付命令的種類與程序

支付命令聲請的程序共分成「提出聲請」、「法院裁定」、「有無異議」等三大步驟，「有無異議」的部分又分成債務人提出異議即未提出異議兩種，而有不同的結果。

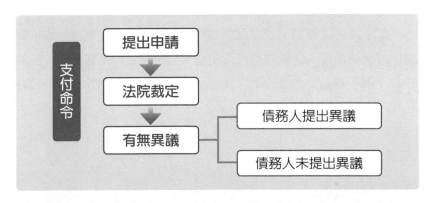

四 支付命令聲請狀

支付命令之聲請，應表明下列各款事項：（民訴§511 I）

(一)當事人及法定代理人。

(二)請求之標的及其數量。

(三)請求之原因事實。其有對待給付者，已履行之情形。

(四)應發支付命令之陳述。

(五)法院。

債權人之請求，應釋明之。（民訴§511 II）為免支付命令淪為製造假債權及詐騙集團犯罪工具，嚴重影響債務人權益，為兼顧督促程序在使數量明確且無訟爭性之債權得以迅速、簡易確定，節省當事人勞費，以收訴訟經濟之效果，並保障債權人、債務人正當權益，避免支付命令遭不當利用，法院應要求債權人釋明其請求。

五 法院裁定

法院應不訊問債務人，就支付命令之聲請為裁定。（民訴§512）支付命令不需要訊問當事人，近來詐騙事件頻傳，如果一不小心，誤以為是詐騙案件而不理會，未能在期間內提出異議，恐怕會導致裁定確定的結果，對於當事人的權益不可謂不大。

支付命令之聲請，不合於第508條至第511條之規定，或依聲請之意旨認債權人之請求為無理由者，法院應以裁定駁回之；就請求之一部不得發支付命令者，應僅就該部分之聲請駁回之。（民訴§513 I）

前項裁定，不得聲明不服。（民訴§513 II）

臺灣○○地方法院支付命令

○○年度○字第○○○號

債權人 ○○○ 住 ○○○○○○○○○○○○○

債務人 ○○○ 住 ○○○○○○○○○○○○○

一、債務人應向債權人給付新臺幣（下同）○萬元，及自支付命令送達翌日起至清償日止，按年息百分之○計算之利息，並賠償督促程序費用新臺幣○千元，否則應於本命令送達後 20 日内之不變期間内，向本院提出異議。

二、債權人請求之原因事實如債權人聲請狀所載。

三、如債務人未於第一項期間内提出異議，本命令得為執行名義。

中 華 民 國 ○○ 年 ○○ 月 ○○ 日

民事第○○庭 法 官：○○○

以上正本證明與原本無異

中 華 民 國 ○○ 年 ○○ 月 ○○ 日

書記官：○○○

附註：事後遞狀應註明案號及股別

六 支付命令應記載事項

支付命令,應記載下列各款事項:

(一)第511條第1項第1～3款及第5款所定事項。

(二)債務人應向債權人清償其請求並賠償程序費用,否則應於支付命令送達後20日之不變期間內,向發命令之法院提出異議。

(三)債務人未於不變期間內提出異議時,債權人得依法院核發之支付命令及確定證明書聲請強制執行。

104年修法增訂第1項第3款規定,支付命令確定後得為執行名義,已無既判力而僅有執行力。為使支付命令之債權人與債務人知悉支付命令之效力已有變更;且逾期提出異議之失權效果,影響當事人權益甚大,故支付命令應載明「債務人未於不變期間內提出異議時,債權人得依法院核發之支付命令及確定證明書聲請強制執行。」作為教示之用。

第511條第1項第3款所定事項之記載(請求之原因事實。其有對待給付者,已履行之情形),得以聲請書狀作為附件代之。

七 支付命令之效力

發支付命令後,3個月內不能送達於債務人者,其命令失其效力。(民訴§515Ⅰ)前項情形,法院誤發確定證明書者,自確定證明書所載確定日期起5年內,經撤銷確定證明書時,法院應通知債權人。如債權人於通知送達後20日之不變期間起訴,視為自支付命令聲請時,已經起訴;其於通知送達前起訴者,亦同。(民訴§515Ⅱ)前項情形,督促程序費用,應作為訴訟費用或調解程序費用之一部。(民訴§515Ⅲ)

　　債務人對於支付命令未於法定期間合法提出異議者，支付命令得為執行名義。（民訴§521Ⅰ）

八 提出異議

　　你要提出異議嗎？收到支付命令要提出異議非常簡單，可以提出異議前，必須要考量到有必要提出異議嗎？

　　因為如果提出異議後，很可能就是一場官司的開始，打官司牽涉到訴訟費，如果敗訴了，又要多負擔一筆訴訟費用。本法規定：債務人對於支付命令之全部或一部，得於送達後20日之不變期間內，不附理由向發命令之法院提出異議。（民訴§516Ⅰ）債務人得在調解成立或第一審言詞辯論終結前，撤回其異議。但應負擔調解程序費用或訴訟費用。（民訴§516Ⅱ）債務人於支付命令送達後，逾20日之不變期間，始提出異議者，法院應以裁定駁回之。（民訴§518）

　　以「卡奴」為例，銀行以支付命令要求債務人給付欠款，如果請求給付的錢並沒有錯誤，只是卡奴沒有錢還而已，這時候提出異議的必要性恐怕就不大了，貿然提出異議而進入訴訟程序，如敗訴後，恐要負擔更多的訴訟費用。

九 提出異議之效力

　　債務人對於支付命令於法定期間合法提出異議者，支付命令於異議範圍內失其效力，以債權人支付命令之聲請，視為起訴或聲請調解。（民訴§519Ⅰ）

　　前項情形，督促程序費用，應作為訴訟費用或調解程序費用之一部。（民訴§519Ⅱ）

相關考題　支付命令

債權人得依督促程序聲請法院為如何之裁判？　(A)宣告假執行　(B)宣告假扣押　(C)宣告假處分　(D)發支付命令 【98五等原住民庭務員-民事訴訟法大意與刑事訴訟法大意】	(D)
關於支付命令之聲請及核發，下列敘述何者錯誤？　(A)專屬債務人住居所地、事務所或營業所所在地之法院管轄　(B)法院發支付命令後，3個月內不能送達於債務人者，其命令失其效力　(C)債務人得於支付命令送達後20日之不變期間內，不附理由提出異議　(D)支付命令得為公示送達，亦得對外國送達 【100五等司法特考-民事訴訟法與刑事訴訟法大意】	(D)

解析：
(D)民事訴訟法第509條規定：「督促程序，如聲請人應為對待給付尚未履行或支付命令之送達應於外國為之，或依公示送達為之者，不得行之。」

債權人向法院聲請發出支付命令，債務人於支付命令送達後，應在幾日之不變期間內向法院提出異議，否則法院對於債務人逾期提出之異議，即應以裁定予以駁回？　(A)10日　(B)20日　(C)30(D)5日　【102司特五等-民事訴訟法大意與刑事訴訟法大意】	(B)
下列何種情形，得聲請法院依督促程序發支付命令？　(A)聲請人請求給付金錢，而自己尚未履行對待給付者　(B)債權人請求給付非代替物者　(C)支付命令之送達應於外國為之者　(D)債權人請求給付有價證券之一定數量者 【102司特五等-民事訴訟法大意與刑事訴訟法大意】	(D)
債務人對於支付命令，得依下列何種方式尋求救濟？　(A)於送達後20日之不變期間內，向發命令之法院提出異議　(B)於送達後20日之不變期間內，向發命令之法院提出申訴　(C)於送達後20日之不變期間內，向發命令之法院提起上訴　(D)於送達後30日之不變期間內，向發命令之法院聲請再審 【103司特五等-民事訴訟法大意與刑事訴訟法大意】	(A)

相關考題 支付命令

關於督促程序，下列敘述何者正確？ (A)債務人對於支付命令不服，應於送達後20日之不變期間內，附具理由向發命令之法院提出異議 (B)債務人如逾期提出異議，法院應以判決駁回之 (C)債務人合法提起異議後，得在第一審言詞辯論終結前，撤回其異議 (D)對於已確定之支付命令，得提起上訴，以資救濟 【101司特五等-民事訴訟法大意與刑事訴訟法大意】	(C)
甲主張其對乙有已到期之新臺幣50萬元的借款債權，向管轄法院聲請對債務人乙發支付命令。下列敘述，何者正確？ (A)乙得於支付命令送達後20日的不變期間內，不附理由提出異議 (B)如於發支付命令後，6個月內不能送達於乙，其命令失其效力 (C)法院應於訊問債務人乙後，就支付命令的聲請為裁定 (D)如乙對於支付命令未合法提出異議者，支付命令與確定判決有同一效力 【107司特五等-民事訴訟法大意與刑事訴訟法大意】	(A)
關於督促程序，下列敘述何者錯誤？ (A)法院應訊問債務人後，就支付命令之聲請為裁定 (B)支付命令之送達應於外國為之者，不得行之 (C)支付命令之送達應依公示送達為之者，不得行之 (D)聲請人應為對待給付尚未履行者，不得行之 【111司特五等-民事訴訟法大意與刑事訴訟法大意】	(A)
下列何種情形，得聲請法院依督促程序發支付命令？ (A)聲請人請求給付金錢，而自己尚未履行對待給付者 (B)債權人請求給付非代替物者 (C)支付命令之送達應於外國為之者 (D)債權人請求給付有價證券之一定數量者 【109司特五等-民事訴訟法大意與刑事訴訟法大意】	(D)

2 保全程序——假扣押

一 基本概念

然而到底什麼才是假扣押呢？本法規定：債權人就金錢請求或得易為金錢請求之請求，欲保全強制執行者，得聲請假扣押。（民訴§522 I）前項聲請，就附條件或期限之請求，亦得為之。（民訴§522 II）

因此，「南迴搞軌案」中，臺鐵向法院聲請假扣押，又如「江國慶案」，對於前國防部長陳肇敏財產進行假扣押，都是為了避免日後損害賠償的訴訟勝訴後，涉嫌人卻沒有財產可供執行，故預先將財產進行暫時性的扣押，以避免訴訟過程中，涉嫌人將財產脫產的情況。

假扣押聲請的程序共分成「假扣押聲請」、「法院裁定」、「查詢財產」、「辦理提存」、「假扣押執行」五個步驟。

二 假扣押功能

(一)避免脫產

債務人為了怕敗訴後財產遭到強制執行，所以會先想辦法脫產，讓債權人空有執行名義，卻無法執行到債務人的財產。透過假扣押程序，可以防止脫產情況發生。

(二)提高償還意願

由於假扣押將導致債務人財產運用的極度不便性，有時候還會造成債務人名譽的傷害，例如扣押債務人的薪資，必定會讓債務人所任

職公司的同事知悉，而對其指指點點。因此，透過假扣押的程式，可以使其儘速還債。

🔢 假扣押之限制

假扣押，非有日後不能強制執行或甚難執行之虞者，不得為之。（民訴§523Ⅰ）應在外國為強制執行者，視為有日後甚難執行之虞。（民訴§523Ⅱ）

🔢 管轄法院

假扣押之聲請，由本案管轄法院或假扣押標的所在地之地方法院管轄。（民訴§524Ⅰ）本案管轄法院，為訴訟已繫屬或應繫屬之第一審法院。但訴訟現繫屬於第二審者，得以第二審法院為本案管轄法院。（民訴§524Ⅱ）如果你已經起訴了，則看你目前訴訟進行的程度，如果進行到第一審（本案管轄法院），假設目前是在臺北地方法院打官司，假扣押就向臺北地方法院聲請。如果是第二審，假設是臺灣高等法院，則向臺灣高等法院聲請假扣押。

假扣押標的所在地之地方法院，如管轄法院雖然是在臺北地方法院，可是被告的土地在臺中，為了爭取時效，也可以向臺中地方法院聲請假扣押。

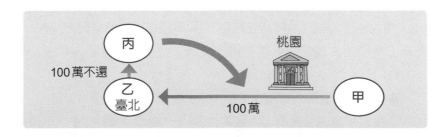

假扣押之標的如係債權或須經登記之財產權，以債務人住所或擔保之標的所在地或登記地，為假扣押標的所在地。(民訴§524Ⅲ)

甲欠乙100萬元，乙又欠丙100萬元，乙不還丙，丙可以假扣押乙對甲的100萬債權，甲（債務人）的住所所在地之地方法院，可以是管轄法院，如果有設定房屋作為抵押擔保，這間房子在桃園，則桃園（標的所在地或登記地）地方法院有管轄權。

五 假扣押之聲請

假扣押之聲請，應表明下列各款事項：(民訴§525Ⅰ)

㈠當事人及法定代理人。

㈡請求及其原因事實。

㈢假扣押之原因。

㈣法院。

請求非關於一定金額者，應記載其價額。(民訴§525Ⅱ)依假扣押之標的所在地定法院管轄者，應記載假扣押之標的及其所在地。(民訴§525Ⅲ)

請求及假扣押之原因，應釋明之。(民訴§526Ⅰ)例如表明債務人欠錢不還。

前(1)項釋明如有不足，而債權人陳明願供擔保或法院認為適當者，法院得定相當之擔保，命供擔保後為假扣押。(民訴§526Ⅱ)請求及假扣押之原因雖經釋明，法院亦得命債權人供擔保後為假扣押。(民訴§526Ⅲ)夫或妻基於剩餘財產差額分配請求權聲請假扣押者，前項法院所命供擔保之金額不得高於請求金額之十分之一。(民訴§526Ⅳ)

實務上大多會要求聲請假扣押人提供擔保，例如主張100萬元，擔保金額通常是三分之一，也就是33萬元。畢竟「釋明」假扣押的

原因，有時候並不夠，畢竟只是片面之詞，如果據此就對別人的財產進行假扣押，有時候反而對於被假扣押當事人的權利無法給予適當的保障。

六 現金流量的考量

聲請人要考量自身的「現金流量」，因為若假扣押200萬元，就必須提出66萬元的擔保，這筆錢很長時間將無法運用，可能會導致資金週轉的困難。所以也可以要求一部分，例如只主張假扣押60萬元，那就只需要提出20萬元的擔保。

如果只要求假扣押一部分，會不會影響日後請求賠償的金額呢？例如車禍事件，要求對方賠償600萬元，但因為只拿的出來假扣押的擔保金100萬元，所以只主張假扣押300萬元，這樣的主張並不會影響日後請求的金額600萬元。換言之，日後仍得請求600萬元的損害賠償。

七 擔保金有沒有利息？

一大筆錢提供擔保，可不可以領利息呢？

當然還是可以，只是如果提出的錢是現金，則利息就是一般活存的利息，非常低。建議可以使用「定存單」擔保，則還是可以領定存的利息，如果假扣押的時間高達2年，以擔保金100萬來算，年息2%與年息1%的利息，相差的金額如下：

	定存利息	100萬元 ×2% ×2年＝4萬元
―	活存利息	100萬元 ×1% ×2年＝2萬元
	相　差	2萬元

所以，若是能注意到這個細節，一開始寫聲請書時，就不要只寫「聲請人○○○願以現金為擔保」，否則法院核准裁定下來後，就只能只有現金擔保的唯一選擇。

因此，建議改以「聲請人○○○願以現金或○○銀行○○分行無記名可轉讓定存單為擔保」。當法院核准後，就可以選擇「現金」或「定存單」為擔保了。

八 假扣押之裁定

接下來的程序就是等待法院的裁定。法院大約可在一個禮拜內寄送假扣押裁定給聲請人。

裁定的結果，法院若准許假扣押時，會要求提供相當的擔保。擔保的金額通常是假扣押金額的三分之一，例如100萬元，擔保金大約是33萬元，若是1,000萬元，那就是333萬元了。

九 假扣押裁定之抗告

關於假扣押聲請之裁定，得為抗告。（民訴§528Ⅰ）抗告法院為裁定前，應使債權人及債務人有陳述意見之機會。（民訴§528Ⅱ）抗告法院認抗告有理由者，應自為裁定。（民訴§528Ⅲ）准許假扣押之裁定，如經抗告者，在駁回假扣押聲請裁定確定前，已實施之假扣押執行程序，不受影響。（民訴§528Ⅳ）

若是法院同意假扣押，則這一紙裁定就很重要了，因為必須依據此一裁定，才能繼續進行下列程序，如果法院不同意，則就無法假扣押了。

法院為假扣押裁定後，聲請人即可依據假扣押裁定，向國稅局繳納費用，調閱「綜合所得稅各類所得資料清單」、「財產歸屬資料清單」，即可查詢債務人之財產。例如薪資帳戶、利息帳戶、土地等等。

➕ 先查相對人的戶籍資料

查詢財產須填寫相對人的姓名及身分證統號，如果身分證統號不知道的話，那該怎麼辦呢？

很簡單，拿著法院的假扣押裁定至戶政機關，申請相對人的戶籍謄本，就可以知道囉！可是如果只有相對人的姓名，又是「菜市場名字」，同名同姓的人一大堆，也可能戶籍沒有遷入目前的住址，恐怕就無法聲請到戶籍謄本。所以，平時簽訂相關契約或其他法律關係時，都應該儘量取得對方的身分證統號。

➕ 注意時間差的問題

比較需要注意的部分，調閱的財產資料通常是去年或前年，這是因為申報綜所稅都在隔年的5月，就會產生資料的時間差。例如102年1月調閱的資料，將是100年的資料，如果是年底調閱資料，則因為已經報稅完，可以調到去（101）年的資料。因此，即使調到資料後，發現相對人利息帳戶有高額利息，也不要高興得太早，因為時間差上個1、2年，可能這個利息帳戶中的錢都領光光了。所以高高興興地繳了擔保金，卻有可能扣到一個空的帳戶。

➕ 注意30天的期限

假扣押經法院裁定後，債權人自收受假扣押裁定後，超過30日時，就不能聲請執行。因此，查詢資料也當然要在30天的期限內完成，否則也不能向國稅局查相對人的財產資料（參考法條：強制執行法第132條第3項）。

🔢 房屋土地要調謄本

如果查到財產資料中有土地或房屋，就要立刻去調閱資料，以瞭解是否這些不動產還屬於債務人所有。此外，還要看看有沒有設定抵押或其他權利，才能決定是否有必要進行假扣押。並不是所有的不動產都有假扣押的必要，例如土地有的是道路用地，這種土地基本上並沒有什麼假扣押的價值。

🔢 反擔保與限期起訴

前面所提到都是如何對別人假扣押，如果反過來，是被別人聲請假扣押了，那該怎麼辦呢？通常可經由下列方式解決：

(一) 反擔保：債務人再拿出一筆錢供擔保或提存，就可以免為或撤銷假扣押，此部分法院會一併在假扣押的裁定中載明，依據本法規定：假扣押裁定內，應記載債務人供所定金額之擔保或將請求之金額提存，得免為或撤銷假扣押。(民訴§527)。

(二) 限期起訴：債務人可以向法院聲請，要求債權人於一定期間內起訴。依據本法規定：本案尚未繫屬者，命假扣押之法院應依債務人聲請，命債權人於一定期間內起訴。(民訴§529 I)

下列事項與前項起訴有同一效力：(民訴§529 II)

1. 依督促程序，聲請發支付命令者。

2. 依本法聲請調解者。

3. 依第395條第2項為聲明者。

4. 依法開始仲裁程序者。

5. 其他經依法開始起訴前應踐行之程序者。

6. 基於夫妻剩餘財產差額分配請求權而聲請假扣押，已依民法第1010條請求宣告改用分別財產制者。

前項第6款情形，債權人應於宣告改用分別財產制裁定確定之日起10日內，起訴請求夫妻剩餘財產差額分配。（民訴§529Ⅲ）

債權人不於第1項期間內起訴或未遵守前項規定者，債務人得聲請命假扣押之法院撤銷假扣押裁定。（民訴§529Ⅳ）

🈯 辦理提存

聲請人須依假扣押裁定內容辦理提存，如法院要求提供擔保金33萬，就必須將33萬的現金或定存單等擔保品提交法院提存所。

提存程序應同時與最後一個程序「假扣押執行」進行。換言之，除了必須填寫「提存書」，還應同時將「假扣押強制執行聲請狀」填寫完畢，一同帶到法院辦理相關程序。

🈯 假扣押執行

查清楚對方有多少財產時，就可以列個清單寫個狀子，向法院申請假扣押執行了。常見的假扣押標的，大多是銀行帳戶內的錢、股票、薪資、房子等，其次才是家中的車子、珠寶、家電等動產、夜市的生財工具等，甚至於還有南部常會假扣押「水井」這種奇怪的動產，搞不清楚以後如果要拍賣的時候，也人會來拍嗎？拍成的話，該怎麼運走呢？

七 聲請撤銷假扣押裁定

假扣押之原因消滅、債權人受本案敗訴判決確定或其他命假扣押之情事變更者，債務人得聲請撤銷假扣押裁定。（民訴§530Ⅰ）

第528條第3項、第4項之規定，於前項撤銷假扣押裁定準用之。（民訴§530Ⅱ）

假扣押之裁定，債權人得聲請撤銷之。（民訴§530Ⅲ）

第1項及前（3）項聲請，向命假扣押之法院為之；如本案已繫屬者，向本案法院為之。（民訴§530Ⅳ）

六 債權人之賠償

假扣押裁定因自始不當而撤銷，或因第529條第4項及第530條第3項之規定而撤銷者，債權人應賠償債務人因假扣押或供擔保所受之損害。（民訴§531Ⅰ）

假扣押所保全之請求已起訴者，法院於第一審言詞辯論終結前，應依債務人之聲明，於本案判決內命債權人為前項之賠償。債務人未聲明者，應告以得為聲明。（民訴§531Ⅱ）

相關考題 假扣押

甲擬對乙起訴請求清償借款，因擔心乙脫產致其日後無從強制執行，甲在提起本案民事訴訟前，得先聲請：　(A)假執行　(B)假處分　(C)定暫時狀態之處分　(D)假扣押 【100五等司法特考-民事訴訟法與刑事訴訟法大意】	(D)
甲向乙購買汽車一輛，甲因故不給付價金，乙欲保全其價金請求之強制執行，應依何種保全程序聲請法院為之？　(A)假執行　(B)假處分　(C)定暫時狀態之假處分　(D)假扣押 【98五等司特-民事訴訟法大意與刑事訴訟法大意】	(D)

相關考題　假扣押

債權人就金錢請求，欲保全強制執行者，得聲請法院為：　(A)一造辯論判決　(B)假執行　(C)假扣押　(D)假處分 【98五等原住民庭務員-民事訴訟法大意與刑事訴訟法大意】	(C)
以下程序，何者並不屬於民事訴訟法所規定之保全程序的範圍？ (A)假執行　(B)假扣押　(C)假處分　(D)定暫時狀態之假處分 【98五等原住民庭務員-民事訴訟法大意與刑事訴訟法大意】	(A)
債權人起訴前聲請受訴法院進行假扣押，若請求之標的係基於家庭生活費用、扶養費、贍養費、夫妻剩餘財產差額分配者，法院對於命供擔保之金額，不得高於請求金額的多少比例？　(A)十分之一　(B)三分之一　(C)二分之一　(D)四分之一 【102司特五等-民事訴訟法大意與刑事訴訟法大意】	(A)
解析：民事訴訟法第526條第4項有修正。	
原告甲在起訴請求被告乙給付積欠的貨款以前，若欲保全其金錢債權之強制執行，應採取以下何種保全程序？　(A)聲請假扣押　(B)聲請假處分　(C)聲請假執行之宣告　(D)以上皆非 【101司特五等-民事訴訟法大意與刑事訴訟法大意】	(A)
關於保全程序之規定，下列敘述，何者錯誤？　(A)債權人就金錢請求或得易為金錢請求之請求，欲保全強制執行者，得聲請假扣押　(B)債權人就金錢請求以外之請求，欲保全強制執行者，得聲請假處分　(C)請求及假扣押之原因，應證明之　(D)本案尚未繫屬者，命假扣押之法院應依債務人聲請，命債權人於一定期間內起訴 【107司特五等-民事訴訟法大意與刑事訴訟法大意】	(C)

相關考題　假扣押

關於假扣押，下列敘述何者錯誤？　(A)請求及假扣押之原因均應釋明　(B)請求及假扣押之原因均未釋明，債權人得以擔保代之　(C)請求及假扣押之原因雖經釋明，法院亦得命債權人供擔保後為假扣押　(D)夫或妻基於剩餘財產差額分配請求權聲明假扣押者，擔保金額不得高於請求金額10分之1 【110司特五等-民事訴訟法大意與刑事訴訟法大意】	(B)
李一以朱二為被告，起訴請求法院判令朱二給付貨款新臺幣80萬元。在第一審訴訟中，李一為防止朱二脫產，應向法院聲請對朱二為何種裁定？　(A)假執行　(B)假處分　(C)假扣押　(D)強制移交命令 【109司特五等-民事訴訟法大意與刑事訴訟法大意】	(C)
本案尚未繫屬者，命假扣押之法院應依聲請命債權人於一定期間內起訴。下列何者與前述之起訴有同一效力？　(A)聲請為本票裁定　(B)聲請為定暫時狀態之處分　(C)依法開始仲裁程序　(D)聲請參加訴訟 【109司特五等-民事訴訟法大意與刑事訴訟法大意】	(C)
下列關於釋明之敘述，何者錯誤？　(A)聲請假扣押者，就假扣押之原因，應釋明之　(B)聲請訴訟救助者，就其無資力支出訴訟費用之事由，應釋明之　(C)債務人對於支付命令所為異議之理由，應釋明之　(D)聲請保全證據者，就應保全證據之理由，應釋明之 【109司特五等-民事訴訟法大意與刑事訴訟法大意】	(C)
關於假扣押，下列敘述何者錯誤？　(A)債權人對債務人請求金錢給付，欲保全強制執行者，得聲請假扣押　(B)非有日後不能強制執行或甚難執行之虞者，不得為之　(C)就附條件或期限之請求，不得為之　(D)應在外國為強制執行者，視為有日後甚難執行之虞 【108司特五等-民事訴訟法大意與刑事訴訟法大意】	(C)

解析：參照民訴第522條之規定。

相關考題　假扣押管轄法院

下列何者為假扣押聲請之管轄法院？　(A)專屬於被告住所地之法院管轄　(B)專屬於債務履行地之法院　(C)債權人住所地法院　(D)本案管轄法院　　　　　【97五等司特－民事訴訟法大意與刑事訴訟法大意】	(D)

相關考題　管轄法院

下列何者非假扣押之管轄法院？　(A)假扣押標的所在地之地方法院　(B)假扣押之標的如係債權，債權成立地法院　(C)訴訟已繫屬或應繫屬之第一審法院　(D)訴訟現繫屬於第二審者，得以第二審法院為管轄法院　　　　　【104司特五等－民事訴訟法大意與刑事訴訟法】	(B)

3 保全程序 —— 假處分

■ 基本概念

　　假處分程序係針對「金錢請求以外之請求」所為之保全程序，並可區分為一般假處分和定暫時狀態假處分，前者僅係消極地維持現狀以保全將來終局之執行，後者則係針對有爭執之法律關係，為防止發生重大損害或避免急迫之危險或有其他相類情形而有必要時，聲請法院就該法律關係定暫時之狀態。

　　債權人就金錢請求以外之請求，欲保全強制執行者，得聲請假處分。(民訴§532 I)假處分，非因請求標的之現狀變更，有日後不能強制執行，或甚難執行之虞者，不得為之。(民訴§532 II)

　　關於假扣押之規定，於假處分準用之。但因第535條及第536條之規定而不同者，不在此限。(民訴§533)

■ 假處分之方式

　　假處分所必要之方法，由法院以裁定酌定之。(民訴§535 I)前項裁定，得選任管理人及命令或禁止債務人為一定行為。(民訴§535 II)

　　假處分所保全之請求，得以金錢之給付達其目的，或債務人將因假處分而受難以補償之重大損害，或有其他特別情事者，法院始得於假處分裁定內，記載債務人供所定金額之擔保後免為或撤銷假處分。(民訴§536 I)

假處分示意圖

假處分裁定未依前項規定為記載者，債務人亦得聲請法院許其供擔保後撤銷假處分。（民訴§536Ⅱ）

法院為前二項裁定前，應使債權人有陳述意見之機會。

（民訴§536Ⅲ）

4 保全程序——
定暫時狀況之假處分

一 基本概念

定暫時狀況之假處分有很多種情況，例如讓剛選上的董監事不可以行使職權，直接禁止相對人銷售特定型號之產品（如許多產品都學習 Apple 的外觀）、為子女利益聲請法院命夫（妻）暫行監護子女等情況。

本法規定：於爭執之法律關係，為防止發生重大之損害或避免急迫之危險或有其他相類之情形而有必要時，得聲請為定暫時狀態之處分。（民訴§538Ⅰ）前項裁定，以其本案訴訟能確定該爭執之法律關係者為限。（民訴§538Ⅱ）第1項處分，得命先為一定之給付。（民訴§538Ⅲ）法院為第1項及前項裁定前，應使兩造當事人有陳述之機會。但法院認為不適當者，不在此限。（民訴§538Ⅳ）

二 緊急處置

法院為前條（538）第1項裁定前，於認有必要時，得依聲請以裁定先為一定之緊急處置，其處置之有效期間不得逾7日。期滿前得聲請延長之，但延長期間不得逾3日。（民訴§538-1Ⅰ）第1項之裁定，不得聲明不服。（民訴§538-1Ⅲ）

聲請定暫時狀態之處分，其必要性如何，恐一時不易為正確之判斷，又依前（538）條第4項規定，法院為定暫時狀態之裁定前，應使

定暫時狀況之假處分示意圖

這個非蘋果產品怎麼跟我生產的外觀那麼像，法官大人，請禁止這種產品的銷售。

這只是有蘋果的圖案，哪有跟蘋果的產品相像啊！？

兩造當事人有陳述意見之機會，因而審理上可能須費時日。為避免緩不濟急，導致危害發生或擴大，此為第538-1條第1項訂定之目的，明定於法院認有必要時，得依聲請以裁定先為一定之緊急處置。惟該處置僅係暫時之權宜措施，故其有效期間不宜過長，明定以7日為限，當事人於期滿前得聲請延長，但延長期間不得逾3日。

前項期間屆滿前，法院以裁定駁回定暫時狀態處分之聲請者，其先為之處置當然失其效力；其經裁定許為定暫時狀態，而其內容與先為之處置相異時，其相異之處置失其效力。（民訴§538-1 II）前（1）項之緊急處置，屬中間處分性質，故於處置之有效期間屆滿前，如法院已就聲請事件為裁定，自應以該終局裁定之內容為準。又法院雖裁定准許定暫時狀態，惟其內容與先為之處置內容相異時，其先為之處置於相異之範圍內亦應失其效力。

📃 損害賠償責任之減輕或免除

定暫時狀態之裁定因第531條之事由被撤銷，而應負損害賠償責任者，如聲請人證明其無過失時，法院得視情形減輕或免除其賠償責任。（民訴§538-3）

四 假處分規定之準用

除別有規定外，關於假處分之規定，於定暫時狀態之處分準用之。（民訴§538-4）

相關考題	假處分

某甲向某乙購買房屋一棟，買賣契約成立生效後，某乙不依約交付房屋並移轉所有權，某甲欲保全其對乙之交付房屋並移轉所有權之請求時，應為下列何種聲請？　(A)假執行　(B)假扣押　(C)假處分　(D)定暫時狀態之處分 【99第二次司法特考五等-民事訴訟法大意與刑事訴訟法大意】	(C)

解析：民事訴訟法第532條第1項：「債權人就金錢請求以外之請求，欲保全強制執行者，得聲請假處分。」

甲受僱於乙公司，其收入為全家唯一之經濟來源。甲遭乙非法解僱，欲起訴請求確認與乙間之僱傭關係存在，並請求命乙給付非法解僱期間之工資。然而尚未及起訴，甲全家因其遭解僱而陷入斷炊之窘境。下列敘述何者正確？　(A)為防止甲與其家人發生重大之損害，法院得依檢察官之聲請，裁定准許定暫時狀態之處分　(B)甲應儘快起訴，未起訴前法院無法為其裁定准許定暫時狀態之處分　(C)法院依法定暫時狀態之處分時，得命先為一定之給付　(D)為使定暫時狀態之程序迅速進行，法院命甲釋明即可，無須命乙陳述 【102司特五等-民事訴訟法大意與刑事訴訟法大意】	(C)

相關考題　假處分

債權人就金錢請求以外之請求，欲保全強制執行者，得向管轄法院為何種聲請？　(A)假執行　(B)假處分　(C)假扣押　(D)發支付命令 【103司特五等-民事訴訟法大意與刑事訴訟法大意】	(B)
關於保全程序之定暫時狀態之處分，下列敘述，何者錯誤？　(A)定暫時狀態之處分，得命先為一定之給付　(B)法院為定暫時狀態之處分之裁定前，原則上應使兩造當事人有陳述之機會　(C)法院為定暫時狀態之處分之裁定前，於認有必要時，得依聲請以裁定先為一定之緊急處置　(D)定暫時狀態之裁定因自始不當而被撤銷，而應負損害賠償責任者，聲請人縱證明其無過失，亦不得減免其責任 【109司特五等-民事訴訟法大意與刑事訴訟法大意】	(D)

5 民法自助行為之訴訟程序

一 基本概念

債權人依民法第151條規定押收債務人之財產或拘束其自由者，應即時聲請法院為假扣押或假處分之裁定。（民訴§537-1 I）前項聲請，專屬押收債務人財產或拘束其自由之行為地地方法院管轄。（民訴§537-1 II）

二 法院之裁定

前（537-1）條第1項之聲請，法院應即調查裁定之；其不合於民法第151條之規定，或有其他不應准許之情形者，法院應即以裁定駁回之。（民訴§537-2 I）

因拘束債務人自由而為假扣押或假處分之聲請者，法院為准許之裁定，非命債權人及債務人以言詞為陳述，不得為之。（民訴§537-2 II）

三 送交法院處理

債權人依第537-1條為聲請時，應將所押收之財產或被拘束自由之債務人送交法院處理。但有正當理由不能送交者，不在此限。（民訴§537-3 I）

法院為裁定及開始執行前，應就前（1）項財產或債務人為適當之處置。但拘束債務人之自由，自送交法院時起，不得逾24小時。（民訴§537-3 II）

債權人依第1項規定將所押收之財產或拘束自由之債務人送交法院者,如其聲請被駁回時,應將該財產發還於債務人或回復其自由。(民訴§537-3 Ⅲ)

因拘束債務人自由而為假扣押或假處分裁定之本案尚未繫屬者,債權人應於裁定送達後5日內起訴;逾期未起訴時,命假扣押或假處分之法院得依聲請或依職權撤銷假扣押或假處分裁定。(民訴§537-4)

民法第151條規定(自助行為)

為保護自己權利,對於他人之自由或財產施以拘束、押收或毀損者,不負損害賠償之責。但以不及受法院或其他有關機關援助,並非於其時為之,則請求權不得實行或其實行顯有困難者為限。

6 公示催告程序

一 申報權利之公示催告

> 甲向銀行提示票據。
>
> 乙說：怎麼可以兌現給甲，那張票據是我上個禮拜掉的……
>
> 甲說：明明是你給丙，丙又背書轉讓給我，現在不想要付錢，居然說是丟掉的，怎麼可以這樣子！你有聲請公示催告、除權判決嗎？

　　如果不小心遺失票據、股票等證券，可能遭到背書轉讓而提示或其他權利主張，光是向警方報案並不能解決問題。如果是票據，須先到付款行庫辦理掛失止付手續；如果是股票，則必須向發行公司辦理掛失止付手續，接著再向法院辦理「公示催告」與「除權判決」之程序，才能恢復原本享有之權利。

　　依據本法規定：申報權利之公示催告，以得依背書轉讓之證券或法律有規定者為限。（民訴§539Ⅰ）公示催告，對於不申報權利人，生失權之效果。（民訴§539Ⅱ）簡單來說，最常見的就是票據或股票遺失，如果票據遺失，又不知道是誰撿走了，就請法院幫忙告訴大家一下，請現在持有者來宣告權利，否則一定期限過了，就當作沒有權利了。其他還有繼承之報明債權（民§1157）、承認繼承（民§1178）

■ 法院准許與否之裁定

法院應就公示催告之聲請為裁定。（民訴§540Ⅰ）

法院准許聲請者，應為公示催告。（民訴§540Ⅱ）

■ 公示催告應記載事項

公示催告，應記載下列各款事項：（民訴§541）

㈠聲請人。

㈡申報權利之期間及在期間內應為申報之催告。

㈢因不申報權利而生之失權效果。

㈣法院。

■ 公告方式

公示催告之公告，應黏貼於法院之公告處，並公告於法院網站；法院認為必要時，得命登載於公報或新聞紙。（民訴§542Ⅰ）

前項公告於法院網站、登載公報、新聞紙之日期或期間，由法院定之。（民訴§542Ⅱ）

聲請人未依前項規定聲請公告於法院網站，或登載公報、新聞紙者，視為撤回公示催告之聲請。（民訴§542Ⅲ）

申報權利之期間，除法律別有規定外，自公示催告之公告開始公告於法院網站之日起、最後登載公報、新聞紙之日起，應有2個月以上。（民訴§543）

申報權利在期間已滿後，而在未為除權判決前者，與在期間內申報者，有同一之效力。（民訴§544）

五 宣告證券無效之公示催告程序

宣告證券無效之公示催告程序，適用第557～567條之規定。
（民訴§556）

六 管轄

公示催告，由證券所載履行地之法院管轄；如未載履行地者，由證券發行人為被告時，依第1條或第2條規定有管轄權之法院管轄；如無此法院者，由發行人於發行之日為被告時，依各該規定有管轄權之法院管轄。（民訴§557）

七 聲請人

無記名證券或空白背書之指示證券，得由最後之持有人為公示催告之聲請。（民訴§558Ⅰ）前項以外之證券，得由能據證券主張權利之人為公示催告之聲請。（民訴§558Ⅱ）

聲請人應提出證券繕本、影本，或開示證券要旨及足以辨認證券之事項，並釋明證券被盜、遺失或滅失及有聲請權之原因、事實。（民訴§559）

八 公示催告應記載內容

公示催告，應記載持有證券人應於期間內申報權利及提出證券，並曉示以如不申報及提出者，即宣告證券無效。（民訴§560）

九 公示催告之公告

公示催告之公告，除依第542條之規定外，如法院所在地有交易

所者,並應黏貼於該交易所。(民訴§561)

申報權利之期間,自公示催告之公告開始公告於法院網站之日起、最後登載公報、新聞紙之日起,應有3個月以上,9個月以下。(民訴§562)

➕ 申報權利

持有證券人經申報權利並提出證券者,法院應通知聲請人,並酌定期間使其閱覽證券。(民訴§563 I)

聲請人閱覽證券認其為真正時,其公示催告程序終結,由法院書記官通知聲請人及申報權利人。(民訴§563 II)

➕ 除權判決之宣告

除權判決,應宣告證券無效。(民訴§564 I)

除權判決之要旨,法院應以職權依第561條之方法公告之。(民訴§564 II)

證券無效之宣告,因撤銷除權判決之訴而撤銷者,為公示催告之法院於撤銷除權判決之判決確定後,應以職權依前(2)項方法公告之。(民訴§564 III)

➕ 除權判決之效力

有除權判決後,聲請人對於依證券負義務之人,得主張證券上之權利。(民訴§565 I)

因除權判決而為清償者,於除權判決撤銷後,仍得以其清償對抗債權人或第三人。但清償時已知除權判決撤銷者,不在此限。(民訴§565 II)

🔟三 無記名證券之禁止支付命令

因宣告無記名證券之無效聲請公示催告，法院准許其聲請者，應依聲請不經言詞辯論，對於發行人為禁止支付之命令。（民訴§566 I）

前（1）項命令，應附記已為公示催告之事由。（民訴§566 II）

第1項命令，應準用第561條之規定公告之。（民訴§566 III）

公示催告程序，因提出證券或其他原因未為除權判決而終結者，法院應依職權以裁定撤銷禁止支付之命令。（民訴§567 I）

禁止支付命令之撤銷，應準用第561條之規定公告之。（民訴§567 II）

🔟四 申報權利

申報權利在期間已滿後，而在未為除權判決前者，與在期間內申報者，有同一之效力。（民訴§544）

🔟五 除權判決

公示催告，聲請人得於申報權利之期間已滿後3個月內，聲請為除權判決。但在期間未滿前之聲請，亦有效力。除權判決前之言詞辯論期日，應並通知已申報權利之人。（民訴§545）

簡單來說，如果沒有人來申報權利，就可以跟法院說：法官大人，都沒有人來申報權利，請宣告這遺失的票據是無效的。

法院就除權判決之聲請為裁判前，得依職權為必要之調查。（民訴§546）

駁回除權判決之聲請，以裁定為之。（民訴§547）

六 權利爭執時之處理

申報權利人，如對於公示催告聲請人所主張之權利有爭執者，法院應酌量情形，在就所報權利有確定裁判前，裁定停止公示催告程序，或於除權判決保留其權利。（民訴§548）

七 除權判決之公告與上訴

法院應以相當之方法，將除權判決之要旨公告之。（民訴§550）對於除權判決，不得上訴。（民訴§551 I）

十八 除權判決限制與保留之抗告

對於除權判決所附之限制或保留，得為抗告。（民訴§554）

十九 合併審理

數宗公示催告程序，法院得命合併之。（民訴§555）

民事聲請除權判決狀

為聲請除權判決事：

應受判決事項之聲明

一、請求判決附表所列○票無效。

二、訴訟費用由聲請人負擔。

聲請之事實及原因

聲請人因不慎遺失上述○票○紙，經貴院○○年○○字第
○○○號裁定公示催告在案，並已刊登○○年○月○日○○報
（附報紙乙件）。現因申報權利的期間已滿，並無任何人依法主
張權利，可見此○票○紙確為聲請人所遺失。為此依民事訴訟
法第545條第1項規定，聲請貴院為除權判決。

　　　此　致

○○○○地方法院　公鑒

證物名稱及件數　　　○○報乙件。

　　　　具狀人：○○○　　　　簽名蓋章

　　　　撰狀人：○○○　　　　簽名蓋章

中　華　民　國　　○○　　年　　○○　　月　　○○　　日

撤銷除權判決

　　有下列各款情形之一者，得以公示催告聲請人為被告，向原法院
提起撤銷除權判決之訴：（民訴§551Ⅱ）

　㈠法律不許行公示催告程序者。

　㈡未為公示催告之公告，或不依法定方式為公告者。

　㈢不遵守公示催告之公告期間者。

　㈣為除權判決之法官，應自行迴避者。

　㈤已經申報權利而不依法律於判決中斟酌之者。

㈥有第496條第1項第7～10款之再審理由者。

撤銷除權判決之訴，應於<u>30日</u>之不變期間內提起之。（民訴§552Ⅰ）前項期間，自原告知悉除權判決時起算。但依前條（551）第4款或第6款所定事由提起撤銷除權判決之訴，如原告於知有除權判決時不知其事由者，自知悉其事由時起算。（民訴§552Ⅱ）除權判決宣示後已逾<u>5年</u>者，不得提起撤銷之訴。（民訴§552Ⅲ）

本法第501條、第502條及第506條之規定，於撤銷除權判決之訴準用之。（民訴§553）

相關考題　公示催告

民事訴訟法關於公示催告之規定，下列敘述何者正確？　(A)法院得依職權行公示催告程序　(B)公示催告，對於不申報權利人，生失權之效果　(C)公示催告，聲請人得於申報權利之期間已滿後6個月內，聲請為除權判決　(D)對於除權判決，得為上訴 【97五等司特 - 民事訴訟法大意與刑事訴訟法大意】	(B)
關於聲請除權判決，下列敘述何者正確？　(A)公示催告聲請人，原則上得於申報權利之期間已滿後3個月內，聲請為除權判決　(B)公示催告聲請人，不於第一次言詞辯論期日到場者，法院應依職權另定新期日　(C)公示催告聲請人，遲誤法院另定之新期日者，得於3個月內聲請法院更定新期日　(D)對於除權判決不服，得於判決送達後20日之不變期間內提起上訴 【111司特五等 - 民事訴訟法大意與刑事訴訟法大意】	(A)

票據無效

臺灣臺北地方法院民事判決　　　○○年度除字第○○號

　　聲　請　人：○○商業儲蓄銀行股份有限公司

　　法定代理人：邱○○

　　代　理　人：呂○○

上列聲請人聲請除權判決事件，本院判決如下：

　　主　文

如附表所示之證券無效。

訴訟費用由聲請人負擔。

　　理　由

一、上開證券，經本院以○○年度司催字第○○號公示催告。

二、所定申報權利期間，已於民國○○年○月○日屆滿，迄今無人申報權利。

三、依民事訴訟法第564條第1項，判決如主文。

中　華　民　國　○○　年　○　月　○　日

民事第六庭　法　官　李○○

本判決不得上訴。

以上正本證明係照原本作成。

中　華　民　國　○○　年　○　月　○　日

　　　　書記官　康○○

附表：　　　　　　　　　　　　　　　○○年度除字第○○號

編號	發票人	發票日	到期日	金額(新臺幣)
001	王○○、趙○○	90年5月22日	92年2月22日	9,300,000元
002	王○○、趙○○	91年6月28日	未載	9,040,000元

股票無效

臺灣臺北地方法院民事判決　　　　　○○年度除字第○○號

　　　聲　請　人：陳○○

上列聲請人聲請除權判決（股票）事件，本院判決如下：

　　　主　文

如附表所示之證券無效。

訴訟費用由聲請人負擔。

　　　理　由

一、上開證券，經本院以○○年度司催字第○○號公示催告。

二、所定申報權利期間，已於民國○○年○月○日屆滿，迄今
　　無人申報權利。

三、依民事訴訟法第564條第1項，判決如主文。

中　華　民　國　　○○　年　　○　月　　○　　日

　　　　　民事第四庭　　法　官　陳○○

本判決不得上訴。

以上正本證明係照原本作成。

中　華　民　國　　○○　年　　○　月　　○　　日

　　　　　　　　書記官　　鄭○○

附表：			○○年度除字第○○號		
編號	發行公司	股票號碼	種類	張數	股數
001	宏○資訊股份有限公司	88ND000xxxx-0	股票	1	1,000

| 下列關於公示催告之敘述，何者正確？　(A)申報權利之公示催告，以得依背書轉讓之證券或法律有規定者為限　(B)公示催告之公告，應經法院裁定後再黏貼於法院之公告處，或登載於公報，或刊登於新聞紙或其他相類之傳播工具，或併用之　(C)申報權利在期間已滿後，而在未為除權判決前者，因遲誤申報期間，故不生申報效力　(D)對於除權判決不服者，得依法上訴
【102司特五等-民事訴訟法大意與刑事訴訟法大意】 | (A) |

解析：

(B)公示催告之公告，應黏貼於法院之公告處，並公告於法院網站；法院認為必要時，得命登載於公報或新聞紙。（民訴§542Ⅰ）

(C)申報權利在期間已滿後，而在未為除權判決前者，與在期間內申報者，有同一之效力。（民訴§544）

(D)對於除權判決，不得上訴。（民訴§551Ⅰ）

| 撤銷除權判決之訴，應於原告知悉除權判決時起幾日之不變期間內提起之？　(A)10日　(B)20日　(C)30日　(D)40日
【101司特五等-民事訴訟法大意與刑事訴訟法大意】 | (C) |

其他考題

| 甲、乙為夫妻，育有一個3歲子丙，有共同住所於彰化縣。甲認為丙應非從己身所出，欲向法院提起否認丙為其子之訴。下列敘述，何者正確？　(A)甲、乙得合意由臺灣臺中地方法院管轄　(B)甲應以乙、丙為共同被告　(C)甲應僅以乙為被告　(D)甲得僅以丙為被告
【107司特五等-民事訴訟法大意與刑事訴訟法大意】 | (B) |

解析：

家事事件法第63條第1項規定：「否認子女之訴，應以未起訴之夫、妻及子女為被告。」

其他考題

關於家事事件程序之規定，下列敘述，何者正確？ (A)家事事件除第3條所定甲類事件外，於請求法院裁判前，應經法院調解 (B)法院審理家事事件認有必要時，仍不得依職權調查證據 (C)當事人就不得處分之事項，其解決事件之意思已甚接近或對於原因事實之有無不爭執者，得合意聲請法院為裁定 (D)就第3條所定甲類或乙類家事訴訟事件所為確定之終局判決，對於第三人並無效力　　(C)

【107司特五等-民事訴訟法大意與刑事訴訟法大意】

解析：

(C)家事事件法第33條第1項規定：「當事人就不得處分之事項，其解決事件之意思已甚接近或對於原因事實之有無不爭執者，得合意聲請法院為裁定。」

甲男起訴乙女，請求離婚。訴訟中，被告乙意外亡故。下列敘述，何者正確？ (A)應由乙的繼承人承受訴訟後，續行訴訟 (B)法院依甲的聲請，行一造辯論判決 (C)法院應以判決駁回起訴 (D)關於本案視為訴訟終結　　(D)

【107司特五等-民事訴訟法大意與刑事訴訟法大意】

解析：

家事事件法第50條第1項規定：「身分關係之訴訟，原告於判決確定前死亡者，除別有規定外，關於本案視為訴訟終結。」

十力文化《國家考試系列》

《圖解法學緒論》

法學緒論難讀易混淆
圖例解析一次就看懂

　　法學緒論難以拿高分最大的問題在於範圍太廣，憲法、行政法、民法、刑法這四科，就讓人望而生畏、頭暈目眩了。筆者將多年分析的資料整理起來，將歷年菁華考題與解析集結成冊，讓讀者能隨時獲得最新的考題資訊。

《圖解行政法》

行政法體系龐雜包羅萬象
圖解行政法一本融會貫通

　　本書以考試實務為出發點，以理解行政法的概念為目標。輔以淺顯易懂的解說與一看就懂的圖解，再加上耳熟能詳的實例解說，讓你一次看懂法條間的細微差異。使你實力加分，降低考試運氣的比重，那麼考上的機會就更高了。

《圖解憲法》

憲法理論綿密複雜難懂
圖例解題讓你即學即用

　　反省傳統教科書與考試用書的缺點，將近年重要的憲法考題彙整，找出考試趨勢，再循著這條趨勢的脈絡，參酌憲法的基本架構，堆疊出最適合學習的憲法大綱，透過網路建置一套完整的資料增補平台，成為全面性的數位學習工具。

最深入淺出的國考用書

《圖解民法》

**民法千百條難記易混淆
分類圖解後馬上全記牢**

　　本書以考試實務為出發點，由時間的安排、準備，到民法的體系與記憶技巧。並輔以淺顯易懂的解說與一看就懂的圖解，再加上耳熟能詳的實例解說，讓你一次看懂法條間的細微差異。

《圖解刑法》

**誰說刑法難讀不易瞭解？
圖解刑法讓你一看就懂！**

　　本書以圖像式的閱讀，有趣的經典實際案例，配合輕鬆易懂的解說，以及近年來的國家考試題目，讓讀者可將刑法的基本觀念印入腦海中。還可以強化個人學習的效率，抓準出題的方向。

《圖解刑事訴訟法》

**刑事訴訟法程序易混淆
圖解案例讓你一次就懂**

　　競爭激烈的國家考試，每一分都很重要，不但要拼運氣，更要拼實力。如果你是刑事訴訟法的入門學習者，本書的圖像式記憶，將可有效且快速地提高你的實力，考上的機率也就更高了。

《圖解國文》

**典籍一把抓、作文隨手寫
輕鬆掌握國考方向與概念**

　　國文，是一切國家考試的基礎。習慣文言文的用語與用法，對題目迎刃而解的機率會提高很多，本書整理了古文名篇，以插圖方式生動地加深讀者印象，熟讀本書可讓你快速地掌握考試重點。

《刑事訴訟》

刑事訴訟法並不是討論特定行為是否成立刑法罪名的法律，主要是建立一套保障人權、追求正義的調查、審判程序。而「第一次打官司就 OK！」系列，並不深究學說上的理論，旨在如何讓讀者透過圖解的方式，快速且深入理解刑事訴訟法的程序與概念。

《圖解數位證據》

讓法律人能輕鬆學習
數位證據的攻防策略

數位證據與電腦鑑識領域一直未獲國內司法機關重視，主因在於法律人普遍不瞭解，導致實務上欠缺審理能力。藉由本書能讓法律人迅速瞭解數位證據問題的癥結所在，以利法庭攻防。

《圖解車禍資訊站》

車禍糾紛層出不窮！保險有用嗎？國家賠償如何申請？

作者以輕鬆的筆調，導引讀者學習車禍處理的基本觀念，並穿插許多案例，讓讀者從案例中，瞭解車禍處理的最佳策略。也運用大量的圖、表、訴狀範例，逐一解決問題。

《圖解不動產買賣》

買房子一定要知道的基本常識！一看就懂的工具書！

多數的購屋者因為資訊的不透明，以及房地產業者拖延了許多重要法律的制定，導致購屋者成為待宰羔羊。作者希望本書能讓購屋者照著書中的提示，在購屋過程中瞭解自己在法律架構下應有的權利。

《圖解法律記憶法》 ──

這是第一本專為法律人而寫的記憶法書籍！

　　記憶，不是記憶，而是創意。記憶法主要是以創意、想像力為基礎，在大腦產生神奇的刻印功效。透過記憶法的介紹，讓大多數的考生不要再花費過多的時間在記憶法上，而是運用這些方法到考試科目，是筆者希望能夠完成的目標。

《圖解民事訴訟法》 ──

本書透過統整、精要但淺白的圖像式閱讀，有效率地全盤瞭解訴訟程序！

　　民法與民事訴訟法，兩者一為實體法，一為程序法。換個概念舉例，唱歌比賽中以歌聲的好壞決定優勝劣敗，這就如同民法決定當事人間的實體法律關係；而民事訴訟法就好比競賽中的規則、評判準則。

《圖解公司法》 ──

透過圖解和實例，強化個人學習效率！

　　在國家考試中，公司法常常是讓讀者感到困擾的一科，有許多讀者反應不知公司法這一科該怎麼讀？作者投入圖解書籍已多年，清楚瞭解法律初學者看到艱澀聱牙的法律條文時，往往難以立即進入狀況，得耗費一番心力才能抓住法條重點，本書跳脫傳統的讀書方法，讓你更有效率地全盤瞭解公司法！

《圖解失敗的科學》

失敗 ≠ 無用；失敗 ≠ 魯蛇！
學習解析失敗，開啓事業巔峰。

　　曾任日本福島核電廠事故調查委員會委員長的作者，集結多年學術研究與實務輔導經驗，教你從中發現失敗的規則性，以及其中所蘊藏的契機，學習善用失敗學，不論企業營運或個人發展，皆能掌握先機、逆轉勝！

《圖解理財幼幼班 慢賺的修練》

魔鬼不只在細節裡，更在你的大腦裡；
從心理學、腦科學的角度切入，
抽絲剝繭找出最佳投資標的。

　　作者運用多年教授理財課程之經驗，點出初學者的投資理財盲點，從法律層面、心理學、腦科學角度切入，教你培養自己投資的眼光，找出理財的陷阱，打造財富自由的人生。

《圖解記憶法 給大人的記憶術》

誰說年紀越大，記憶力就越差？
日本大學聯考之神特別傳授的大腦
回春術！

　　不用羨慕別人的記憶力好，只要掌握大腦各區的喜好與特性，就能輕鬆記憶。本書教你透過訓練，學習記憶的 3 步驟、10 個提高記憶效率的基本原則，聰明活化大腦，破解記憶盲點，擺脫健忘毛病。

《圖解魅力學 人際吸引法則》

好人緣不是天生，善用技巧，就能成為魅力高手！

從系統一（感性）與系統二（理性）觀點出發，瞭解大腦思考模式和行為心理學，不只可以運用在人際關係，市場行銷上更是隨處可見，運用這些行銷手法，就能建立自我品牌形象，成功推銷自己、打造好人緣！

《圖解小文具大科學 辦公室的高科技》

給追求知識與品味生活的文具迷，一本不可不知的文具科學圖解書。

文具產業可說是科學技術發展的博物館，集結了現代科學如數學、化學、光學等技術之精華，本書挑選常用的代表性文具，解析其發展歷程與科學秘密，透過本書上一堂令人驚嘆的文具科學課！

《圖解屁的成分──3小時 瞭解人體結構與器官運作》

瞭解人體的奧妙，自己的身體自己保養。

醫學相關知識在一般人的印象中是難懂的，作者用淺顯易懂的例子搭配圖解，從功能性著手介紹人體組織架構，從最小的細胞到全身的器官、骨骼；從外在皮膚到内部器官運作，藉此掌握養生秘笈。

《圖解二十一世紀資本論 皮凱提觀點完全解說》

皮凱提經濟分析的濃縮精華書！

「二十一世紀資本論」究竟在談論什麼？為什麼能風靡全球？專為那些沒時間看或看不懂的讀者，統整5個章節、80項主題，從讀者最常遇到的問題點切入，配合圖解、深入淺出地解說皮凱提的經濟觀點。

國家圖書館出版品預行編目資料

圖解民事訴訟法
國家考試的第一本書！(第四版)
作　　者：錢世傑
臺 北 市：十力文化　2023.03
規　　格：400 頁；14.8×21.0 公分
Ｉ Ｓ Ｂ Ｎ：978-626-96930-8-5 (平裝)

1.民事訴訟法

586.1　　　　　　　　　112002595

國 考 館　S2302

圖解民事訴訟法／國家考試的第一本書（第四版）

作　　者　錢世傑

責任編輯　吳玉雯
封面設計　陳綺男
書籍插圖　劉鑫鋒
美術編輯　林子雁

出 版 者　十力文化出版有限公司

發 行 人　劉叔宙
公司地址　11675 台北市文山區萬隆街45-2號
聯絡地址　11699 台北郵政93-357信箱
劃撥帳號　50073947
電　　話　（02）2935-2758
網　　址　www.omnibooks.com.tw
電子郵件　omnibooks.co@gmail.com

ISBN　978-626-96930-8-5

出版日期　第四版第一刷　2023 年 3 月
　　　　　第三版第一刷　2019 年 8 月
　　　　　第二版第一刷　2016 年 6 月
　　　　　第一版第一刷　2012 年 8 月

定 價　560元

地址：

姓名：

十力文化出版有限公司　企劃部收

地址：116 台北郵政 93-357 號信箱

傳真：（02）2935-2758

E-mail：omnibooks.co@gmail.com

　　無論你是誰，都感謝你購買本公司的書籍，如果你能再提供一點點資料和建議，我們不但可以做得更好，而且也不會忘記你的寶貴想法喲！

姓名／　　　　　　　　　性別／□女□男　　生日／　　　年　　　　月　　　　日
聯絡地址／　　　　　　　　　　　　　　連絡電話／
電子郵件／

職業／□學生　　　　□教師　　　　□內勤職員　　□家庭主婦　　□家庭主夫
　　　　□在家上班族　□企業主管　　□負責人　　　□服務業　　　□製造業
　　　　□醫療護理　　□軍警　　　　□資訊業　　　□業務銷售　　□以上皆是
　　　　□以上皆非　　□請你猜猜看
　　　　□其他：

你為何知道這本書以及它是如何到你手上的？
　　　　請先填書名：
　　　　□逛書店看到　　□廣播有介紹　　□聽到別人說　　□書店海報推薦
　　　　□出版社推銷　　□網路書店有打折　□專程去買的　　□朋友送的　　□撿到的

你為什麼買這本書？
　　　　□超便宜　　　　□贈品很不錯　　□我是有為青年　□我熱愛知識　□內容好感人
　　　　□作者我認識　　□我家就是圖書館　□以上皆是　　　□以上皆非
　　　　其他好理由：

哪類書籍你買的機率最高？
　　　　□哲學　　　　□心理學　　　□語言學　　　□分類學　　　□行為學
　　　　□宗教　　　　□法律　　　　□人際關係　　□自我成長　　□靈修
　　　　□型態學　　　□大眾文學　　□小眾文學　　□財務管理　　□求職
　　　　□計量分析　　□資訊　　　　□流行雜誌　　□運動　　　　□原住民
　　　　□散文　　　　□政府公報　　□名人傳記　　□奇聞逸事　　□把哥把妹
　　　　□醫療保健　　□標本製作　　□小動物飼養　□和賺錢有關　□和花錢有關
　　　　□自然生態　　□地理天文　　□有圖有文　　□真人真事
　　　　請你自己寫：